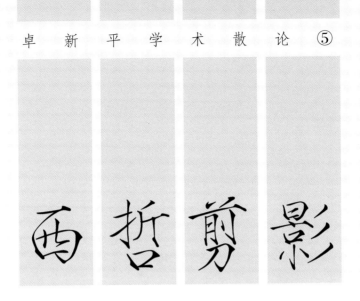

卓 新 平 学 术 散 论 ⑤

西哲剪影

——爱智集

卓新平 ⊙ 著

中国社会科学出版社

图书在版编目（CIP）数据

西哲剪影：爱智集／卓新平著．-北京：中国社会科学
出版社，2011.10
（卓新平学术散论⑤）
ISBN 978－7－5161－0150－6

Ⅰ.①西…　Ⅱ.①卓…　Ⅲ.①西方哲学-哲学史-文集
Ⅳ.①B5－53

中国版本图书馆 CIP 数据核字（2011）第 191477 号

特约编辑　李登贵 等
责任编辑　陈　彪
责任校对　刘晓红
封面设计　张建军
技术编辑　王炳图

出版发行　中国社会科学出版社
社　　址　北京鼓楼西大街甲 158 号　　邮　编　100720
电　　话　010－84029450（邮购）
网　　址　http：//www.csspw.cn
经　　销　新华书店
印　　刷　北京金瀑印刷有限公司　　　装　订　广增装订厂
版　　次　2011 年 10 月第 1 版　　　　印　次　2011 年 10 月第 1 次印刷
开　　本　710×1000　1/16
印　　张　15.5　　　　　　　　　　　插　页　2
字　　数　250 千字
定　　价　39.00 元

目　　录

二 欧洲中世纪

三　近代西方

四　当代西方

自　序

　　在德国留学期间，自己主攻专业为西方哲学，虽然定位于西方宗教哲学和基督教思想精神的研究，却也开始关注、涉猎西方自古至今众多思想家的行踪、言述，从而颇有感触和感悟。一直想将这些所思所感付诸笔端，可惜繁忙之中难觅机会，从而搁置下来，成为自己多年来不愿舍弃的悬念和心病。

　　哲学家是寻找、发现智慧的人群，故称"爱智者"。他们为其智慧洞观所惊喜，从中获得尽情的享受和忘怀的欢悦。那种心境或许恰巧可用"幸福感"来描绘。在形而上层面的追寻和自我思想中的逍遥，无拘无束、无羁无绊，有大自由，得大自在，从而使哲学家在精神上成为享受"智慧"的幸福者。不过，为此"智慧"，他们显然也难免磨难、痛苦，乃至付出沉重的代价、甚至是整个生命。尤其是在现实中，不少哲学家因为时代命运或桀骜不驯的自我个性而有着悲惨人生，上演了一幕幕令人感怀的悲剧。所以说，想成为真正的思想家、坚持独立思考的哲人是要有勇气的，是要敢于担当的。当然，哲学家的悲剧有其独特的深沉和震撼。在很大程度上，爱智慧是一种超越自我、超越人生的"痛快"。正是在这一意义上，我对哲学家的关注和探讨就不只是限于其"思"，而也体味其"人"。在崎岖的哲学之路上，真正一帆风顺、人生得意的哲学家寥若晨星，思想、人生均能成功者的确是"凤毛麟角"。而他们中的大多数可以思想上随心所欲，但在现实中却身不由己，面对窘境而无可奈何。成功的"哲学王"不多，殉道的思想者如云。所以，阅读西方哲学思想史会不免生出一种悲壮之感、叹惜之情，他们的成就也许正是另类的"苦难辉煌"吧。这样，在研习哲学家的著述时，我会对其人生经历特别感兴趣。二者之间既可能"文如其人"，也难免会相差甚远。哲学思想是复杂的，哲学家其人也是复杂的。这就是哲学的奥妙和奥秘，让人兴奋，使人惊讶，给人落差，其所达极致之处和难以理喻之时又往往令人不可思议。

哲学家有着思想的智慧和执著，但许多人在社会生存中却颇为愚钝和无法开窍。他们或超越时代，或不合时宜；他们的论述或是发思古之幽情，或是待未来觅知音；他们的人生或是思与行结合，如胶如漆；或是说与做分离，反差巨大。有些哲学家同为政治家，在精神世界和现实世界都游刃有余，好似鸽蛇同体；而有些哲学家却"不食人间烟火"，不识时务，为其追求极为执著，全然宠辱不惊、生死度外。在"形而上"层面，哲学家好似步入了另一个世界，在理想之境流连忘返，但在"形而下"的现实境遇中，哲学家同样挣脱不了命运的摆布，会随着人生的波涌而沉浮；尽管在其困境、悲剧中可以找寻哲学的慰藉和超脱，不以物喜、不以己悲，体现一种崇高或超越的思想境界及价值维度。所以，在阅读这些哲学家的思想和生平时，自己也会陷入钦佩、茫然、不解、迷糊的怪圈之中难以自拔。但正是这种好奇和惊奇，使我对西方哲学史的向往热情不减，总有探测、摸索的欲望和冲动。其实，哲学在探究永恒与现实、绝对与相对、无限与有限，并在其中求规律、找逻辑、显理性，其问其答永远是开放性的，这一过程本身也就是对哲学家自己的考验和涤炼。面对有无之境，人之多样性也在哲学家身上得到充分体现。在此，我常常感慨：让哲学家思想，这是崇高的"人权"；让思想家生存，这是底线的"人道"。在一个越来越物质化、通俗化、功利化的世界，对躲进学术象牙宝塔尖中或被追求实际的社会所边缘化的哲学家们仍应表示相应的"宠爱"，而不能让其"灭绝"。人类作为世界的主宰者，既应爱"智慧"，也要爱"智者"。

自从古希腊人发明"哲学"（爱智慧）这一术语以来，其实践者在西方社会乃争先恐后、风起云涌、层出不穷，其阵容和成就也十分壮观。当然，发明"哲学"的古希腊人也早已宣称"太阳下面无新事"，要想真有所"创新"谈何容易。不少哲学体系都是对前人思想的重读、解释和发挥，在精神发展上其"新"故而难离其传承。正是这种延续和重构的努力，使我们得以悟出西方哲学的系统性、规律性和开创性。其历史发展线索有着理性思维和灵性思维的交织，前者凸显理性、逻辑、秩序的意义，而后者则展示出情感、浪漫、任运之神秘。这些思维特征，也使西方思想史上宗教与哲学形影不离、相得益彰。仅此而论，宗教哲学家也是重要的哲学家。西方哲学家在不断地问话、回答，而宗教哲学家则更是喜欢"千古之问"，并寻求"永恒之答"。叩开永恒之门，达到超然之澄明，往往是这些哲学家的理想或梦想。人类总希望有梦，而哲学家则在为人类编织各种理性或神圣之梦。

这种久久不能释怀的西哲情结，几年前却因一偶然的机会而终于找到了释放、宣泄之途。应《竞争力》杂志主编之邀，我们几位人文学者在这本纯为经济意趣的杂志上开辟了人文之栏，定期发表一些关于哲学、宗教的小文。既然机会来临，由此我也就顺势随缘、跃跃欲试，想从宗教研究领域开开小差，溜进哲学之苑来重温旧梦、找找感觉。跟随自己的偏好、偏爱和偏执，我在这一杂志上开始编写关于西方哲学家的系列文章。此时并没有多想读者的需求或喜好，而纯为自我的孤芳自赏、孤独自表。大概这类文章太不对经济界人士的胃口，我个人的纵情宣泄没能完全得逞，先是篇幅有限已让自己感到意犹未尽，后则或是观者见我偏执这单一命题却又一发不可收拾而终于叫停。不管由于什么原因吧，自己在《竞争力》的西哲专论已经打住。但在告别这一专栏之际，我仍然要衷心感谢《竞争力》的朋友们以其人文情怀和宽容精神而让我过了一把小瘾，多少满足了一下自己的私欲，有过几年的畅快。其栏目读者在商海中能超凡脱俗地跟我们潇洒走一回，也的确让我十分敬佩和仰慕。自诩为现代"隐士"的思想家躲避现实则只能算"小隐"，而在政坛、商海中体悟、经验"水穷云起"的实践者们可能才是真正的"大隐"了！

鉴于自己已经跟随西方哲学家走入了近代，因而还想将这一路程基本上走完，争取步入当代哲坛以了心愿。这样，就不能迷途知返、回头是岸了。此外，原来已发小文毕竟有所删改、压缩，故而也想恢复其原有文稿的本来面貌，甚至希望能对之稍有些增补，其中亦包括对一些未曾涉及的哲学家之补读。不过，限于时间和精力，这里的探究仍然是随缘而发，率性而为，不是系统之思和整全之作。在西哲之探寻求柳暗花明时，真的要感谢中国社会科学出版社的厚爱，让我在此将对这些哲人的缅怀、回味加以搜集整理，汇编出版。

当然，西方哲学家的著作浩如烟海，每一个哲人都是著作等身、思想深邃，以自己毕生精力也难以穷尽其中任何一人。但20多年之前的爱智诱惑仍让我在此大胆放肆，对西方思想界伟人管窥蠡测，在这些哲学家中匆匆走了一遭，并且在此行程中也参阅、借鉴了业内专家、有识之士对他们的审视及评说。其中读得较多的是叶秀山、王树人总主编的《西方哲学史》学术版。限于本书体裁，参考之处不能一一标出，在此特向两位老师及编写此史的方家和其他有关学者表示感谢和歉意。既然是快速穿行，对这些哲人的描述自然也就只能是素描、简写，尽量能捕捉特色、找出亮点。由于这种写法实为一种剪影般的表达，故此才有《西哲剪影》的命名。但愿这一没有专著类详述的充实和逼真的剪影能带来一点神似和接近，让人感到似曾相遇、有所相识，或能撞出思想火花、带来启迪。如果我们能在人生的忙碌之中抽出一点时间来蓦然回首，寻觅一种精神关怀，爱智慧、爱哲人，则我心足矣！

2011 年 3 月 15 日于北京东城

一

古希腊罗马时期

1. 毕达哥拉斯:数与哲学

毕达哥拉斯（Pythagoras，约前580—约前500）是古希腊数学家、哲学家和宗教思想家，曾组织毕达哥拉斯学派盟会，宣扬宗教神秘主义和数学思辨，其门徒因不同侧重而分为强调神秘宗教的"信条派"和强调数学原理的"数理学派"。此外，毕达哥拉斯在西方最早提出了"哲学"（Philosophia）和"哲学家"之词，其原意乃"爱智"和"爱智者"，以表示"趋向智慧的努力"及其实践者。这样，在毕达哥拉斯那儿，我们就已看到西方思想文化传统中科学、哲学与宗教密切关联之端倪。

在宗教上，毕达哥拉斯因主张"灵魂不朽"、"灵魂轮回"和"转世"的思想而著名，他曾"进过埃及神庙，学习了关于神的秘密教规"，并推行神秘的入教仪式以促成灵魂获得拯救而形成了神秘宗教团体，有其严格的教规和相关的宗教禁忌。其门徒亦有组成共同生活团体或社会联盟的实践。这种从道德纯化及灵魂得救着眼的灵修方式及其生活实践促进了古代西方神秘主义教派的发展，后又影响到基督宗教的神学思想和宗教修行，成为西方神秘主义传统的重要来源之一。

在哲学上，毕达哥拉斯将这种远古神秘主义引入古希腊哲学，并使西方哲学从一开始就具有神性思辨的特色。他因其母邦当时正处于波吕克拉底的僭主统治下而航行到意大利，由此开始了意大利哲学的发展。他自称是"一个哲学家"即"爱智者"，但认为"只有神是智慧的"，因此"人最多只能爱好智慧，也就是爱神"。不过，这种"爱智"不只是情感的表露，而更是人对世界的沉思、对真理的寻求，即通过追问、究诘现象世界而探询并尝试解说灵魂所接触的那隐匿在感官世界背后的永恒世界。由此，遂形成了西方思想史上形上、思辨、抽象之探的传统。

在科学上，毕达哥拉斯探究事物之抽象、思辨和规律的努力则刺激了数学的发展，以"数"及其逻辑推理而将其宗教、哲学与科学之思糅为一体，达成其整体"和谐"。毕达哥拉斯在西方最早提出了勾股定理，发现了奇偶相生而成数的奥妙，并指明了对奇数、偶数和质数的区别方法。他认为"万物都是数"，"数"乃"万物的本原"。这种"凡物皆数"的构思使他尝试以"数"来展示事物的原型、体现宇宙的秩序，并从其规律性、逻辑性来揭示事物存在的辩证法，说明对立事物之"协合"或"和解"则构成了世界的"和谐"。这样来看，当今世界"和谐"之构建亦有人类远古智慧之回音，而且乃超越东西方。

"数"及其神秘性反映出具有普遍意义的人类文化现象，"数"在此不仅有科学的蕴涵，而且被其探究者赋予了神秘乃至神圣的意义。毕达哥拉斯曾对从"一"到"十"的数字加以解说①，认为"一"乃基本，是一切数的开始，即科学（几何学）上的"点"，哲学和宗教上的"理性"、"灵魂"、"本体"、"善"、"雄性和形式"，甚至为"创造者"；诸神之父宁宙。"二"是第一个偶数，乃宇宙中不足或过度的象征，其在科学上可构成"线"，而在哲学和宗教意义上则指"对立"、"变化"、"不定的二"，是"恶、黑暗的源泉"，也是"一切偶数，是无限的源泉"；相对于"一"，"二"乃雌性和质料，是诸神之母瑞亚。"三"为"全"，即构成了"开端、中间和终结"，其在科学上表达了"面"，即三角平面图形，也表示了"长、高、宽"这三个向度，为事物形体之基本因素，"三"既描述了空间上的三维，也说明时间上的过程；其在宗教上指古希腊德尔斐神殿祭祀阿波罗神的青铜三脚祭坛，亦与咒语、巫术相关联，此后更是与基督宗教"三位一体"的解释相联系。"四"为第一个平方数，在构成神圣的"十"上，其象征价值最大，涵括亦最广；"四"形成了点、线、面、体之流程，代表了希腊音乐中的主要谐音，体现了物质的水、气、土、火四元素，象征了春、夏、秋、冬四季；在社会人文意义上，"四"以人、村庄、城市、国家来象征社会，以幼年、青年、成年、老年来象征人生，以理性、知识、意见、感觉来象征人的认识能力，并以理性、心、欲望、肉体来象征

①　以下参见汪子嵩等著《希腊哲学史》第1卷，人民出版社1988年版，第280—291页。

灵魂与肉体之构建；这样，"四"就有了神之定义，成为宇宙创造者（De-miurgos）的象征。"五"是第一个奇数"三"和第一个偶数"二"相加之数，代表着雄性与雌性的结合，象征着"婚姻"，并被用来指当时已知的五个行星和地球上的五个地带。"六"为"第一个完美的数'五'和'一'相加的结果"，也指"婚姻"，后与"六日创世"相关联，其自乘的循环数 216 被视为人在生物中轮回转世的间隔，具有神秘含义；此外，"六"乃生命本性的六个等级，代表着从种子萌芽、经植物的生命、动物的生命、人的理性生命、精灵而到达神自身生命的发展过程。"七"是从"一"到"十"中唯一既不是任何数的因子，又不是任何数的乘积之数，与"四"共构了这一算术级数的中项，从而代表着"机会"，象征着智慧女神雅典娜。"八"是第一个立方数，象征着"谐音"、"友谊"、"爱情"，表达着"和谐"，亦代表古代信仰中的八神。"九"是"三"的平方，为"十"以前的最后一数，被视为海洋之神俄刻阿诺，亦象征强大的普罗米修斯，并有"正义"之蕴涵。"十"则为最完满的数，也是完善、神秘之数；用三角形图形表示的一、二、三、四，其和即为"十"，此图因而也成为其门徒崇拜毕达哥拉斯的象征和神秘符号。

毕达哥拉斯从"数"发现了事物与数字的关联和相似，他将万物、神明皆与"数"相关联，以"数"来联想、思辨，从而使数的神秘主义和科学意义上的数学发展交织并存。他从"数"上看到了事物的普遍联系，形成了人之科学、哲学和宗教共构相混的整体思维。人类思想发展到今天，我们仍感受到他的影响，仍在与他同行。

2. 赫拉克利特：西方辩证法之始

西方辩证法传统源自古希腊哲学，这与被称为"爱菲斯的晦涩哲人"的古希腊哲学家赫拉克利特的思想密切相关。他从奔涌不息的河流、熊熊燃烧的火焰中体悟到一切皆流、万物有变、生生灭灭、永恒运动的辩证法思想，从而为人类精神世界留下了一份宝贵的财富。

赫拉克利特（Heraclitus）大约出生于公元前540年，属于古希腊早期伊奥尼亚哲学家中最后一位著名代表。他生活在小亚细亚位于米利都和科罗河之间的古希腊殖民城邦爱菲斯，为当时伊奥尼亚诸王国的中心，约在今天土耳其西部大港伊兹密尔的远郊。据传他是爱菲斯城邦创建人安德诺克鲁斯的后裔，本应继承王位却将之转让给其弟，自己则隐居童贞女神阿尔迪美斯神庙附近潜心钻研哲学，醉迷于"逻各斯"理论的探究。在那个动乱的时代，他也关注政治局势，但他拒绝波斯帝王大流士邀请他去波斯宫廷教授希腊文化的请求，而对米利都等地反抗波斯统治的斗争表示同情。这位高傲的哲人对荷马、赫西奥德、赫卡泰厄斯、毕达哥拉斯、塞诺芬尼等古代名人不屑一顾，却赞赏反抗波斯入侵的古希腊"七贤"中的彼亚斯"比别人有更高的逻各斯"。在复杂的政治斗争和城邦内部矛盾面前，他最终选择了寻求心灵的平静、隐迹山村的生活，认为自己与孩童们一起玩骰子也比参与政治活动要好。但其清贫的生活使他得了水肿病，约在其60岁那年即公元前480年去世。

据传赫拉克利特著有三卷本的哲学史，存放在阿尔迪美斯庙宇中，苏格拉底在对此书的评论中曾认为书中论说无论是否能被理解都很精彩，而要达其思想的"海底"则"只有深海潜水采珠者"才行。但也有人引证3世纪希腊著作家第欧根尼·拉尔修《名哲言行录》所载，指出这不过是

"一部《论自然》的连续的论文"，其中包括论宇宙、论政治和论神学这三部分，故而并非多卷本的大部头著作。而真正保存下来的赫拉克利特著述仅为143则残篇。不少人认为赫拉克利特文字隐晦、意蕴模糊、充满悖论、惯用暗示，因而称他为"神秘莫测者"、"说谜者"、"晦涩难懂"的哲人、"神谕式"或"悖论式"的思想家，并评说他常常为人类的愚蠢而哭泣，故乃"哭泣的哲学家"。

赫拉克利特辩证思想的精华在其火、水之论。他认为世界就是一团永恒的活火，火作为宇宙万物的本原燃烧、熄灭，周而复始，充满动感。火既是万物之本原，又是万物之归宿，是万物变化生灭的能动之源、鲜活之本。这样，他就以火之特性而将宇宙多样变化都统一在这一变动不居、生生灭灭的具体物质之中，并以其燃烧和熄灭的"尺度"作为宇宙变迁、万物生灭的动态秩序和规律。这种流变的思想进而又体现在他对水流的观察和认识上。赫拉克利特关于水流的两句名言时常被人引用，即"人不能两次踏进同一条河流"，"踏进同一条河流的人，遇到的是不同的水流"。他以水流表达了一切皆流、无物常驻的辩证思想；由于万物都处在运动之中，没有静止的东西，故而要想两次踏进同一条河流是不可能的。后来有人将赫拉克利特的流变思想推到极端，认为在流变之中人"一次"也不可能踏进同一条河流！对于这种辩证流变的逻辑，19世纪德国辩证法思想大师黑格尔曾表达了极为佩服的感慨，他同样以潜海之喻而认为在古希腊哲学中只有抵达赫拉克利特的辩证思想后才可以真正触底，并宣称在其逻辑学中已经采纳了赫拉克利特的所有命题。在黑格尔看来，赫拉克利特关于宇宙可分且可合、化育而整全、短暂又永恒，以及人们上山下山方向异却同其道等对立统一思想是其哲学精华之所在。黑格尔对此心领神会，并在西方近代思想发展中将之发扬光大，使西方辩证法思想达到19世纪时的高峰亮点。

赫拉克利特还是较早论及"逻各斯"思想的希腊哲人之一。他认为这个"逻各斯"永恒存在，万物都依其而产生，但世人并不了解它，对之显得毫无经验，相关体验亦如同梦幻、捉摸不定。这种人人共有且指导万物的"逻各斯"如同火之永恒燃烧和熄灭之间的"尺度"，反映其永恒变化，恰如"神的法律"那样支配万物，"满足一切，也超过一切"。为此，赫拉克利特将"逻各斯"比喻为古希腊神话中众神之神"宙斯",宣称"只有一个事物是智慧的,它既愿意又不愿意被称之为宙斯"。在此,他强调了人之"思想"的能力,"逻各斯"即表达了这种人人共有的思维、思想之能力。在他看来,仅有知识仍不够,人需要思想;知识层面的"博学并不能使人智慧",有知只是"小慧",能思方为"大智"。

当然,赫拉克利特也有其时代局限性,他的思想呈跳跃性动态,故而缺少连贯和系统性。他在宗教认知上泛神论与神秘论共构,形成其信仰上的模糊观念。此外,他关于"精英"主导社会历史的思想也形成其对民众的贬损、蔑视;这种哲人的"高傲"也是其人格精神上令人遗憾的缺陷。

3. 苏格拉底:认识自己

苏格拉底（Sokrates，前469—前399）是古希腊哲学家，柏拉图的老师，其思想代表着西方精神的发展进入了古希腊的"智者"时代。他的父亲为石匠，母亲为产婆，自己一生命运多蹇，最后被法庭以反对希腊雅典民主制之罪而判处死刑。苏格拉底好谈论而无著作，其言行多由弟子柏拉图所记而留世。苏格拉底虽述而不作，却以其追问、引导而得以求知的"助产术"为西方思维之综合、归纳、寻找本质的"辩证法"打下了基础。

苏格拉底在西方思想史上的重要贡献，就在于其体现出"主体"意识、倡导一种"主体"认知。受德尔斐阿波罗神庙所刻铭文"认识你自己"（自知）和"不要过分"（毋过）的启发，苏格拉底以"认识自己"为基点而说出了那句充满智慧的自谦之辞："我知我无知"，从而率先提出"主体"意识，预示着西方思想史上强调"主体之人"的时代发展。在认识论上，西方思想经历了古代"客体"认知、近代"主体"认知和当代"整体"认知之发展。虽然"主体"认知在近代思想家笛卡尔身上得到集中体现并为社会所承认，但其思想萌芽和渊源则可追溯到苏格拉底。在古希腊哲学家中，也曾有普罗塔哥拉等人谈起"无知之知"，指出人不可能认识神明，难以弄清神究竟存在或不存在、有形或无形，因为人生短暂、神之隐秘诸因素阻碍了这种认知；然而，真正强调"认识你自己"，并通过自我认识而承认"我知我无知"，则以苏格拉底为首。这种"主体"认识的意义就在于使人的认知视野从"自然"转到"自我"、从"天上"转到"人间"、从"客体"转到"主体"，由此发展出一种迄今仍非常重要的"人学"。可以说，将"自我"作为认识对象，是人类思想史上的一次革命，是其回首而对"人"自身的发现；这种反观自我、反躬自问乃使人真正成为"理性"生物，形成与其他动物的根本区别，从而达到自然进化中的一种质的升华。

常言道，人应该知己知彼。其实，知"彼"已不易，而知"己"则更难，故此才有"人贵有自知之明"的感叹。苏格拉底有着与毕达哥拉斯的共鸣，认为"哲学"就是"爱智慧"。但在他看来，即使"智者"也不能奢谈"智慧"，因为"'智慧'这个词太大了，它只适合于神"；而"爱智"这类词却适合于人，因为"'爱智'是人的思想的自然倾向"。这样，其关注焦点乃"爱智"之"人"，他觉得哲学的目的并不在于认识自然，而在于"认识自己"，是一种"人学"。当然，"爱智者"的"爱智"之举也是对神性的分享。他以这种深刻的爱智精神来反对世俗、陈腐的神灵观，坚持对神的认识源自人之自我的内在确信，因此应首先了解人对神的认识以及这一认识的可靠性。于是，他主张用自我意识和内心世界所达到的内在确定性来代替外在的神谕与宗教礼仪。这样，苏格拉底从认识自我而体悟到真正的神明并不是其城邦固有的众神，而乃维系整个宇宙并赋予其内在秩序和客观规律的超然存在。其结果，苏格拉底的认识，从古希腊的自然神论、神人同性同形论而达到了超然神论，同时也使他在追究终极实在、绝对真理时深刻认识到"我知我无知"。

不过，苏格拉底生不逢时，其思想远远越过了其存在的时代，因此不仅自己死于非命，而且其"主体"意识亦和者甚寡，陷入千年沉寂。当然，其思想火花像流星划过黑夜一般也留下了一点痕迹，使人隐约能看到这一思想连线。苏格拉底对"我知"的强调启迪了少数思想家的主体认知及其存在关联，从其"我知我无知"经奥古斯丁的"我怀疑，故我存在"而走向了笛卡尔的"我思故我在"，最终迎来了西方思想史上的"主体"认知时代。而苏格拉底对"我无知"的感触也促进了西方宗教思想领域对人在认知绝对领域上的有限性之体认，故此既有人对神不能说"是什么"而只能说"不是什么"的"否定神学"之发展，也有西方中古与近代哲学交接之际库萨的尼古拉"有学识的无知"之阐述。在走过了两千多年的思想历程后，人的"自知"究竟达到了什么程度，这仍然是一个很难满意回答的"自问"。

4. 普罗塔哥拉:智者以人 为万物的尺度

　　古希腊哲学的主体意识始于苏格拉底的"我知"之思,论及人作为主体的存在价值和认知意义。而将"人"更为突出,以"人"作为万物的尺度来衡量、比较一切的思想则更加具有人文性、启蒙性。这种早期的人文启蒙精神,比较典型地体现在古希腊哲学"智者"运动的奠基人普罗塔哥拉身上,其"人为万物的尺度"之论振聋发聩,历经数千年之久仍余音缭绕。

　　普罗塔哥拉(Protagoras)约于公元前 481 年出生在色雷斯的阿伯德拉,早年曾作过木料搬运工,成年后曾游历西西里、雅典等地,并在雅典与伯里克利成为至交。他自 30 岁始成为"智者",为古希腊哲学史上自称智者第一人,由此推动智者运动。所谓"智者"(Sophistes)与"智慧"有关,哲学本身在古希腊即指"爱智慧",故为"爱智学"。而"智者"就是"有智慧的人",他们聪明、灵巧、能言、善变,而且掌握着各种技艺。到了普罗塔哥拉的生活时代,"智者"则已经专指以收费授徒为业的巡回教师,主要教授雄辩术,以便能让其学生将之用于辩论、诉讼、讲演、参政等公共活动或家庭事务。当时的智者活动以雅典为中心,普罗塔哥拉在公众面前的演说和答辩曾给人留下深刻印象。他前后共过了 40 年的智者生活,主要教授诡辩术、文法和修辞,这些技巧也常被当时的政治家所运用,遂可成为"政治的艺术"。不过,这种智者风格也使他成为了疑神论者,据传他曾当众宣读其《论神》之作,以"至于神,我既不知道他们是否存在,也不知道他们像什么东西。有许多东西是我们认识不了的;问题是晦涩的,人生是短促的"这段名言来怀疑神的存在,结果使他犯了众怒。雅典四百寡头之一的皮索多洛指控他渎神，其作《论神》被焚，其人亦被赶出雅典。约公元前 411 年，普罗塔哥拉在前往西西里的渡海途中因船翻而亡。其主要著作包括《论真理》、《论神》、《论相反论证》，据传还作有《论存在》、《论角力》、《论数学》、《论政制》、《论志向》、《论美德》、《论冥府》、《论人的错误》、《关于事物的旧秩序》、《箴言》等。

"人是万物的尺度"是普罗塔哥拉哲学思想的核心观念，他宣称"人是万物的尺度，是存在物存在的尺度，也是不存在物不存在的尺度"。这种"以人为本"、视人为鉴别事物的圭臬之思想，被视为古希腊哲学早期人文启蒙精神的经典表述。当然，应该承认普罗塔哥拉的上述表达主要反映出他自己对个体之人主观感觉性的强调，而不宜加以过分的诠解。尽管如此，他的这一命题仍展示出其强烈的、激进的反传统倾向和对神明的怀疑精神，因而有着独特的历史意义，给人带来深刻的启迪。此后的柏拉图就曾反驳说："对我们来说应该是神是万物的尺度，而不是人"；"只有对神虔敬，像神一样的人才能作为万物的尺度"。显然，普罗塔哥拉并没有突出神的地位，而是以人为中心。在他看来，人是从动物中分化、进化而来，人因为普罗米修斯偷取了火和制造技艺的才能给人，从而使人"分享了神的部分性质"，并由此也只有人才会崇拜神，也才会设祭坛塑神像而形成宗教。此外，他进而突出了人的社会性和政治性，指出人类出于防卫的需要而建立起城邦，但这种由"自保的欲求"所创建的城邦国家需要治理的技术和人人能够共在的美德，这就是"相互尊重"和"社会正义"之共在原则。他相信人人都有这种美德和治国能力，都有资格参加城邦政治生活，他在此显然表达了社会平等和政治民主的原初思想。这里显然没有那种专治政治统治所宣扬的"君权神授"，他所主张的社会共建乃靠人的"自然约定"。他反对少数人对社会政治的垄断、操纵，而提倡一种在社会伦理和法律面前人人平等的观念，并认为社会正义和相互尊重乃是天赋人权，是世人皆有的伦理德性和政治智慧。既然没有神定的、天命的社会秩序，那么这种社会"约定"则有其相对性、地域性，是一种在地化的表述。普罗塔哥拉认为，"在政治方面，所谓正义与非正义，荣誉和可耻，虔诚和亵渎，事实上是法律使然的，是各个城邦自己这样看的"；"凡一国视为公平正义者，只要它信以为然，那就是公平正义的"。这一思想极为深刻，曾影响到人类社会生活、政治发展的许多重要领域。当代国际政治中尊重各国的政治选择、政治制度的思想原则，可以说早已在普罗塔哥拉的上述理论中渐露端倪。然而，在西方政治发展中，这种城邦政治民主的思想遭到帝国政治霸权思想的冲击和颠覆，当前西方强国以"普世价值"为名来干涉他国内政，甚至轻率动用武力侵略他国领土、推翻他国政权之举，正是这种帝国霸权政治的结果。所以，在多元一体的全球化国际社会中，有必要返璞归真，重新思考、评价并提倡普罗塔哥拉尊重各国政治选择的思想，看到其"约定"的相对公正性。

必须看到，历史总是相对的，总会留下遗憾。普罗塔哥拉及其智者运动也不例外。在普罗塔哥拉葬身大海之后，智者运动也出现蜕变、隳沉，最终在诡辩主义、形式主义、相对主义、怀疑主义中消解，从而使普罗塔哥拉本人的一些闪光思想也长久地被尘封在历史的荒漠之中。

5. 德谟克利特:欢笑的哲人

　　古代唯物主义的起源与人对自然科学的认知有着密切的关联。事物的本原究竟是物质的还是精神的，在人类精神史上数千年以来都争论不休。一个值得注意的奇特现象是，历史上唯心思维的特征是擅长推理、演绎，而唯物思维则注重归纳、总结；前者有引申性探究的空灵，充满浪漫的想象，体现出奇峰突起的秀丽；后者则有综合性汇聚的厚重，饱含务实的淳朴，展示了群山环绕的壮观。在古希腊哲学家中，德谟克利特因对自然科学的研习，对原子论的提倡，以及对早期希腊各派哲学思想的综合汇总而成为著名的古希腊唯物主义哲学家，其勤奋、博学被马克思、恩格斯赞誉为"经验的自然科学家和希腊人中第一个百科全书式的学者"。

　　德谟克利特（Democritus）约公元前 460 年生于色雷斯的阿伯德拉，童年时代恰逢希波战争结束、伯里克利文明繁荣之际，因其富有之父家里留有来自东方的有学问之士而受到良好的启蒙教育。他年轻时博学好动，曾游历埃及、波斯、埃塞俄比亚等地，甚至传说到过印度，获得了丰富的世界知识。他回到故乡后靠兄弟接济而坚持为学，博闻强记，广泛涉猎，其研究过的领域包括天文、气象、历法、水利、数学、地理、光学、动物学、植物学、生理、生物、医学，以及社会政治、伦理、哲学、审美、修辞、语言等学科，被誉为是"通晓哲学的每一分支"、"娴熟于物理学和伦理学，还有数学以及教育的正规项目"，以及"通晓艺术"的"行家"。在哲学上，他曾师从阿那克萨戈拉和留基伯等人，并与古希腊原子论的创始人留基伯一道创立了原子论的阿伯德拉学派。他博采众长、集思广益、综合整构、扬弃升华，形成自己整全的哲学体系，被苏格拉底称为"全能的运动员"。他心境平静、性格乐观，对人们的无知、社会中的愚拙一笑了之，故而有"欢笑的哲人"之称。他享有高寿，据传约公元前 361 年才去世，其城邦在他死后还为他举行隆重葬礼，并铸了铜像以示纪念。德谟克利特一生写有大量著作，仅旅游著述就包括《巴比伦的圣书》、《墨洛邪的象形文字》、《迦勒底研究》、《弗里吉亚研究》、《环洋航行》等；其综合性著作包括伦理学、物理学、数学、文学和音乐、技术这五大类，论及哲学、政治、伦理、历史、文学、语言、绘画、诗歌、音乐、物理、数学、天文、地理、农业、动植物、医学、摄生、心理、逻辑、军事等领域，提出了不少真知灼见，形成了具有体系性的理论学说。但其原著多毁于战火，迄今流传的相关残篇乃出自后人之手，大多取自《哲学家德谟克利特的黄金格言》。

在其众多理论学说中，德谟克利特的核心理论体系是其原子论。他认为宇宙的本原即原子与虚空。"原子"指"不可分割"的东西，如同"在空气中游动的细微尘粒"，构成充实的"存在"。"虚空"则是完全空虚无物的空间，是为原子提供运动场所的"非存在"。"原子"的特征一为微小而不可分割的粒子，为宇宙物体构成的基本单元；二为质同而形异，为宇宙存在提供了具有普遍性的同质本原；三为内部充实，没有虚空，各种原子在虚空中的结合与分离，运动与变化，乃为自然万物生成和消亡之根本原因；四为不可感知，不是人之感觉的对象，对其认知和把握乃理智思维的任务，为思辨性领悟。而为了给原子运动提供活动空间，德谟克利特遂提出了"虚空"范畴，以形成对原子论的有效补充。虚空并非绝对的无，它作为客观实在而与原子共构宇宙万物的两大本原。如果说赫拉克利特研究火、水的流变、运动是一种"时间"的哲学，那么德谟克利特在此则以原子、虚空的存在或实在论述而触及一种"空间"的哲学。时间、空间究竟只是物质存在的形式，还是其本身也具有存在、实在的本质，人们对这一问题迄今仍争论不休。德谟克利特以"虚空"之论而触及到"绝对空间"的问题。虽然自然界没有脱离物质的绝对真空，但其"空"却是实实在在的，它使物质存在具有了"间"性。宇宙时、空存在的无限性、永恒性，使有限之人对其具有的任何理论推断和思想假设都只能是相对的，可以变化、补充、修改和完善的。

基于原子论的构设，德谟克利特想把灵魂与身体、精神与物质统一起来。在他看来，灵魂也是原子的结合物，这种"灵魂原子"与身体原子相组合则构成了生命存在体。生命乃灵魂与身体的矛盾共构、有机统一。一旦灵魂原子被从身体中挤压出去，形成其逸散，则造成了死亡。他进而认为灵魂包括感觉和理智这两大功能，感觉使之感知外界物体，而理智则为"心灵"内在，即"努斯"所具有的思想作用。他提出感觉乃为"暧昧认识"，理智才是"真理认识"，由此亦触及对物质本身的第一性质和第二性质的认识问题。这一思想潜线直至近代洛克思想才得以显露，而由此引发的争论亦延续至今。

既然能用原子和虚空来解释宇宙，德谟克利特就没有给神灵留下空间，因而也就成为了早期希腊哲学领域中的无神论者。他认为人们造神、拜神是由于人对自然现象的恐惧和无知，这种解释在一定程度上已在揭示宗教产生的心理根源。他把"神"解释为"影象"，即灵魂所感觉到的自然现象，而且这种"影象"的原子亦存在于这个物质世界之中，其理论实质上已否定了彼岸世界的存在。与宇宙这个大世界相比，人则为"一个小世界"。小世界之人从自然中发展，形成社会文明的进化、进步。而在人的社会共在中，他指出道德比法律更重要，为此他推崇社会伦理，强调道德修养所达成的内在约束；人以节制和理智来指导生活、向善合法，就能达到"怡悦"之境，此即灵魂的宁静、精神升华的最高境界。这种高尚、宁静的生活，正是这位"欢笑的哲人"所希冀的"快乐人生"。

6. 柏拉图：对话与学园

柏拉图（Platon，前 427—前 347）是古希腊哲学的著名代表，而且在整个西方宗教与哲学思想发展史上都是一位具有里程碑意义的人物。他原名为阿里斯托克勒（Aristocles），少年时因其体育老师见他身体强健、前额宽阔而让他改名为"柏拉图"，其希腊语即"宽阔体魄"之意。他早年师从苏格拉底，被其恩师视为"在梦中见过的天鹅"。师生之间经常以"对话"形式促膝倾谈，苏格拉底习惯"述而不作"，没留下文稿，其许多闪光思想都因记录在柏拉图的"对话集"中才得以传世。

"对话"这种文体在柏拉图的著述中得到最典型的体现、最充分的发挥。他的著作都以对话体写就，其留下的几十篇"对话集"也使之成为西方哲学家中能给后人提供第一手材料的第一人。他的对话写得优美典雅、脍炙人口、给人启迪，当今政治、文化、思想上的"对话"，在一定程度上也可以追溯到柏拉图与其他古代先贤充满哲理和睿智的"对话"。我们已进入了"对话时代"，重温柏拉图的对话，或许能给我们带来新的思绪和希望。

在经历了 12 年的海外游学后，柏拉图回到故乡，于公元前 387 年在雅典城外纪念阿提卡英雄阿卡德摩（Academus）的墓地建立了讲学授徒的学园，此处包括附有花园的一座运动场，从此成为欧洲历史上第一所集高等教育与学术研究为一体的"学院"。柏拉图创建的学园曾延续达 900 年之久，直至 529 年才被迫关闭。不过，自柏拉图始，西方各国的学术研究院（Academy）就以"阿卡德摩"这一词源为其名称。柏拉图的"阿卡德摩"学园作为学院或科学院的名称已习用至今、广为流传。

本来，柏拉图创办学园的目的是讲述治国术，旨在培养政治人才。他有着做"帝王师"的抱负，希望在其追求实现的"理想国"中有"哲学王"的治理。这一实践虽有点效果，其弟子中也不乏参政从政者，但其追求的政治理想并没有获得其理想意义上的成功，鲜有"政治家成为真正的哲学家"，而哲学家亦大多被挡在政治之外。与之相对比，柏拉图所从事的哲学事业却获得开拓性的进展，有着划时代的意义。由于其对哲学思考加以系统化、体系化的努力，以前毕达哥拉斯提出的"哲学"概念在他这里真正成为"哲学"理论和思想体系。所以，黑格尔说："哲学之作为科学是从柏拉图开始的。"

柏拉图在哲学上提出了"理念"（Idea）观，由此引出西方思想史上的"唯心论"（Idealism）传统；其实，按照柏拉图的本意，此词应被理解和翻译为"理念论"或"理想论"；他认为辩证法就是"从理念出发，通过理念，达到理念"，从而创立起理念（唯心）辩证法体系；此外，他还将其"理念"应用到国家学说，由此构建了"理想国"的政治哲学模式。这样，柏拉图的哲学构思成为了西方哲学中延续至今的一条主线。不过，"理念"之表述乃是黑格尔的尽情发挥，若按柏拉图的本意，其基本观念则为"相"与"型"之思。可以说，柏拉图开创了西方哲学史上关于"相"的相论或相思维传统。

在宗教思想上，柏拉图率先提出了"神学"（Theologia）一词，从而使人把对"神学"的原初认知定位为对"神"（theos）的"言述"或"逻辑表达"（logos）。他想借用"神学"来诗意般地描述神，神话式地谈论神，实际上曾形成诗化哲学与神学美学的最原始、最朴素的交织。他还在理论上较为系统地阐述了神的"完善"和"不变"这两个基本特性，指出若以神之"善"来谈论神，就能看到神的美好、智慧、善良和一切与之相似的性质，因而可以从神为"最好"来推断出神的"完善"；若以神之"恒一"来观察神，则会感觉神的自有永有、始终如一，因而可从其"不动"、"如一"来概括出神的"不变"。柏拉图在此进而推出了西方宗教哲学史上的第一个神之存在的证明，他以神与作为"第一性"的灵魂之等同而将神与人之主体相关联，又以宇宙和谐有序与神之存在的奥妙来使神与世界客体相沟通。为此，他甚至以神乃"造物主"（Demiurge）、"巨匠"或"确立秩序者"来说明一切自然存在都是通过神的影响或作用而被创造出来、源自神的构思。当然，柏拉图亦通过其"理念观"而体悟到神的形上、超越意义，把神的本质与理念的本质相提并论。在超越与实在、绝对与相对、无限与有限之间，他还想到了一位"中介者"的意义，这也为此后西方神学的发展留下了伏笔和想象空间。

　　柏拉图在其学园培养了亚里士多德这样伟大的学生，两人虽有师承关系，却风格迥异，各成大道，并都对后世产生了巨大影响。当我们谈到奥古斯丁与阿奎那、康德与黑格尔之比时，往往会蓦然回首，想起在西方哲学之源头柏拉图与亚里士多德的双雄相会、双峰并立。

7. 亚里士多德：超然之探
与形而上学

　　亚里士多德（Aristotle，前384—前322）是柏拉图的弟子，其思想风格却与其老师及前辈迥异。他在柏拉图学园学习、工作约20年，在柏拉图死后因与其继承人意见不合而离开，随后与柏拉图学派分道扬镳，曾应邀担任马其顿王腓力之子亚历山大的老师，故而真正有过做"帝王师"的经历。亚历山大继位后成为著名大帝，建立起地跨欧、亚、非三洲的帝国，但亚里士多德则回到希腊，在雅典吕克昂太阳神阿波罗体育馆处建立学校，称吕克昂学园。因他有在林荫道上带着学生边散步边讲学的习惯，其学派故也有"逍遥学派"之称。哲学散步、美学散步，使沉重的哲学话题得以轻松的方式释放出来，从此，漫游的学问成为西方思想之路上的趣闻。亚里士多德是古希腊哲学家中留存著作最多的学者，且才华横溢、研究涉及众多领域，因此有着"最博学的人物"之誉。

　　亚里士多德虽对柏拉图的"理念论"（"相论"）提出过批评，认为事物的本质乃寓于事物之内，所谓"一般"不能脱离个别而独立存在，却也对关涉终极实在的超然之探表现出浓厚的兴趣，并由此创立起其"形而上学"体系。对亚里士多德的"形而上学"（metaphysica）有两种解释，一为"在物理学之后"，源自公元前40年左右其学派继承人安德罗尼柯将亚里士多德论及这些思辨问题的十四卷著作集为一册而放在其《物理学》著作之后，即有《物理学后编》之意；二为"在物体之后"，因为这些著作都论及"作为有的有"或"有本身"之内容，故表示其关注点乃"超越物体本身"，所找寻的即物之"根本"、"本原"，有着"形上"之探的蕴涵，其中文即根据《易·系辞》中"形而上者谓之道，形而下者谓之器"

的说法而译为《形而上学》。亚里士多德本人则称其探究初始本原和本质存在这类终极问题的学说为"太初哲学"或"第一哲学",从而构成西方思想史上研究"元"(meta)哲学问题的传统。

这里,哲学与神学问题再次被打通,而亚里士多德也率先将其称为"太初哲学"的"形而上学"与"神学"联系起来。他提出了关于世界本原及本体的"第一原因"、"第一推动力"或"第一推动者",讨论了"宇宙终极目的"等问题。这种作为形而上学之核心问题的对"终极本原"的找寻和论述,显然与宗教中的神明理解有着直接的关联。亚里士多德认为"第一原因绝对完善,是世界的最高目的或至善",并把"对终极实体的沉思"直接称为"神学";而其神性理解也是基于"第一"和"最高"者、"不变"和"永恒"者。他将神视为万事万物的"第一原因"、居于存在首位的"不动之推动者",并试图从"纯然真实"和"理性观念"上来界说神明。由此,"是本身"之"是什么"、"是真的"遂成为西方神学、哲学的永恒之问、不朽之求。正是在这种超然之探中,西方的哲学、神学亦得到深化和提高。

亚里士多德的丰富思想给人类留下了宝贵的精神遗产,尤其对西方精神发展有着不可磨灭的功绩。我们今天仍在品味着其睿智,享受着其成果,并由此感悟到古希腊人"太阳下面无新事"那看似轻松之断言的深邃和奥妙。亚里士多德的"形而上学"不仅代表其有关"本体"与"存在"的思辨体系,而且已成为西方哲学传统中的重要概念和范畴,并发展为博大精深、涵括极广的学术系统。西方学术这种穷根究底、寻本溯源、探求终极的传统在亚里士多德这里已奠定基础,并在两千多年的历程中不断发展完善,构成当今认知形而上学、道德形而上学、宗教形而上学、审美形而上学、艺术形而上学等众多流派的共在与争鸣。特别是在西方基督教传统中,其形而上学体系与神学结下了不解之缘,它以"超然"、"形上"、"终极"、"根本"之探,以其对"是"与"真"的存在认知而使中世纪基督教神学得以重建;而其论证"第一"和"最高"存在之"不变"和"永恒"的方法论及其致知取向也推动了关于上帝存在的理性论述和逻辑证明,启迪了阿奎那等中世纪思想大家,形成了亚里士多德哲学复兴与中世纪欧洲思想发展鼎盛交相辉映的壮丽景观。

中世纪欧洲经院哲学的辉煌，离不开对亚里士多德思想的重新发掘及升华。就是在近代和现代其宗教思想所触及的"自然神论"、"机械神论"和"宇宙神论"等话题中，我们仍可感受到亚里士多德的强大影响，为其穿越时空的余音所陶醉。

8. 伊壁鸠鲁:"花园箴言"的传播

在希腊化文明发展时期，社会的动荡不断冲撞出一些全新的哲学思想。在希腊古典时代的衰落和新的希腊化时代形成之社会转型时期，希腊哲学思想也获得了新的发展机遇，迎来了新的思想时代。这一时期在希腊哲学论坛中出现了一个独特的人物，此即伊壁鸠鲁。他虽然没有卷入当时的社会政治风云，而是以"哲人不关心国家大事"的超脱姿态躲进"世外桃源"，但他在其"花园"中的哲学沉思及其相应的"乌托邦"构设，却充满了其政治理想和社会憧憬。正因为如此，他的"花园箴言"才让人玩味、思索，并有着穿透时空的经久流传。

伊壁鸠鲁（Epicurus）于公元前 341 年出生在小亚细亚萨摩斯岛的一个雅典移民家庭，由其父启蒙而获得初等教育，从小就对哲学有着浓厚兴趣。据传他 14 岁那年听老师讲解赫西奥德《神谱》中关于"最初创生万物的乃是混沌"之论时提问，深究此"混沌"又是从何而来，老师无奈而让他找哲学家询问，从此坚定了他研习哲学的决心。此后，他又师从柏拉图的学生庞费鲁斯达 4 年之久，在科罗封和提奥斯钻研哲学 10 年，并受到德谟克利特学派传人瑙西苏尼的指导，由此形成其原子论、唯物论的哲学走向。公元前 311 年，他在离特洛伊较近的米提林开始构建其标新立异的哲学流派。公元前 306 年，他终于在位于雅典城和皮拉埃乌斯之间的麦里塔区购得房产及其花园，从此将之作为学校来收徒授课，大家离群索居，避开俗世尘嚣而潜心学问，故此使其学派有了"花园学派"之称。伊壁鸠鲁在其"花园"隐居达 37 年之久，被尊为"花园哲人"。公元前 270 年，他在其花园因病去世。据传伊壁鸠鲁曾有著述三百余部，包括《主要原理》、《论自然》等，其对传统哲学的批判精神则反映在其《反麦加拉派》、《反智者》、《反柏拉图》、《反亚里士多德》等著述中，但其大部分著述已佚，仅存留有三封书信和两组格言。不过，他的思想则已广为流传、深入人心，如青年马克思就曾专门研究过伊壁鸠鲁，记有《关于伊壁鸠鲁哲学的笔记》，并写有《德谟克利特的自然哲学和伊壁鸠鲁的自然哲学的差别》之博士论文。

受伊壁鸠鲁"快乐"伦理原则的影响，其学派追求一种不受外界困扰、达其宁静、超脱的境界，因而其弟子将这种"花园里的共同生活"视为其"花园乐土"的见证，并且以"传播福音"的方式来扩大伊壁鸠鲁哲学的影响。正因为如此，后人在评论其思想理论时才称其为"希腊人所产生的唯一的福音哲学"。马克思也因伊壁鸠鲁哲学所具有的清新、青春和创新而称它"披上芬芳的春装"，称伊壁鸠鲁为"最伟大的希腊启蒙思想家"。

伊壁鸠鲁在其哲学体系中尝试依据德谟克利特的原子论来对世界作出科学解释，认为宇宙的基本单元即无数不变、永恒、不可分离的原了，这些原子构成物体，在虚空中运动，因此宇宙的真实存在即"物体和虚空"。不过，原子是不可感知的，人们只是从可以感觉到的物体及其运动才推断出其存在，体悟到宇宙的永恒和无限。同理，灵魂也是由物质性的原子所构成，只是这些原子更小、更微妙、更精致，存在于身体之中；一旦身体解体、灵魂随之丧失，此即意味着生命的终结、死亡的来临。伊壁鸠鲁进而以原子论来解释"天象"，排除释"天"论"神"之中的神秘主义因素。他认为神就是"一个幸福和永恒的存在"，它享有完全的幸福及快乐，而不干涉自然与人世，因此人不必畏惧这样的神明。伊壁鸠鲁的这种理论被视为是"解除神的武装"，从而乃实质上的无神论。马克思主义经典作家对此曾评论说，"如果说罗马人有过无神论，那么这种无神论就是由伊壁鸠鲁奠定的"；"因此，从普卢塔克直到路德，所有的圣师都把伊壁鸠鲁称为头号无神论哲学家"。

伊壁鸠鲁认为研究哲学是为了"灵魂健全"和"幸福"。既然能够消除对死亡、天象和神灵的恐惧，那么就可获得灵魂的平静，这是一种"宁静的快感"，而这种快感和愉悦则正是幸福生活的始终。所以说，伊壁鸠鲁的幸福观并不是那种"放荡的快乐和肉体之乐"的低俗享乐主义，而是一种哲人、智者高雅纯洁的幸福和快乐。

9. 西塞罗:关注神圣

西塞罗（Marcus Tullius Cicero，前106—前43）是古罗马时代的哲学家、政治家，并因其口若悬河、能言善辩而被视为古罗马历史上最著名的雄辩家、演说家。他关心政治，曾参政执政，也在从政中遭到挫败，最终被捕杀。政治上和生活上的挫折创伤，使西塞罗转向哲学和宗教研究，他感到从中可以找到"快乐生活"的原则，并能明白如何"带着较好的希望去死"。

在某种意义上，西塞罗代表着从古希腊思想文化到古罗马拉丁思想文化的重要过渡。他以众多拉丁文著述而触及政治、法律、神学、哲学、伦理、宗教、逻辑、修辞等众多领域，其才思敏捷，逻辑严密，文采斐然，笔墨流畅，从而以清晰、通俗的写作风格和行云流水般的文字表述为拉丁文献提供了范本、树立了榜样。而且，西塞罗一生还致力于拉丁化哲学的创建，以使方兴未艾的拉丁文化走向高雅，为古典思想展示一种全新的发展。他认为用拉丁文撰写哲学是古代"学习智慧"的继续和发展，这对一个正在崛起的新兴民族极为重要。因此，为了这一民族的利益，也必须唤起其人民对哲学的兴趣，这甚至关涉其"民族的尊严和名声"，是该民族先进、优越的标志。在他看来，这种拉丁化哲学的真正开创不仅要借鉴古希腊哲学，更要有自己的问题意识和理论创新。这样，西塞罗的哲学就形成了其时代古典思想文化承前启后的重要代表。

西塞罗认为，哲学既具有实用的价值，也有着形而上的意义。由于其在政治中的闯荡、打拼已使之身心疲惫、伤痕累累，所以他试图在哲学中找到一种心灵的安慰、精神的解脱。在这一层面上，他感悟到哲学的境界已超出人的能力之限，而乃是神赐的礼物，由此进而引发他对神性的探讨、对神圣的关注。这样，西塞罗也如许多古希腊哲学家一样，开始深究宗教问题，从哲学转向神学。值得注意的是，西塞罗正是从哲学对人们日常生活的指导而领悟到哲学的心理治疗和精神升华意义；这里，他亦开始超越自我和现实，以寻求一种神性维度的终极意义和生活指导。这种对神圣的关注在他看来乃是哲学问题，因为对神之存在及其本质的询问也触及人的信仰及人生幸福，属于哲学关怀的范围。但也正是在此处，西塞罗的探究实际上已越过哲学而进入宗教、神学的领域。其代表性著作即他以叙说、对话方式所撰写的《论神性》，而相关著作则还包括《论占卜》和《论命运》等。

西塞罗对神性本质的探讨触及宗教的核心问题。一方面，他以一种开放性的研究态度来对待当时理解诸神性质及其存在的各种观点，其理论涵盖有神论、无神论和泛神论的立场及见解，由此以其开明性和说理性而开启了古代拉丁文化氛围中对神明问题的理性探究之途；另一方面，他则肯定了神性存在的意义及世人对神明的崇拜，认为人类宗教的本质就在于如何处理好神明与世界的关系，弄清人对神的态度和行为，而宗教则正是人对神明的真诚信仰和敬拜。他强调说："我们必须崇拜和敬畏这些神，按照传统赋予它们的名称，按它们各自的品格和本性崇拜和敬畏他们。这种对诸神的崇拜是一切事务中最好的，充满着纯洁、神圣和虔诚，只要我们的尊敬不管是在口头上还是在思想上都永远是真实的、完全的和纯洁的。"[1] 从这一视域，西塞罗以其对神圣的关注而深入到对宗教的思考、体悟，在当时正崛起的拉丁思想文化中为西方"宗教"概念的创立打下了重要基础。西塞罗最早以拉丁文来开始西方语言中对"宗教"即 religio 的探讨，他用 relegere 来说明人在敬仰神明上的（重新）"集中"和"注意"，又以 religere 来表述人在神明崇拜时的"高度重视"、"小心翼翼"和"仔细考虑"这种严肃认真。由此，西方"宗教"（religio）观念逐渐形成，并从人的这种"认真"、"关注"进而引申出人与神的重新"结合"、神人关系的重新"固定"等蕴涵，使西方的"宗教"观不断得以巩固和完善。

从神人关系之探、人对神明的关注及其认真态度，以及人所追求的与

---

[1] 西塞罗:《论神性》，香港汉语基督教文化研究所 2001 年版，第 82 页。

神"结合"、"相通"等意义上，我们理解到西方"宗教"概念的最初含义。这种表述可以追溯到西塞罗的思想及其拉丁文字的应用。可以说，西塞罗从人类对神圣的关注而去探讨古希腊罗马等地的宗教认识和崇拜活动，由此为西方思想界指出了理解"宗教"之途，而这种探讨实际上也以宗教哲学的方式铸就了其"拉丁化哲学"的雏形，并为此后在基督教时代出现的拉丁神学提供了土壤，准备了必要条件。

10. 卢克莱修:大胆诗人的 "物性"之探

　　古希腊哲学中的原子论是古代朴素唯物论的经典表述,它大致经历了三个阶段,即始于德谟克利特,充实于伊壁鸠鲁,完成于卢克莱修。卢克莱修以其诗歌体裁撰写的《物性论》而为古希腊原子论画上了句号,这部著作也成为研究伊壁鸠鲁学派的重要文献,正如罗素所言:"它可能填补起来了由于伊壁鸠鲁整整三百卷书的遗失而给我们的知识所造成的空隙。"

　　卢克莱修(Titus Lucretius Carus)约生于公元前 94 年,其生卒年月不详,生平亦无任何历史记载,只是基督教思想家圣杰罗姆在 4 世纪时谈到他可能因间发性精神病而服毒自杀,其卒年则有公元前 55 年或前 44 年等说法,尚无定论。卢克莱修在西方哲学史上的留名,主要在于其撰写的哲学长诗《物性论》(亦译《论自然》)得以流传,这部共 6 卷、长约 7000余行仍未最终完成的诗体著作自 15 世纪下半叶被发掘出来后影响广远,给西方近代唯物主义、战斗无神论提供了珍贵史料和重要启迪。《物性论》是卢克莱修为献给其好友、罗马诗人政治家、伊壁鸠鲁派学者明米佑而作,其形式和内容上的创新,使之成为古代西方用诗体表达哲理的范本。

　　为了旗帜鲜明地宣扬伊壁鸠鲁的学说,卢克莱修对之评价极高,称伊壁鸠鲁在"黑暗中高高举起如此明亮的火炬","最先照亮了生命的幸福目标",认为他的"天才智慧高高地超出全人类的人"。而且,为了普及伊壁鸠鲁哲学,使之广为人知,卢克莱修特意选择了诗体哲学的形式,已达脍炙人口之效,正如他所表白的,"因为关于这样晦涩的主题,我却唱出了如此明澈的歌声,把一切全都染以诗神的魅力"。其诗体思维表达了他认为极为重要的一些基本观点。例如,他认为世界物质不灭、没有任何东西可从无中来或归于无，物质运动反映了原子的运动规律，此乃自然的最高定律；而全部自然则由原子和虚空所构成，二者既不创造、亦不消灭，乃自然界统一、不变的始基；所以说，宇宙就是永恒物质的循环整体，它找不到极限，其存在随时空而永恒，"毫无止境，深不可测"。此外，他强调"灵魂的本性是物质的"，灵魂不能脱离身体而单独存在，它与身体有着同生共死的密切关系，这样就没有"灵魂不死"之可能。在他看来，所谓对灵魂不死的信仰，实际上来自对死后地狱的恐惧；但天堂、地狱实乃乌有之乡，故而大可不必为之恐惧。

既然触及灵魂不死问题，卢克莱修自然无法回避宗教及其神明影响这一大层面。他宣称人的恐惧和无知乃宗教之源，例如神明就是来自梦中的肖像，而宗教的敬拜亦来自人对"自然灾害"的敬畏，宗教苦难则正好是人世间本来所有的。这里，卢克莱修已经触及到宗教之所以产生的心理根源、自然根源和社会根源，并多层次地开展了对宗教的批判。可以说，卢克莱修的这些思想已经为18世纪法国启蒙思想和战斗无神论准备了重要精神资源。正是其对唯物论、无神论的勇敢宣传，卢克莱修给马克思留下了深刻影响，因而被马克思称赞为"真正罗马的史诗诗人"，"朝气蓬勃，叱咤世界的大胆诗人"。

11. 塞涅卡:回返心中的"天国"

塞涅卡（Lucius Annaeus Seneca，约前4—公元65）作为古罗马时代多才多艺的学者曾涉猎许多领域。在哲学上，他是新斯多葛主义的主要代表之一，曾留下《幸福的生活》、《论短促的人生》、《论神意》和《论道德的书简》等著作。"斯多葛"一词源自希腊文 Stoa，意指"柱廊"，因其创始人公元前4世纪的希腊哲学家芝诺讲学的场所有彩色壁画的柱廊，故亦称"画廊派"或"斯多亚派"。其特点是调和柏拉图和亚里士多德的哲学，后期发展则更多关注人生及命运。在艺术上，他是著述甚丰的戏剧家，曾沿袭希腊悲剧而创作出《美狄亚》、《俄狄浦斯》、《亚提的赫尔克里士》等作品，对近代英法戏剧发展有过深远影响。在宗教上，他对神秘主义的感悟和道德意识的强调，尤其是他对幸福生活的理解、对禁欲主义的推崇和对人生命运的洞观，在哲学观、人生观、伦理观等方面推动了基督教世界观的形成；因此，恩格斯曾把他喻为"基督教的叔父"。在政治上，他曾参与罗马帝国政务，担任尼禄皇帝的大臣；但也因此致祸，后被勒令自尽，留下哲学家从政的又一悲剧。

当人们习惯于仰望天空，渴求天国的降临或自我升飞奔向天际，以获得幸福和永恒时，塞涅卡却指出"天国就在我们的心中"，认为内心世界乃是唯一真实的世界；因此，他以哲学家的睿智来审视人生，强调永恒的幸福就在于灵魂的宁静，人应以一种回返内在"天国"的境界来符合德性、达到至善。其实，理想中的真实恰恰与现实相距甚远，所以，人不能被二者之间的反差所击倒，而必须摆脱激情，恬淡寡欲，以一种发自内心的超然之态来做到勇敢、冷静和有节制，自觉服从道德规律，安于现实命运，不被因果回报的观念困扰或限制。他说："在波涛汹涌、动荡不安的人生大海中，唯一安全的港湾就是对命运带来的一切处之泰然。同时作好准备，充满信心，挺起胸膛，毫不畏惧、毫不退缩地接住命运向我们抛掷过来的一切。"人在现实中可以有作为、有安排、有预设、有准备，但结果不一定能像预料那样尽如人意，有时甚至还会截然相反。这样，在社会投入之"动"，还必须配有心理准备之"静"。不管现实结局如何，心境却是一样，由此就能守住自我内在的"本真"，返归内心的质朴和纯净，而不会因严酷的，或极乐的现实回报使自己失去这一"真实"。二者乃不同之维，故有"人间"与"天国"之别。在此，"天国"被理解为人之内在的崇高"心境"、一种心灵的超越。这种见识既有"谋事在人、成事在天"的洒脱，也是沟通超然与此在的独特尝试，它表达了塞涅卡的基本人生态度。

塞涅卡以一种"悲剧"境界的体悟来看待、品味现实中的"英雄"。在他看来，只要有心中之"定"，坚持理想中的"真实"之维，那么无论现实是何处境，人生都会是完满的、充实的。他坚信，"人生的旅程，如果是光荣的话，却决不会不完整。不管你在哪一点上离去，只要方式正确，你的一生就是完整无缺的"。可以说，他是以一种超越的"心境"来对待、把握复杂的"处境"，以心中宁静的"天国"来应答、反观外在嘈杂的"尘世"，以"静"制"动"，从而以内在不变的真实来笑傲现实变化可能发生、带来的一切。

塞涅卡这种对人生的坦然自若曾深深打动了早期基督徒的心灵，并使其对塞涅卡哲学中的缩命论有另一种解读或体悟。于是，塞涅卡那隽永优美、充满哲思的著述就成为早期基督徒的精神食粮，为其理解新生与复活提供了最佳解释。正如塞涅卡之言，"当人类灵魂的再生的决定性时刻到来时……大整体的一切部分都要崩溃和毁灭，以便重新恢复和复活没有缺点的、不堕落的新生命"。在内心"天国"的维度中，他感觉到有限之人的永生和永恒，并为西方宗教精神的发展注入了耐人寻味的重要因素。

12. 马可·奥勒留:帝王哲学家的沉思

在后期斯多葛派哲学发展中，形成了其关注人生、侧重伦理的传统，这种走向吸引了社会政治家的注意力，尤其在罗马皇帝马可·奥勒留的思想中烙下了深深的印记。在斯多葛派哲学人生观、伦理观的影响下，戎马一生的他在马背上留下了许多发人深省的人生格言、思想警句。

马可·奥勒留（Marcus Aurelius Antoninus Augustus）在公元 121 年 4 月 26 日出生于罗马，其父的家族原为西班牙人，但在定居罗马多年后从罗马皇帝那儿获得贵族身份。幼年丧父的奥勒留由母亲和祖父照顾，6 岁时即获得骑士等级，7 岁时就读于罗马萨利圣学院，因而在古希腊和拉丁文化各领域受到当时最好的精英教育，其知识面涉及文学、语言、修辞、法律、艺术、哲学等领域；他早在就读期间就因受到老师的影响而醉心于斯多葛派哲学，并最终成为这一学派的重要哲学家。奥勒留从小就得到哈德良皇帝的喜爱；为此，哈德良选定奥勒留之叔安东尼为嗣子，其条件即安东尼要收养奥勒留为嗣子。138 年哈德良去世，奥勒留获得恺撒称号，此后曾三度出任执政官直接从政。161 年 3 月 7 日，奥勒留正式成为罗马皇帝，乃西方历史上真正当上帝王的唯一哲学家。他让其养兄维勒斯同任皇位，但是后者在执政上所起作用不大。奥勒留执政期间战争不断，灾难频仍。为攘外安内，奥勒留统治的大部分时间是在军营中度过，或是抵御外敌入侵、保住帝国疆土，或是镇压内部叛乱、防止大权旁落，这使他忙于奔波、身心疲惫，特别是其最后十年基本上是出征帝国的边疆及行省，很少留在罗马。在奥勒留的一生中，他曾于 166 年遣使中国汉朝，故《后汉书·西域传》留有"至桓帝延熹九年（166 年），大秦王安敦遣使自日南徼外献象牙、犀角、玳瑁，始乃一通焉"的记载。此外，他曾颁布镇压基督徒的诏书，造成罗马皇帝历史上对基督徒的第四次大迫害（160—180年）。奥勒留与安东尼之女福斯泰娜结婚，生有 11 个孩子，但其中并无出类拔萃之辈。177 年，奥勒留最后一次出征北方，临行前其关心人生哲理的朋友让他留下自己所写的箴言，由此而给后人保存了他唯一的一部著作《沉思录——一个罗马皇帝的哲学思考》。180 年 3 月 17 日，奥勒留在文多博纳（今天的维也纳）因病去世。

《沉思录》其实是奥勒留写给自己的书，其 12 卷之多的箴言是他在鞍马劳顿中的人生断想、哲学沉思、自我独白或与其心灵的对话。虽外有军务繁忙，其内心却如此深沉和丰富，这正反映出奥勒留作为帝王哲学家的过人之处，及其超凡脱俗的智慧。他处乱而不惊，卷入政治却洞观人世，任凭社会风云变幻、战事跌宕起伏而仍能心静如镜，以超越的精神境界来望穿时空、看破红尘。正因为如此，其哲学沉思才有着退隐山林的意境，其思路之清晰、文笔之隽永、见地之深刻，胜似闲庭信步、书斋论道，所留下的隽语箴言、思想灵录，迄今仍在散发出强烈的感染力、强大的打动力。为此其中文译者曾感慨道："近两千年前有一个人写下了它，再过两千年一定也还会有人去读它。"（何怀宏）

西方人写沉思集、思想录基本上为散论，即随意、不时地记下自己的断想、感触，从而使这种文笔既有哲学的深沉，又有文学的秀美。不过，在奥勒留看似不经意所写的《沉思录》中，人们仍能窥见其思想逻辑、洞观其哲学真谛。他立于社会复杂、命运多蹇的人生而思考着基于斯多葛哲学原则的宇宙论、伦理观，以此从整体上来审视宇宙的本真、万物的生灭、自我的意义、尘俗的始终。这样，奥勒留在政治上的拼命挣扎与其心灵上的清静无为就达到了一种超脱的统一。对于有死的人生，他保持了一种冷静、达观，不再有激情、欲望，恰似"不以物喜、不以己悲"之境。但在冷眼观世界之际，他却有着一种淡淡的忧伤，行文、自语中流露出其黯然、忧郁、苦涩、不失其悲天悯人的情怀和解民疾苦的忧患意识。帝王和哲学家本是一个矛盾体，奥勒留作为帝王而有着叱咤风云的威仪，而他作为哲学家却能保持其内心的静谧和高贵。二者有统一吗？是如何统一的？这种矛盾、超脱和升华，已留给古今多少政治家、思想家去揣摩、玩味……

13. 德尔图良:荒谬与信仰

相信与不相信什么，以什么为人信奉的判断或依据，这是古代基督教思想家德尔图良（Quintus Septimius Florens Tertullianus，约 160—约 225）留给后世的难题。德尔图良以"相信荒谬"之名言而史上留名。这句看似荒唐的话语，却给我们观察、认识人类信仰世界的复杂现实和真实带来了悠远的遐想及恒久的沉思。

德尔图良生于北非迦太基城（今突尼斯城），为罗马帝国驻北非官员之子，从小受到希腊和拉丁文化的双重教育与熏染，由此亦博学多闻，对哲学、法学、文学、历史和医学都有相当的研究。他文笔流畅，观点独到，言词犀利，文字洗练，且富于怪想，善于雄辩，不给对手半点情面，故被欧洲近代文人称为"非洲铁头"。德尔图良与后来罗马教会的另一著名思想家奥古斯丁有着颇为相似的人生经历和信仰皈依。他们二人都生于北非，早年都放荡不羁、劣迹累累，而信奉基督教后也都一反过去，走入另一极端，并都成为著名的神学家、早期基督教教父哲学最出色的代表。德尔图良少年时曾沉溺于罗马贵族上流社会骄奢淫逸的生活，刚愎自用、目中无人，对他者颐指气使，对自己则醉生梦死、放任自流。大约在 195年时他幡然悔悟，成为基督教徒，从此他判若二人，反对任何享乐，强调苦行禁欲，主张抛弃物质世界，以"独身"、清心来追求精神生活。甚至他还逐渐对罗马教会的世俗化倾向越来越不满，最终导致他转入被正统教会称作异端的孟他努派，宣布世界末日即将来临，让人们赶快赎罪忏悔、远离尘世生活，并称教会决不赦免明知故犯之罪。在该教派遁世隐修、与世隔绝的生活中，德尔图良亦从人间蒸发。人们既不知其去向、亦不知其终期，留下千古之谜。

虽然德尔图良无条件推崇信仰、坚决贬低乃至反对理性，却留下了大量护教著作，对基督教信仰加以证论和阐述。而且这些论著思路清晰、逻辑严密、精于诡辩、言辞犀利，其中折射出的理性之光与其反对理性的宣称形成奇特悖论。他的主要代表著作包括《护教篇》、《论灵魂的证明》、《取缔异教徒》、《论基督的肉体》、《致殉教者书》、《论忍耐》、《论忏悔》等。由于他的著述大多用拉丁文写成，且率先使用"三位一体"（trinitas）等拉丁文神学术语，因而在基督教思想史上有广远的影响，他甚至被称为"第一个拉丁教父"，形成了基督教神学开创时代的重要理论学说和思想体系。

对于德尔图良最有争议的思想，即他被世人概括为"正因为荒谬，所以我才相信"之表述。这源自他《论基督的肉体》关于基督死而复活之言："上帝之子死了，虽然是不合理的，却是可相信的；埋葬后又复活了，虽然是不可能的，却是肯定的。"在此，他以信仰的思维来否定或决定理性的思维，认为理性在信仰的终极性和绝对性上有其局限、无能为力；因此，信仰不能靠理性理解，只能靠信仰、信任本身，这种无条件的相信虽有冒险性，却是绝对的。从德尔图良经奥古斯丁和安瑟伦等人，在基督教思想史上就留下了"信仰而理解"、"我信故我知"这一重要神学思路和认知轨迹。

尽管人们通常会将德尔图良这种观点作为宗教蒙昧主义来批判，却仍能隐然感悟到其中的深沉意义。德尔图良虽将"荒谬与信仰"加以绝对化地关联，却是在试图揭示出人类宗教乃至整个人类信仰的内在本质。纵观人类历史发展，则不难看出理性在信仰面前是有限的、甚至是失效的。"信仰"作为人的一种"天性"，其本身就与人的"理性"相悖；"信"本来就有盲目、盲然、说不出"道理"之特点；如果能被确证，则不再是严格意义上的"信仰"。所以，"信仰"不要求以"理解"为前提，而乃视"信仰"本身就是达到"理解"的捷径或唯一之途；"信仰"虽为"冒险"，却别无选择。这里，"信仰"作为"心之理性"而与"脑之理性"本质有别，但在人的思维中却同样有效。可以说，德尔图良的上述认知乃是以最简单的方式来对待最复杂的问题，而且也是最直观、最直接地揭示出人类历史上种种"信仰"的真实状况和本来面目。在多少"信仰"中，

"荒谬"变成了"神圣"?！在追求这种"荒谬"中，有多少人表现出痴迷、疯狂、荒唐和坚毅！人类在追求真理的道路上总是以猜想、假设、甚至虚伪、骗局为伴，许多追求因为超越了人的认知极限而只能以"信仰"来表达。所以，"信仰"就会以"非理性"的方式来表现出"人生之赌"；这看似"荒谬"、却往往有效，甚至出现"信则灵"的结果。如果我们观察在今天经济生活中博彩业、股市、基金等参与者的行为和心态，就能对德尔图良的"谬论"会心一笑。其实，在社会、政治、宗教等领域，也有着同样现象。多少看似"神圣"的"信仰"如过眼烟云，已灰飞烟灭；而多少看似"荒谬"的"信仰"却天长地久、现仍在延续！因此，"信仰"或许是"荒谬"的，也许是"睿智"的；可能是"恒久"的，也可能是"短暂"的；通常会是"坚强"的，但也会是"脆弱"的。对人的"信仰"天性，对其"信"与"不信"之间的变换，我们应视之自然，处之自如，任其自为，得其自在。或许，相信荒谬，这原为人的一种本性、天性，为人的有限性所定？而德尔图良不过是以其惊人之语表达了自己的直觉、感悟，他想以最简单、最直截了当的方式来把握其认信的本真，由此好留住自己内心的纯洁、宁静、超脱、飘洒……

14. 奥利金：会通两希文明

基督教文明被视为希伯来文明和希腊文明（即"两希文明"）的综合与融会，这种融贯的努力在希伯来文化方面始于古犹太神秘主义哲学家斐洛（约前30—约后45），而在希腊文化方面则有着奥利金（Origenes，约185—约254）的积极回应和进一步发掘。奥利金试图沟通希腊哲学和希伯来经典，希望以希腊理性精神来探索人与世界的意义，同时亦以《圣经》启示来追求神明、旨在获得信仰的确证。由此，两希文明的会通在奥利金的基督教表述中取得了关键进展。

奥利金出生在一个皈依了基督教的希腊人家庭，其出生地埃及的亚历山大里亚城曾是斐洛打通两希文明、神化古希腊哲学理论并提出"逻各斯"即神之理性的场所。奥利金因受其父影响在少年时就已加入了基督教，而且他还写信鼓励因信仰而被捕入狱的父亲，让其坚定信仰、不屈不挠。父亲殉教后，他靠教书和抄写为生，以赡养母亲和其弟兄。18岁时，他被任命为亚历山大里亚基督教教理学校的校长，此后他又担任过凯撒里亚基督教教理学校的校长，此间以研习《圣经》见长。由于对《圣经》相关经文的字面理解，他甚至以自阉来达到禁欲的目的，因此而受教会谴责，失去了担任神职的资格，并且也因教义上的分歧、争议而被教会革除其校长之职。奥利金的晚年因信仰而身陷囹圄，受过酷刑，出狱后没过几年就去世了。他虽然一生命运多舛，却仍努力研习神学和哲学，留下众多著述，被称为"古代教会最有学问的教师和最多产的作家之一"。其代表著作包括《驳凯尔苏斯》和《论首要原理》等。因为他多用希腊语写作，从而被尊为东方"希腊教父"中最著名的学者之一。

在希腊哲学中，奥利金看到了纯粹理性的意义，认为只有正确运用理性才能确立信仰的本质，而《圣经》的启示则既可以证明这些本质，又能够补充理性认识的不足。根据理性思维，他对基督教"三位一体"的上帝观加以解读，指出"圣父"乃永恒、无形、超然的，形成神性乃看不见的终极实在之认知；"圣子"则为"道"即"逻各斯"，反映了"生"之"智慧"，这种"生"恰如普罗提诺所言，乃"圣父"之"流溢"，从而反映出其乃超时间的永恒生成，具有无始无终的连续性，但这种"产生"却以"中介"作用而使上帝与人类相关联；"圣灵"则是"逻各斯"的具体显示，由此展现了神性智慧和理智，并使人得以开窍、领悟神圣启示。这样，奥利金既承认"事物的知识"、又强调"信仰的知识"，既坚持"实践知识"，又突出"启示知识"，从而使信仰与理性相关，哲学与神学沟通。他以最初的基督教神学或宗教哲学体系来具体展示其会通两希文明的方法及目的，尝试达致一种"神圣的学问"。

与德尔图良不同，奥利金肯定哲学、相信理智，由此开创了哲学与神学共构、理智与信仰统一之路。这种正面肯定和乐观信仰，使他不仅对传统"神义论"问题有了自己的解答，而且相信人类能够达到至善，恢复以"理智和至善为目的"的纯洁灵魂。这样，在西方思想传统中就出现了体认悲观人生时仍不放弃希望和努力的精神。人世虽然罪恶深重，却并不必然让人绝望。为此，他甚至提出"魔鬼"也能得救的观点。在他看来"魔鬼"并非上帝"创世"之初的产物，而乃灵魂获得思想、变成理性之物的结果；由于这些灵魂妄用其思想自由、不服从上帝，这才因"灵魂堕落"而为"魔鬼"。按此逻辑，"恶"乃"思想"的表现，是"自由"的产物，这种"恶"虽为"思想"和"自由"的滥用或误入歧途，但不能因此而彻底否认思想和自由本身，其关键是在于人如何驾驭、把握这神赐予人的思想和自由，使之成为对神的赞赏而不是诘难，不致造成"神正论"或"神义论"问题。既然灵魂因"自由"而"堕落"，也就应该可以通过"自由"来恢复其本有之"善"。况且，上帝是"至善的"、"全能的"，完全可以救赎"堕落灵魂"即"魔鬼"，达其"神化"。灵魂回返"至善"、恢复本我，再现其"纯洁"之状，此即

"魔鬼"被救之理。所以说，与其相比较，人类自然也就更容易获得拯救。奥利金的想法虽然超出了基督教信仰的常情，却反映出其"善"必定战胜"恶"的信念，表达了他对人类在逆境甚至罪恶中仍必须从善、扬善、以达至善的激励。

15. 普罗提诺:充盈与流溢

普罗提诺（Plotinos，约204—270）出生在埃及的来科波利斯，于243年来到罗马办学授课，为新柏拉图主义的创始人，被罗素视为"古代伟大哲学家中的最后一个人"。普罗提诺在罗马的生涯恰巧是和"罗马史上最多灾多难的一段时期"相伴随，人生的严酷使他对实际的世界不抱希望，而埋首于柏拉图所创造的"理念世界"之中寻找幸福。在他50岁之后，其哲学著述才得以完成，属于大器晚成的思想家。他的学生波菲利将其手稿编成6卷出版，每一卷收有9篇作品，题为《九章集》。

在政治动荡、社会变乱的时代，虽然不利于较为系统的思想体系之构建，却往往会因为与现实的碰撞和强烈的反差而产生异常绚丽的思想火花，达到一种平静氛围中冥思苦想所不能及的深邃和高远。所以，动荡年代之所谓"乱世"并不只是产生政治上的"英雄"，同样也会推出卓然不凡的思想家，其境界和思绪往往会是和平年代埋头书斋的学者哲人远远不可达到的。所以，动中取静、乱中出思，也是人类思想活动中的一大特点。这对于我们解读普罗提诺这样的哲学家极为恰当且意义非凡。

既然普罗提诺在其时代不能奢望现实中的幸福，而且生活中的不幸反而会随时降临，那么他追求的也就不是来自日常生活、获得孩提般满足的单纯物质幸福；也就是说，他所要求的幸福来自思想与想象，是一种精神、境界上的满足与享受，但其求得则需要对"那些远远脱离感官印象的种种事物加以思索"。这与物欲横流的幸福划清了界线，却反而让思想家更容易得到。受柏拉图的影响，普罗提诺认为幸福就在于对永恒理念世界的追求和把握，它比现象世界更为真实、亦更有意义。对他而言，形上意义的理念世界乃有其充盈和完满，而自身"满"则"溢"的道理则可解释世界万物之源。如果没有自身的完满，则不可能出现积极的流溢，流溢反映出充盈；而自身不足仍勉强去倾倒则会损己亏空，只能说明对自我的伤害和力不从心。因此，理解外向之"流溢"必须与内在之"充盈"相关联。这种思路对我们今天摆正搞好自我建设与外向发展的关系亦不无补益。良性的、积极的"流溢"必然应以内在的精神"充盈"和信心准备为基础及支撑，外延性扩展乃与内涵式发展有机共构。

当然，普罗提诺的"流溢"说基于其神圣之维的审视和思考。这种"流溢"源自"太一"的充盈，"太一"作为世界的本原和万物的源泉实质上即"上帝"，这种神秘的精神实体超越一切存在且创造一切存在。而这种创造方式即"太一"永恒、无损于自我的"流溢"或"漫溢"。"太一"永远充盈，而且有着如日之光、火之热那样源源不断、永不枯竭的"流溢"。普罗提诺从三个层面来看待这一"流溢"，并且如同三位一体的神圣关联那样来理解这三个层面的关系。其一为"太一"，恰如至高无上的上帝；在此，"上帝是无限的喷泉，从中涌出流水，而无限的水源永不枯竭。上帝是太阳，从中辐射光芒，而无损于太阳"。上帝并没去有意识地创造宇宙，而宇宙则是出自上帝的流射和漫溢。在"太一"层面，上帝与世界、主体和客体乃融合为一，时空无分。其二为"努斯"，从"太一"中流溢而成，"努斯"乃是"太一"的影子，常被译为"心智"、"心灵"、"理性"、"理智"或"精神"，因其乃"太一"的自我追求或自我照亮而被称为"神圣的心灵"，也因其具有理智的蕴涵而被理解为"理念精神"。这种"努斯"观念在基督教中可与基督之"逻各斯"相对照，由此亦有神圣的第二位格之联想。其三则为"灵魂"，它虽低于"努斯"，却是真实世界之一切生物的直接创造者。"灵魂"乃"神智"的产物，从"努斯"中流溢而来，先为"世界灵魂"，从中才流溢出物质世界即自然。所以，"灵魂"从根本上来讲也是来自"太一"之流溢，而自然世界只是"灵魂"的最外在范围。在普罗提诺看来，"灵魂"的意义就在于其双重性，它不仅有向下的运动，由此构成与现象世界的关联；而且还有向上的运动，从而可以向精神世界回归。"灵魂"有着倾慕、热爱"太一"的激情，渴望回到"太一"、与之融合如一。此即宗教本真之意寓。对外界的灵魂使之囿于肉身、困在物质世界，而其内在的灵魂则要解脱物质束缚回返精神之超然。但这种解脱之境对人的灵魂来说并非易事，它需要通过清修静观、洗涤洁净、冥思默想、直觉灵感、出神入化才能最终实现。

从普罗提诺的"流溢"说中，我们可以窥见"神圣"三位一体的内在运动，及其精神世界与大千世界的有机关联；"灵魂"由下降而上升，给我们以"天人感通"或"天人合一"之启迪；而人的出神入化、超脱俗界也有助于我们体悟宗教灵修中的神秘主义，认识宗教经验中的神人交感。

16. 奥古斯丁:悔过与创新

　　文化史意义上"西方思想体系"的奠立，可以寻踪到古代基督教神学家奥古斯丁（Aurelius Augustinus，354—430）。他在西方文化发展史上有"第一位西方的思想家"之称，也是西方古代与中世纪得以交接和沟通的哲学大师。其传奇的生活经历和心路历程，可以用"悔过与创新"这一表述来从人性意义上揭示西方社会文化如何告别其曾经辉煌却终归衰落的远古，走入漫长、复杂、在"黑暗"中仍能现出生机的中古发展。

　　奥古斯丁生于古罗马帝国北非行省的塔加斯特，从小有着作为"罗马公民"而表现出的才气与放任。其生活时代已到古罗马帝国发展的晚期，他在经历社会动荡、文化交汇、思想碰撞的过程中，目睹、体悟了罗马帝国由盛至衰的巨变，而自身也以个我的堕落、迷茫、摸索、醒悟和皈依这一忏悔与立新的生动写照回应了当时的历史变迁。他青少年时曾被古罗马晚期上流社会人们放荡不羁的生活所吸引，而对吸收新的思想与学问亦有特别的好奇。这样，其生活上的放荡与学习上的用功形成了一种奇特结合。他曾在深夜偷偷将邻居梨树上的果子全部打下来喂猪，不到18岁就与一迦太基女子同居生子，并为其子取名阿德奥达特，意称"神赐"。他把寻欢作乐当作生活的"调味品"，在纯粹"为作恶而作恶"中寻求刺激和满足。但其学习上的好奇和追求，则使他兴趣广泛，在文学、修辞、哲学、宗教等领域多有涉猎。这种"学问变化气质"的潜移默化终于使追求享乐而多愁善感、体悟人生百味而多有问题意识的他走向思想睿智之探，并从哲学上的沉思达到了信仰上的觉醒。在米兰基督教主教安布罗斯的指点下，他以内在反省的精神来阅读《圣经》，并蓦然回首，于387年复活节时受洗入教，诚心皈依，成为"浪子回头"的典范。从他身上可见"罪人"与"伟人"并无天壤之别,而在于观念的转变,能从歧路步入正道。此后他曾隐修三年,潜心修道,于391年去北非传教,不久成为希波教区主教。而且,其后半生的大量著述不仅为基督教会建立起完整的神学思想体系,也为西方思想的承前启后、中古重建奠定了基础,开辟了道路。在其主要著作中,《忏悔录》成为教会"敬神自白"的楷模和西方人"自传"体的滥觞,《上帝之城》乃西方第一部历史哲学著作,而《论三位一体》也是对基督教核心信仰观念最早的系统表达。

作为基督教"拉丁教父"最主要的代表和中古"西方思想"第一人,奥古斯丁对西方文化发展的贡献是多方面的。在建立西方文化理论系统上,他综合利用古希腊哲学唯"理"求"知"、古罗马政治立"法"重"行"和古希伯来宗教敬"神"守"信"的文化遗产,从而完成了西方古代思想史上"知"、"行"、"信"三阶段的过渡与融通,展示了其基本构成和文化特点。在人之主体意识和自我反省上,他以"忏悔录"的内心剖析和悔思,为西方主体思维和心理探索提供了重要素材。前承苏格拉底的"我知我无知"、奥古斯丁以"我疑故我在"的认知而编织了西方主体思想的连线,从而得以迎来西方近代笛卡尔"我思故我在"这一主体精神的发扬光大。而在西方社会学说的构思上,奥古斯丁则提出了"上帝之城"与"世俗之城"对立存在的理论,认为人的社会存在有超然与现实、彼岸与此岸之别,但这两种类型却与人类历史发展密切关联,并在其历史中得以反映、展现,以其漫长演变而直至迎来上帝之国的最后实现。此外,上帝之国在人间的显示或呼应则可与一种无形、潜在、灵性定义上的教会相等同,因而这两个国度、两种团体不能相混淆,彼此之间且有着张力和对照。这种人生有两面镜子映照之思,不仅为西方社会此后的"政教分离"准备了潜在的精神因素,也为西方文化提供了丰富的社会理论、历史哲学和教会学说。奥古斯丁还以其思想表达为西方文化科学观、时间观、物质观、存在观、价值观和宇宙观的系统化铺平了道路,指出了方向。从这种意义上讲,奥古斯丁是古代地中海世界思想文化的集大成者和中世纪西方文化的开创者,他以其自我悔过和传统批判来迎接时代转换和社会变迁,并以其综合、融贯和创新的开放视域及探究而为中世纪西方文化思想发展奠立了第一块里程碑。

17. 鲍埃蒂：苦难与慰藉

人生苦短，难展宏图，这多为动荡时代哲人的感叹。在从西罗马帝国到中古欧洲的转型时期，不少政治家和哲学家曾有过跌宕起伏的经历，甚至有人惨遭厄运、抱恨而终，而鲍埃蒂（Boethius，约480—524）就是其中最典型的人物。现实的悲剧和命运的磨难使人不可能在其生存的社会中寻求"外在超越"，鲍埃蒂于是转向自我，以其信仰和哲理共构的慰藉来疏导自己的倾诉、抚平心灵的伤痛，达到从容面对苦难和不幸的"内在超越"。

鲍埃蒂史称为"最后的罗马人"，其父曾任罗马执政官，而他本人也于510年担任此职，一度成为当时统治者东哥特王狄奥多里克的好友和近臣。秉承古希腊罗马哲学家主张"从政"的遗风，鲍埃蒂居于高位后一方面试图在政治上有所作为，希望以推行民主自由来限制国王专权，另一方面又想保持其学者风范，因此坚持著书立说，驰骋于思想领域，先后写下了《论三位一体》、《论基督的位格和两重性质》、《波菲利〈引论〉注释》等专著，并曾想将柏拉图和亚里士多德的著作译为拉丁文面世。然而好运不长，其从政不久就被以图谋不轨之罪而打入死狱。面对突然降临的祸变，鲍埃蒂利用生命的最后一刻在被囚禁的巴维亚砖塔中奋笔疾书，以充满哀情的悲歌反思人生命运，又以哲学的慰藉来淡看其种种苦难，并最终凭信仰的追求而达到自我的超脱和心境的超越。这部在囹圄之中写成的鲍埃蒂遗训，以《哲学的慰藉》之名而成为其最为著名、最具代表性的著作，并被西方史学大家吉朋誉为"黄金宝典"，在西方历史上也留下了许多名家对其命运及警言的回应和感叹。

在诸多思想贡献中，鲍埃蒂的著作反映出其基督教信仰的两大主题，即"受难"与"超越"。耶稣被钉十字架的受难成了基督教传统中神秘而神圣的象征，其哲人亦将生活中的苦难和折磨视为对这种受难的现实感受及感悟，由此以之作为对其信仰的考验和对其意志的砥砺，从而形成善于在苦中求乐的精神和漠视人生磨难的风格。这一传统成为西方文化中理想人格的基本素质之一，并且在中古、近代西方"苦行"、"禁欲"的社会人生中得到折射。这种文化底蕴与中国社会生活中所提倡的"吃苦耐劳"、"吃得苦中苦，方为人上人"的功利思考迥异，也与其"苦其心志，劳其筋骨，饿其体肤，空乏其身"而等天"降大任"、归于"正命"的孟子之道不同。所谓"受难"实际上乃默认了现实生活中的"失败"、"挫折"和"非命"，并使其承受者获得一种信仰意义上的安慰和解脱。

鲍埃蒂所追求的"超越"，则是从审视真正的最高福善来探究幸福的意义，对世人的名利之恋、成功与否加以信仰上的哲理剖析。其分析的路径是哲学的、逻辑的，却以其信奉的宇宙最高主宰即神圣上帝作为终极之维。在他看来，享受真正的幸福并不是在人生存的有限时空和短暂年华，也不在事业有成、官居高位；尘世的幸福和成功乃过眼烟云，不足挂齿；但体悟最高幸福却需要现实人生的参照，以及对之玩味和深思；从这一意义上，人生苦难则是一种资本、一种经验，为人探究幸福的超越意义提供了借鉴或启迪。享受生活的喜剧诚然能给人带来愉悦，但它不免浮浅、轻微，而缺少悲剧的深刻，没有其刻骨铭心、感人肺腑的魅力。显然，鲍埃蒂所理解的这种"超越"并非功利层面的，而是坦诚面对现实；它不追求"遁世"的解脱，亦非不食人间烟火的虚幻，而是从正确对待人生命运上达到人的气质、心境上的升华，使生活中的"悲剧"成为信仰中的"圣剧"和精神得救的"喜剧"。

二

欧洲中世纪

18. 埃里金纳:机敏与神秘

　　欧洲中世纪思想文化的重建,始于 8 世纪的"加洛林文化复兴"。"加洛林"指法兰克王查理大帝(拉丁文 Carolous Magnus),其奠立的王朝习称"加洛林"(Carolous)王朝。它的特点是以兴办教育、复兴文化的努力来"走出黑暗时期",在被政治动荡所摧毁的欧洲废墟上开始文化重建。在这一重建过程中,埃里金纳是一个关键人物。

　　约翰·司各脱·埃里金纳(Johannes Scotus Erigena,约 810—877),意指"苏格兰人约翰","苏格兰人"在 9 世纪指爱尔兰的居民。埃里金纳属于第二代加洛林学者,即被查理大帝之孙秃头查理请来办学授课,担任其宫廷学院首席教授达 25 年之久。他才思敏捷,在机智中不乏幽默。据传秃头查理有一次在宴会上想戏弄坐在对面的埃里金纳,提出一个辞韵双关的问题:"苏格兰人(SCOT)与酒鬼(SOT)之间何以区别?"埃里金纳不动声色,机敏而简练地回答:"这张餐桌。"这使得查理既非常尴尬却又不好动怒。不甘心的皇帝还想再次试探,在一次请埃里金纳与两位神父吃饭时让埃里金纳把盘里的两条大鱼和一条小鱼分一下。埃里金纳从容地将两条大鱼放在自己的盘子里,仅将一条小鱼放在两位神父的面前。两位神父抱怨分配不公,查理让他解释。埃里金纳非常"谦卑"地指着自己说:"这里是一个小的,加上两个大的(指自己盘中的两条大鱼)";又指着那两个神父和其面前的小鱼说:"这里也是两个大的和一个小的","所以分配是完全公正和平等的"。一席话让皇帝和两位神父哑言。但埃里金纳一生也受到查理的保护,当其著作被教皇尼古拉一世谴责时,他仍能安然无恙,得以继续其学术教育事业。当查理 877 年去世后,埃里金纳亦突然消失,不再见于任何历史记载,从而留下种种猜测。

　　埃里金纳著有《论神的预定》和《论自然的区分》等，其特点是通过新柏拉图主义和东方流传的"流溢说"而创立了其神秘主义哲学。他认为神与宇宙同一，宇宙存在于神之中，神亦存在于宇宙之中，故而有泛神论色彩。在自然与神的关系上，他宣称有四类存在：第一为创造而非被创造者，第二为被造者同时也创造，第三为被造者而不创造，第四为既不创造也非被造者，其中第一乃作为万物根源的"神"，第二乃神性"逻各斯"，第三为宇宙存在，第四又是作为万物终极目的之"神"。而在人与神的关系上，他则强调人是一个小宇宙，包含有整个宇宙的本质及其丰富体现；而人的灵魂只是神的某种独特体现，灵魂所涵括的感觉、智慧和理性，正是三位一体在人里面的反映，从而肯定了人的神圣意义，即能体现神的本质。至于对神的认识，埃里金纳则采取了"否定神学"的观点，认为只能推论性地认识神，而不能去具体说明、界定神；人们只能说"神"不是什么，而不可以说"神"是什么，神的本质是无法被认知的"永恒奥秘"。显然，埃里金纳的这种思想深受东方教会神秘主义思想家亚略巴古人丢尼修（习称"伪丢尼修"，亦译"雅典大法官狄奥尼修斯"）的影响。他在查理请求下曾将丢尼修的著作从希腊文译为拉丁文，并发现此乃托名著作，故称其为《伪丢尼修著作》，书中内容包括《天阶体系》、《教阶体制》、《论神名》、《神秘神学》等，并有多篇附录。这部书被埃里金纳译成拉丁文后迅速传开，几乎就像《圣经》一样，对西方思想文化、神学哲学产生了广远影响。从此，否定神学在中世纪思想发展中占有重要地位，并成为基督教神秘主义的独特表述。

　　由于埃里金纳在中世纪基督教信仰中重提理性的重要性，主张哲学与宗教同一，认为信仰可以转变为知识，因此较为系统地开创了欧洲中世纪哲学认知之途，其探讨被黑格尔誉为"真正哲学性的"。其综合之举使信仰得以理性的论证，而理性则有力捍卫了信仰的存在意义。在西方思想史上，埃里金纳作为中世纪早期的宫廷教授和有系统著述的思想家，也被称为"第一个经院哲学家"或"中世纪哲学之父"，甚至有"中世纪哲学的查理大帝"之誉。

19. 阿伯拉尔:精神与情感

　　阿伯拉尔（Pierre Abelard，1079—1142）是欧洲中世纪思想史上具有传奇色彩的思想家。他生于法国南特巴莱镇的一个骑士家庭，为求学而放弃了骑士封号的继承权，先后拜师于洛色林、香浦的威廉和拉昂的安瑟伦，但因不满意这些老师的观点而于1101年起在默伦、科尔贝、巴黎等地办校授课，结果学生云集、名身远扬。1117年，阿伯拉尔成为巴黎高级教士富尔贝尔的外甥女海洛伊丝的私人教师，不久俩人堕入爱河，生下一个男孩，并秘密结婚。当阿伯拉尔返回巴黎执教、将海洛伊丝留在阿根杜修院后，富尔贝尔以为他对这一婚姻反悔，急怒之下派人将阿伯拉尔阉割。于是，阿伯拉尔成为圣丹尼斯修院修士，海洛伊丝亦正式做了修女。但俩人仍保持着坚贞的爱情，并通书信联络。阿伯拉尔从此集中于神学研究和教学，著述甚丰，并有许多学生慕名而来求教。但其学术观点却颇遭非议，并多次受到谴责，被判为异端。在其著作被焚毁、生命受到威胁的情况下，阿伯拉尔曾多次出走，隐居到不同的修院之中，最后于1142年4月21日在圣马塞修院去世，被安葬在圣灵堂。1164年海洛伊丝去世后亦被安葬于此。阿伯拉尔写有逻辑学著作《小引论》、《辩证法》，神学著作《论神圣整体和三位一体》、《基督教神学》、《神学导论》（亦称《神学》）、《是与否》，伦理学著作《伦理学或认识你自己》，以及自传《苦难史》等，在西方有着广远影响，其墓志铭上对之乃有"高卢的苏格拉底"、"敏锐的天才"之誉。而他与海洛伊丝的爱情故事亦广为流传，他俩的遗骸于1817年被移至巴黎拉雪兹神父公墓合葬，包括美国电影《天堂窃情》在内的许多文艺创作更是不断地生动再现其历史身影。

　　作为一名经院哲学家和神学家，阿伯拉尔的精神追求使他成为中世纪

"唯名论"哲学的重要奠基人。他认为"一般"或"共相"不是独立存在的"实物",而只是一个"名字"或"称呼",由此反对安瑟伦的"唯实论"。但他也不同意洛色林等人的极端唯名论观点,而主张"共相"仍存在于人的心中,是人用来表示许多事物相似性和共同性的概念。其理论故有"概念论"之称。在他看来,如果一个"名称"所标志的具体事物已不再存在,该"名"则失去其作为事物的具体性质和客观作用,但在人的思想理智中仍保持着其意义;假若所有的具体"玫瑰"都不存在了,而"玫瑰"之"名"却仍在人们思想中保持着其含义。受其启发,当代作家埃科用《玫瑰之名》作为其小说标题,表示对早已逝去的中世纪社会之回顾和追寻。阿伯拉尔还在《是与否》中列举了158条命题的"是"与"否"两种意见,由此说明在信仰中理性推断的意义。此书从而成为其"辩证神学"的名著。此外,他在《神学导论》中反驳安瑟伦"信仰以达理解"的观点,认为应走"理解而后信仰"之途。而且,阿伯拉尔在中世纪率先将柏拉图所使用的"神学"术语用作"对全部基督教义作逻辑性及辩证式的探讨"之意,从而使"神学"真正具有了"基督教"理论体系的含义。其"神学"和"基督教神学"之用都具有开创性意义。

阿伯拉尔不仅是一个思维严谨的精神哲学家,而且也是情感丰富、敢爱敢为的独行者。他在内心中不顾中世纪教士独身、不许结婚的传统束缚而大胆追求爱情,并为之付出了成为传统保守主义和专制主义牺牲品的惨重代价。而海洛伊丝则为了纯真的爱情宁愿放弃婚姻,为使阿伯拉尔继续走其教士兼神学家的道路而不损害其在道义上的名声,她表示自愿为阿伯拉尔的"情人"而不是"夫人",其追求的是"自由奉献的爱"而不是"强制性的婚姻枷锁",以忠实于其"爱中应无我"的理想。当读到阿伯拉尔的《苦难史》后,她主动恢复了与他的书信往来,从而留下了俩人情意缠绵的情书,并由此形成中世纪"亲吻神学"之说。这样,其情感经历也打开了人们了解中古修道男女"神观"与"爱观"复杂交织之场景的窗口。

20. 安瑟伦：信仰与理性

信仰与理性的关系在宗教中既颇受关注，也多有争议，理性的意义和其局限是基督教思辨中常触及的问题。因此，宗教理性主义和宗教神秘主义各自所代表的思维方式作为两条相互交织、此起彼伏的主线而在基督教思想史上延伸。在欧洲中世纪这段历程中，安瑟伦（Anselmus，约1033—1109）以首先凸显理性的意义及其在基督教信仰中的独特运用而引人注目，其思想亦成为中世纪系统经院哲学之探的起点。"经院哲学"亦称"士林哲学"，本指在学校中教授的学问，这种用法源自"加洛林文化复兴"时期兴办的宫廷学院和教会学院，后来专指中世纪基督宗教学校中讲解并流传的神哲学思潮。其特点即以理性形式、通过推断来论证基督信仰，因而在其思辨性体系中乃有着唯名与实在、共相与个别、理性与信仰等关系之争，形成相应的两大派别。

安瑟伦生于意大利北部奥斯塔城的一个贵族家庭，在法国求学期间入诺曼底贝克修院学校，成为早期实在论者兰弗朗克（1005—1089）的学生，1060年入本笃会，1078年任圣斯德望隐修院院长，1093年升任英国坎特伯雷大主教，因与英王威廉二世和亨利一世争夺主教续任权而多次冲突，先后两次遭到英王的驱逐。安瑟伦曾在贝克等修院学校讲学30多年，一生著述甚丰，包括《独白篇》、《证道篇》、《论真理》、《论选择自由》、《上帝为何降世为人》、《论三位一体的信仰》等。他因参与了中世纪辩证神学新形式的创建、提出了论证上帝存在的"本体论证明"，而被视为最后一名教父和第一名经院哲学家，故此也被称为"经院哲学之父"，对中世纪早期经院哲学的发展及其系统化起过重大作用，在基督教思想史上亦有久远影响。

在"信仰寻求理性"还是"信仰排斥理性"之间，安瑟伦选择了前者。他虽然坚持信仰先于理性，认为"只有信仰才能理解"，从而与"理解而后信仰"的看法形成对立，却仍肯定了理性对于信仰的必要性，并强调信仰应靠理性来证明。为此，他在《独白篇》和《证道篇》中都采取了以逻辑推理方式来确信上帝存在的证明。其《独白篇》的证明是基于经验论而以无数个别之善的存在来推断其共同参与的至高之善的存在，并以各个本质的存在及其等级秩序来推论最高本质的存在；这里的"至高之善"和"最高本质"即"上帝"。而其《证道篇》中的"上帝存在证明"则以"本体论证明"或"安瑟伦之理性"的名称而成为西方思想史上的著名案例，即所谓"信仰理性"的最典型表达。安瑟伦在此以形式逻辑三段论式来证明上帝的存在：其大前提是关于上帝的概念是最完美的概念；小前提则指出"完美"势必包括"存在"，否则就不完美；因此结论自然就是上帝必然存在。

针对许多人对这一"证明"中"前提"已包含"结论"或"想象"、"概念"并不等于"真实"的种种批评、指责，安瑟伦曾反驳说，概念中的存在并不仅仅是包含在概念之内的存在或仅为一种概念，而是指向某种真实的、作为概念之前提的东西。这里，安瑟伦并不像唯名论者那样认为"概念"、"共相"仅仅为空"名"、"虚"而不"实"，而是坚持"概念"、"共相"乃有着"存在"论上的意义，即有其"真"、"实"的本质和蕴涵。在《论真理》中，他指出有判断的真理、思想的真理、意志的真理和本质的真理这四种类型。这种"真理"即一种"正确性"，要靠精神来感知。绝对真理并不依赖于各个事物所反映的具体真理；恰恰相反，各具体真理只有在绝对真理之中才可能真实。其结论是：本质存在要早于个别存在，"共相"有其"真实"性，而不只是"声息"、"名称"，真理不依赖于它所借以表述的事物，而存在于上帝之中。只有弄清安瑟伦的这种"真理"理解及其辩证法的思想基础，才可能体悟和评判其"上帝存在证明"的本来意义及其深刻底蕴。

尽管他的"本体论证明"屡遭批评，却被人们反复提及和讨论。尽管他在个别与一般、具体与抽象、谁早谁晚、谁先谁后的存在顺序问题上有着认识上的偏差和错误，但其关于个别真理与普遍真理、相对真理与绝对真理的关系论述上，对"共相"之"名"与"实"的理解上所表达的对规律性之客观存在的大胆推测和公开肯定，却富有哲理，给人启迪。也正是这种原因，所以后世西方哲学家如笛卡尔、黑格尔等人对他能心领神会、颇为赞赏。

21. 明谷的伯尔纳：爱与治疗

明谷的伯尔纳（Bernard de Clairvaux，1090—1153）在欧洲中世纪思想史上以反对阿伯拉尔"理解而后信仰"的主张而闻名。但他因选择了另一种类型的宗教生活而被视为中世纪"神秘生活的大师"，其自我观照和内省上的努力，达成了以神圣之爱而尝试的心灵治疗，给后世的人们洞观人类自身丰富复杂的内心世界提供了启迪和通幽之途。

伯尔纳生于法国枫丹–第戎的一个贵族家庭，据传其年轻时曾在自己究竟应成为一个学者还是一个圣人上犹豫不决，但终于还是选择了出家修道的生活方式，指望能够真正"成圣"。他于1112年入西多隐修院，1115年又创立明谷隐修院并自任院长，故而有"明谷的伯尔纳"之名。不过，他的一生并非潜心修道而不问世事；恰恰与之相反，他非常积极地卷入了当时的社会政治和教会政治，从而留下了并不太好的名声。例如，他曾鼓动人们参加第二次十字军东征，帮助教会主教反对法国国王，并曾卷入12世纪上半叶的教宗选择，成为当时政界的风云人物。此外，伯尔纳在教会内亦竭力维护正统、反对异端和新思潮的传播。这样，他亦被视为中世纪早期经院哲学发展上保守人士，属于影响颇大，但比较守旧的神学思想家。其对理论的关注，使他在追求"圣人"境界时并没有放弃学问，所撰写的著作有《论沉思》、《论谦卑与傲慢之度》、《论对上帝之爱》、《论恩宠与自由意志》、《反阿伯拉尔的谬误》、《雅歌布道文》和《致圣殿骑士团书》等，在西方思想史上产生过重要影响。

伯尔纳的核心思想体现在其关于"人性"、"意志自由"和"爱之治疗"这三个层面上。其"人类论"实际上已经具有彰显"人性"意义的积极思想。他强调人乃根据"上帝的形象"而创造，因而人有着"伟大的灵魂"，可以参与"上帝的荣耀";这种"上帝的形象"即被其理解为人类与上帝的"相似"、对上帝的"摹写"。不过,人因犯罪而由一种"正确的灵魂"变为一种"扭曲的灵魂",其结果导致人性自我的分裂和与上帝的脱离及疏远。人若能够洁净其灵魂,涤除罪恶,则会恢复其原初与上帝的相似性,从而保有回归上帝的可能。其"意志自由论"则触及人的意志自由和选择自由,而"罪"则正是人以其意志的自由所选择的结果。人因"自由"而与上帝相似,但因用其自由犯罪使之成为"奴役中的自由"。本来,上帝给人自由并不是为让人犯罪,而乃为了战胜罪恶,可惜人滥用了这种自由而选择"犯罪",结果反而丧失了摆脱罪恶和痛苦的自由。这种人之原初状态的损毁,乃说明人已陷入疾病之中,因此需要"治疗",以达成意志的复原。但这种治疗只有通过信仰才有可能,它需要神圣之"爱"的指导。这样,就进入其最为核心的思想,即"爱之治疗"问题。

在他看来,"爱"可以大致分为两类:即"自爱"和"圣爱"。"自爱"追求肉体之爱,形成"自我意志"的"自私"运动;而"圣爱"则达成"共同意志"的"忘我"运动,朝向其宗教意义上的解放与超越。尽管人因与上帝相异而陷入孤立之境,但其灵魂所保有的上帝形象不会被彻底摧毁。于是,当灵魂爱上帝时;会重新获得生命之源,而"爱"正是"灵魂的生命"。伯尔纳在此强调爱的彰显直接关涉人的内在治疗,其治疗过程亦是"爱"之展现和升华的生动写照。他认为人的灵魂回归和爱的治疗可以分为四个阶段:一是人爱自己,由此认识到自我及其痛苦;这一阶段的"爱"因受必然性之强制而乃"肉体之爱"。二是人因自身缘故而爱上帝,这说明人认识到自己"需要"上帝,其"需要"乃是为自己、尚不是为上帝。但第二阶段的爱使人已经能够有谦卑胸怀,并可推动社会之爱和圣爱的工作。三是体会到上帝之爱的温馨,从而既为自己、亦为上帝而爱上帝,由此开始净化人类的"心灵之眼",使之转向追求神圣。人在爱中得到了精神抚慰,由此体悟并享有心灵上的治疗和康复。他认为世人在一生中大概最多也就能够达到这种爱的境界和治疗之效,一般人已很难超越这一阶段。四是仅为上帝而爱,此即爱的最高阶段,由此则达到与上帝之爱的统一。不过,这种爱之完善乃一种超越,伯尔纳因而将之视为世人可望而不可即的神秘之境。

22. 圣维克多的雨格:科学分类的尝试

　　随着各门学科的诞生,它们之间的相互关系,学科的系统性问题,就成为欧洲中世纪思想家所关注的一个重要方面。当时人们把"哲学"作为整个科学体系的总称,并对其依属、其整体性和各学科之间的协调性尝试加以客观把握和系统梳理。在此,圣维克多的雨格有其独到的见解,提出了其分类模式。

　　圣维克多的雨格(1096—1141)出生在德国哈尔茨的哈蒂加姆,为布兰肯堡伯爵家族的后裔。他于1115年来到巴黎,不久入圣维克多修道院,潜心学业,办校立说,与其学生理查以神秘主义神学研究的特色而共同形成12世纪在学术界影响广远的圣维克多学派。但雨格英年早逝,仅留下《论基督宗教信仰的圣礼》和《教育学原理七书》等为数不多的著作。

　　在《教育学原理七书》(一译《讲授学》)中,雨格系统论述了科学的分类,并对各学科加以简介。因此,他为此书设有副标题"论阅读的学问",将之作为学习科学和艺术的必要指南。当然,在他的神秘主义神学体系中,阅读仅是探索并最终皈依神圣智慧的第一阶段,其后还需经历沉思、祈祷、执行、洞察等阶段。而阅读阶段则是人们掌握人类积累的各种知识之主要途径。

　　雨格用"哲学"来涵括所有世俗知识,将之理解为所有通过人的理性而获取的知识,包括神学知识。而与哲学这类世俗知识相对应的则为经文,即其宗教中通过神圣启示而揭示的神秘智慧。在作为哲学的人类科学体系中,雨格认为有理论、实践、机械、逻辑这四类知识。其中理论知识追求智慧,可以再被分为神学、数学和物理学三大分支,神学在此主要指可被理性证明的部分，即后来所谓"自然神学"的知识范围；其数学又包括称为"四艺"的天文、几何、算术、音乐。实践知识乃对人的社会实践行动加以指点的学问，亦可细分为伦理、经济和政治三支，关涉个人、家庭和公共社会中人的实践。机械知识则最为庞杂，主要是指导人们获得有用的技能，其中又分为编织（羊毛加工）、装备（军事机械）、航海、农业、狩猎、医学和戏剧这七种技术。而逻辑知识则称为"三科"，即语法、修辞和辩证法，以分析研究概率性（或然性）、必然性和诡辩性等解释方法。

在"哲学"的这四种分类中，雨格认为它具有三重意义，即智慧、道德和必然：智慧反对无知，旨在对事物本来面目的理解；道德反对邪恶，强调人与理性一致的、根据其灵魂本质而应产生的行为；必然反对软弱，揭示无此我们就不能生存、于此我们则可幸福生存的自然规律。所以说，智慧是理论性的，道德是实践性的，而必然则是机械性的，旨在根据科学规律而发明创造。而这三重意义的表达则涉及人的语言问题，由此则有逻辑之必要。

为了这种"哲学"知识的有用，雨格还指出应用正确方法的必要。在上述知识分类中，其应用则需遵循下述秩序：首先是运用逻辑类知识，掌握好人的语言及思维逻辑乃一切认知的基础；其次为运用伦理类知识，即通过学习好道德知识来净化人的心灵之眼，以便能在探究真理中目光敏锐，洞若观火；再次为运用理论类知识，由此弄清不同的认知范围和知识结构；最后才是运用机械类知识，这是各种具体技术、技巧的掌握和应用，若无前述三类知识的指导和准备，在此则很难充分发挥人的技艺。这样，雨格不仅尝试进行科学的分类，而且还给出了科学方法运用的构想。

23. 索尔兹伯里的约翰:学园智慧与气质

　　欧洲中世纪有没有"文化复兴",这是近代学者争论不休的问题。其实,始于8世纪的"加洛林文化复兴"已迎来了欧洲中世纪文化复兴的曙光,而12世纪的文化复兴则证实了这一重要发展。当时穿行于英岛与欧陆的索尔兹伯里的约翰就不仅见证了这一复兴,而且其本人就是推动并发展这种文化运动的重要思想代表。

　　索尔兹伯里的约翰(约1115—1180)出生于英国的萨隆,1136年前往巴黎求学,在这一学术中心学习、生活达12年之久。他曾拜阿伯拉尔等人为师,深得其思想的启迪。在欧洲中世纪经院哲学的鼎盛时期,他成为在阿伯拉尔和奥卡姆之间的重要传人。返英后他一度卷入政治,先后担任英国国王和坎特伯雷大主教的机要秘书,后因受国王迫害而又来到法国,随之浪迹欧陆,并任过教皇哈德良四世的秘书。他晚年在夏尔特定居,1176年成为夏尔特教区主教,于1180年在当地去世。其主要著作包括《导论或哲学学说》、《论逻辑之重要性》和《论政治家》等。

　　在其为学和从政的生涯中,他强调一种受到"学园"熏陶的气质与智慧。由此,他追求在思想探讨和社会生活中个人精神的自由,认为学院中所学的哲学伦理思想应与现实中的政治学说有机结合。在认识世界时,他持一种谨慎的态度,主张既不要盲信,也不要随便怀疑。对于确知的东西应该信守,而对于某些既不能通过信仰、又不能通过理性、更不能通过感知而决定的问题,则应该束之高阁,不要轻率地相信任何方式的解答。在他看来,哲人有理由对这些问题及其所谓的解答加以怀疑;此即"智者之怀疑"。这种怀疑态度乃反映出古代先哲西塞罗和奥古斯丁的"学园气质"，而其了解和分析问题的方法则正是其"学园智慧"。在宗教强调"确信"之际，他突出了"怀疑"的意义，以防止这种"确信"演变为"盲信"。

"智者的怀疑"实际上是一种作为批判的辩证法。这种作为古代和中世纪研究及分析问题之基本方法的辩证法应该慎用。在他看来，自我放任的辩证法只是一种形式上的科学，它并不是为自我而存在，而只是其他科学具体的工具。索尔兹伯里的约翰深刻认识到逻辑学这种纯工具性的特征，指出辩证法本身并不直接界定真理及其意义，而是用来克服思想的懒惰和随意造成的无知。辩证法作为工具学科也有其局限性，它作为一种"概率"性的学科乃位于示范科学与诡辩术之间，因此其辩证论证的原理会关涉"可能性"与"或然性"，并将相应的"归纳"亦视为其方法。虽然有这种"或然性"，真正的哲学家仍然可以通过辩证法的逻辑推断、证明而达到对必然真理的认识。这里，他指出经院哲学讨论"共相"的意义或蕴涵，就在于通过抽象和推理来达到普遍认识和本质真理，找出事物之间的内在逻辑和普遍关联。尽管在真实中只有个别事物存在，人们对其观察只能是具体的、实在的，但通过这种具体观察却可以借助辩证法意义上的类比、推断而发现其相似之处，找到其"共性"。由此而论，虽然"共相"按其形式仅仅是想象或图像，却仍然有其"真实性"或其真实的"依据"；也就是说，"共相"是通过对个别事物之间所具有的相似性的观察而保留在知性中的东西，其在真实中乃是知性所展示的样式，它通过推理、归纳而基于具体事物、却不同于具体事物；它失去了真实事物的"在"性而以抽象方式来显示，但这并不就说明它也必然会失去事物之"真"。由此，索尔兹伯里的约翰为中世纪关于"共相"的"唯名"、"唯实"之争进行了综合分析，通过其"学园"熏陶的谨慎"怀疑"而找出了一条探寻、认识真理之途径。

24. 格罗斯特：光之形而上学

"光"自柏拉图以来就是西方思想家所关注的现象。柏拉图在谈到"善的相（理念）"时曾用"太阳"作比喻，说太阳是"善"在可见世界中产生的儿子，因为有了来自天上太阳的光，人的眼睛才能很好地看见，其对象也能很好地被看见。此后新柏拉图主义者普罗提诺亦论及"光"之"流溢"。在宗教传统中，犹太教、基督教的《圣经》论及上帝首先创造了"光"、分出光暗，而基督教的《新约》进而阐明作为上帝的"逻各斯"（道）是光，其创造的"生命就是人的光"。而古代琐罗亚斯德教在其善、恶两大本原观念中同样以"光"作为"善"的标志和象征。此后奥古斯丁在吸纳各种关于"光"的说法后形成了其"光照论"，对"光"有了初步的理论阐述。但直到欧洲中世纪，英国思想家格罗斯特才从神学、哲学、科学、数学各方面对"光"加以系统论述，形成其"光之形而上学"。

罗伯特·格罗斯特（Robert Grosseteste）于1168年出生在英国萨福克郡的斯特拉德布罗克，早年就读于牛津教会学校，1199年获硕士学位，后在牛津艺学院任教；1209年后曾去巴黎大学神学院进修，1214年回国后被选为牛津大学首任校长，1229年入方济各会，并创立牛津方济各会学院，1235年起任林肯郡主教，于1253年去世。他著有关于亚里士多德物理学和伪丢尼修著作的《评注》，译有《尼各马可伦理学》和《论神名》，主要著作为《哲学论著集》包括27篇论文，以《论光》为其代表作。此外，他还留有未刊手稿《论六日创世工程》，现藏于大英博物馆。

格罗斯特以光作为最基本的形式，即一切形式之开端的元形式，由此解释上帝的创造和世界的形成。在他看来，光的本质乃质点与形式之结合：上帝创世之初仅创造了一个质点，其形式即为光；质点作为第一质料，光则作为原初形式，二者本身并无体积；但上帝从太初就将质点与形体结合为光点，这一光点瞬间以三维空间长宽高方向扩展而产生充满有形世界的光，从而也就以这种可以充斥任何体积的光构成了物体世界。按照这种"光"的宇宙论解释，物体的原理为质料与形式，二者不可分离；质料和形式若单独来看都达不到广延，纯质料本身只是一个无体积的点，故而乃非广延性的，而物体因获得质料的第一个形体形式，才必然有广延；这种物体的能动性广延正是基于其形体性本质，这一本质就是光，光因与质料结合而可以向任何方向扩散，构成形体。所以说，物体的第一形式或物体性即光的形式。于此，格罗斯特用亚里士多德的形式质料说解释了上帝太初以光创世。

既然光为物体的形式，是其能动的原理，那么物体的一切自然作用都可回溯到光的行为。其结果，物理学在根本上成为了光学，而光学在此亦有了形而上学的意义。格罗斯特以其泛光之宇宙论构成了一种宇宙起源说，试图用此来解释世界的创造。他指出，上帝创造天地时说"要有光"，由此也说明了光的形式之能动性，而质料本身则是被动的，非广延的。一旦上帝创造的光在原初质料中存在，它便会按其本质无限地以空间来扩展。不过，光的无限扩散力并不能导致一个无边无际的宇宙，这是因为光的传播带动了质料，但质料本身的非广延性使之不可能无限扩大，因为质料离其原点中心越远、其密度就越小，从而亦会越来越稀薄，最终达其极限。这样，光的无限扩展也只能造就有限的有形世界，而由于光向各个方向同样地传播，它所构成的有限世界也必然是球体形状。当光的辐射不能超出其质料、形式之结合的界限时，就势必产生反射。在此，从中心点扩散的光可称为"光亮"（Lux），它所达到的极限就是称为苍穹的外在边缘，其形成的光圈乃为宇宙的周界，此处光已经达到其稀薄的最外在程度。于是，光会向宇宙中心反射或折射，这种反向运动的光之扩展则称为"光线"（Lumen）。这种反射之光的收敛运动会引起质料的厚薄变化，从薄到厚则依次生成 13 个物体，包括 9 个天界球体和 4 个以物质为主的火、气、水、土，最终形成位于宇宙中心的地球，即最为坚实的球体。

从格罗斯特关于"光"的理论，可以看出中世纪的科学观与宗教观的复杂交织。"地球中心论"乃基于当时知识界对宇宙构成的解释，而格罗斯特的"光学"之谈并不只是"物理学"，而乃"物理学之后"即"形而上学"之谈，他以结合基督教创世学说和新柏拉图主义流溢学说的方式来构建其科学理论，所以那时的"科学"只能是"神学的婢女"。

25. 哈勒斯的亚历山大:修行与治学

欧洲中世纪的思想家有不少人来自基督宗教的修会,其修行与治学曾有过奇特的结合。而当时活跃在修院与校园间的思想家之中,哈勒斯的亚历山大不仅为其先行者之一,而且对后世也产生了重要影响。

哈勒斯的亚历山大(Alexander Halensis)约在 1185 年出生于英国的哈勒斯,但青少年时就已赴巴黎学习,15 岁时入巴黎大学,并在 1210 年之前获得了文学硕士学位,随之又获得神学硕士学位。毕业后他在巴黎大学教授神学,1229 年受罗马教宗格列高利九世的任命,作为其特使负责巴黎大学相关事务。1235 年,他曾受英王之托而与法王商谈停战问题,此后不久加入方济各会,从而成为方济各会士获得神学教授席位的第一人,并且促成了巴黎方济各学派的创立与发展。这一学派的重要亮相即为归于哈勒斯的亚历山大名下的《神学大全》一书的问世。这一"大全"虽然不能与阿奎那的《神学大全》相提并论,却代表着神学著述中一种系统化体例的创立。1238 年之间,他曾短期访问意大利,后又回到巴黎继续教书,直至1245 年因感染流行病而去世。其主要著作还包括《箴言评注》等。

按照方济各修会的传统,人的"善行"非常重要,修行即旨在使人能够趋善避恶。哈勒斯的亚历山大在此将"真理"与"虚假"、"美德"与"邪恶"加以鲜明对照,认为人的"存在"应体现为"真在"和"善在";"真在"指主体与其本质的密不可分,而"善在"则进而为主体的可能性与其得以实现的有机共构。在此,"善"的观念乃处于核心地位。根据这种标准,人的行为应该是"维护善、制止恶"。这一见解亦被他引用来评价"战争"的正义与否。虽然战争反映出利益冲突、权力之争,却仍有性质之别。哈勒斯的亚历山大对当时一些战争的非正义性加以揭露,认为即使是正义的战争也要求其实施者不能有着残忍的心境，更不能坚持嗜血、报复、掠夺和毁灭的态度。这种战争的性质决定教士、僧侣等"神职人员"不可以参与而应该远离这些是非之地。哈勒斯的亚历山大以"神圣"之维来审视人类战争的性质，并指明宗教界对之应该有着保持距离的态度。

以"善在"为宗旨的修行亦引领哈勒斯的亚历山大投身于发现"真理"或"真在"的治学。他在巴黎大学为方济各修会争取到了一个神学教席，从而为此后该修会经院哲学家的脱颖而出奠立了基础。他的贡献主要在于重新构建中世纪形而上学的理论体系，借此形成与传统神学的区别，为后来主张客观研究的哲学和自然科学摸索出一条新的发展道路。在他看来，神学的研究是根据启示，其对象是事物与象征，它突出上帝的启示，因此为一种信仰"科学"；而形而上学的研究则是根据绝对存在，其对象是纯粹事物，它突出人的理性和事物本身的"自然启示"，因此为一种理性"科学"。在此，对神学真理的肯定源自所谓"上帝的见证"，而对形而上学真理的肯定则基于人们"理性的见证"。二者比较，神学强调的是"信仰的确信"，但形而上学则更加突出"思辨的确信"。

由于受当时欧洲流行的阿拉伯思想及重新发现的古希腊哲学的影响，13 世纪的经院哲学家们所面临的问题之一，就是要回答"究竟是自然认识为更高的根源，还是超自然的、以启示和恩典为基础的上帝认识乃人类所能达到的最高完善"？也就是说，在严格的意义上究竟以形而上学还是以神学为智慧。尽管在当时的认知语境中哈勒斯的亚历山大最终还是优先考虑了神学，却也给了形而上学非常突出的地位。按照当时流行的说法，智慧在本质上只适用于神学，不过他还是承认，在一定程度上智慧也可适用于形而上学，因为智慧即对最高对象的认识，而形而上学以展示真理为终极目标，所以也可以将这种智慧作为其科学探究的智慧。在此，他认为形而上学可以等同于自然神学，旨在研讨原因之原因，即"善"与"智慧"，其对象是具有超越意义的存在，所以关涉到上帝本身。不可否认，哈勒斯的亚历山大最终没有超脱中世纪神学之维，却已开始从哲学的思维及其理性思辨来探究、论证神学的问题。凭着这种治学精神，他在当时学界获得了"不可辩驳博士"之称。

26. 大阿尔伯特:德国哲学之始

人们习惯将德国称为"哲学的故乡",以赞誉其悠久的哲学传统。这一传统始于中世纪鼎盛时期的科隆的经院哲学,其科隆学馆的创始人大阿尔伯特则以严谨的学术著述和系统的哲学思想而成为德国哲学第一人。

大阿尔伯特(Albertus Magnus)1200 年生于德意志施瓦本地区的劳因根城,1222 年赴意大利波洛尼亚大学求学,1223 年转入帕多瓦大学,同年加入多明我会,随之被送往科隆学习神学,毕业后在德国希尔德斯海姆、弗莱堡、雷根斯堡等地修道院讲学,1240 年去巴黎进修,1245 年任巴黎大学教授,1248 年被授予博士称号。此间托马斯·阿奎那成为其学生,并于1248 年随其一道来到科隆,在其创立的学馆中求学。大阿尔伯特于 1254年成为多明我会德国分会长,1260 年任雷根斯堡主教,但不久就辞职回科隆任教。他因其学生阿奎那死后受到攻击而于 1277 年到巴黎为阿奎那的著作辩护,回到科隆后于 1280 年 11 月 5 日去世。

哲学的工作通常为解释前人的著作、创造自己的思想体系。这在大阿尔伯特的著述中都得以体现,在评注前人作品上他写有《箴言四书注》和《亚里士多德哲学注疏》,所评注的亚里士多德著作包括《论灵魂》、《论天》、《论生灭》、《自然小著作》、《动物志》、《伦理学》、《政治学》、《物理学》、《后分析篇》和《形而上学》等;在创立自己的体系时则以"大全"冠名,著有《被造物大全》(亦称《巴黎大全》)、《哲学百科》和晚年未能完成的《神学大全》。这种体例和思路均对阿奎那产生过巨大影响,这位高徒正是以创造性地诠释、运用亚里士多德的思想撰写《神学大全》和《哲学大全》,而在后世留下了英名。

在中世纪神学的氛围中,大阿尔伯特开始为哲学的标新立异、自成体系寻找理由和出路。他从提出"自然宗教"与"启示宗教"有别为由，进而阐述理性与信仰的不同，并以理解"真理"的视域来分析神学与哲学乃各有其彼此相分的真理范围，因此指明二者研究对象迥异、研究方法不同、研究目的亦有别。他虽然承认科学性探究乃是信仰的准备和先驱，却更多地肯定了理智的分析方法，以及在对存在的研讨中对其自然因素的关注，从而达成一种有别于信仰、脱离神学的科学认知。

他在学术探究中提倡综合与包容，主张吸纳各种真理因素，并认为在古代希腊哲学、当时颇有影响的犹太教和伊斯兰教中都有着重要的真理成分，值得去花一番精力来了解、研究，以便获得有用的东西，起到充实欧洲中世纪文化、深化其整个科学体系的作用。这种思想对中世纪经院哲学以一种开放之态来接纳犹太文化和阿拉伯文化资源，由此进而重新发现古希腊思想，达到经院哲学的繁荣与鼎盛，产生过重要影响，而且对阿奎那等著名经院哲学家也有着直接的启迪。从大阿尔伯特开始，中世纪经院哲学真正走出以往封闭的认识领域，呈现出开放、交流、吸纳、融合的态势。

在关注外在客观世界的同时，大阿尔伯特还以对"灵魂"的探究而涉及到人的内在及主体性问题。在他看来，"灵魂"既为一种"本是"，也乃一种"使然"，这种"主体"、"实体"与"本质"在"灵魂"上的体现说明了人所能达到的完善，同时也表明人作为实体并不是"单一"的，而有其多样性。"灵魂"作为质料与形式的统一，成为生命的动力，而在人身上则也作为"理智"来存在。这种"理智"有两种最基本的形式，即"能动理智"和作为潜在的"可能性理智"，前者作为行为的原则起着作用，后者则为具有发展趋势的可能存在。这里，他还根据"理智"的完善程度的不同而将之分为"思辨理智"、"形式理智"、"有效理智"、"原则理智"、"成就理智"、"吸纳理智"和"神圣理智"等，所谓"神圣理智"在此指理智所达到的完善和纯洁的较高程度。不过，在对"灵魂"的认识和对"理智"的解释上，大阿尔伯特显然也对后来神秘主义思潮的发展产生了深远影响。

大阿尔伯特在对哲学、神学加以区分的同时，还指出神学与其他科学也有着原理上的不同。但大阿尔伯特对之并不是简单说说而已，其论述是基于对相关学科的系统研究。他学术兴趣浓厚，在逻辑学、物理学、生物学、伦理学、心智学等领域均有广泛涉猎，所以在其生活的时代就已获得"百科学者"和"全能博士"之称，并为德国哲学此后的系统性及其辉煌发展提供了一个光荣的起点。

27. 罗吉尔·培根:开创实验科学的"奇异博士"

　　谈起西方实验科学的创立，应该追溯到诞生于 13 世纪的罗吉尔·培根。19 世纪的哲学曾因马克思而由"解释的哲学"（解释世界）上升为"行动的哲学"（改造世界），13 世纪的科学则因罗吉尔·培根而由理性推断、逻辑证明的科学发展出实验发现、经验总结的科学。

　　罗吉尔·培根于 1214 年出生在英国的伊尔彻斯特，1230 年入牛津大学就读，1236 年赴巴黎大学任教，1247 年返回英国，1257 年入方济各会，随之再次来到巴黎，但不久因其改革方案不被修会领导接受而产生矛盾，自 1261 年被囚于巴黎的修道院中，剥夺了教学和发表论著的权利。1265 年其朋友、主教福尔科迪成为教皇克雷芒四世，培根的著作被调至教廷审读，此间培根的状况好转，并一度获释，从而达到其创作高潮。但克雷芒四世于 1268 年去世，培根的处境亦逐渐恶化，并获罪再遭监禁，从 1277 年至 1292 年被囚 15 年。1292 年他被释放后开始写其最后的著作《神学纲要》，但不久于 1294 年去世。其不幸遭遇使他有"悲惨博士"之称。培根的代表著作为《大著作》，其中论及实验科学的意义。其他著作还有《小著作》、《第三著作》、《哲学纲要》、《书信集，论艺术与自然作品的奥秘》、《论自然常识》等。

　　培根知识渊博，涉猎多个学科，并注重知识的实用价值。他是第一个使用"实验科学"概念的人，认为达到知识的途径除了理性推断、逻辑证明之外，更需要以实验来发现，靠经验来积累。因此，在他看来实验科学最为实用、由此也最为重要。以往的科学主要是"证明科学"，但纯理论的证明并不能使人满足，也不能消除人们对其结论的怀疑；而"实验科学"的脱颖而出则可使人们靠实验来积累经验，并可对任何理论加以验证，从而使其真理得到更加确切的证实。所以说，只有通过实验才能对相关理论加以真正证明，理论若缺乏经验的支撑则是无用的，人们宁可放弃纯理论证明也不能放弃经验的证实。这里，培根认为实验科学的优越性就在于其实证性、工具性和实用性，实证性能充分证实科学的结论，找出不科学推断的问题所在；工具性可以帮助人们发现自然的奥秘，并实践科学的推测，获得发明和创造；而实用性则在于通过实验而真正使科学理论及知识有用，从而能够服务于人类，造福于人类。

为此，培根鼓励学者献身于实验，而他自己亦身体力行，在修道院、在被囚禁的时日里从事了大量的科学实验，积累了丰富的经验，并在博采众长的基础上根据自己的实验和经验形成其独立学说。在其作为学科统摄的哲学分类中，他认为有数学、语言学、透视学、伦理学和实验科学这五大类，其中实验科学应该最为重要且最有效用。理性推断的不足，完全可以用实验来弥补，从而可以为正确的推理提供充分的经验证明。在他看来，实验科学不仅能总结、证明人类过去的成就，更重要的是还可以用其发现、发明来预测、创造未来。培根天才地设想到机车、望远镜、飞机、潜水艇等的实际功用，其视域远远超出了他所处的时代及其科学知识水平。这些想法在当时的历史条件下虽然不可能实现，却启发后人沿着科学实验之路而逐渐达其目标，甚至有更多、更大的创造和超越。由于培根对实验科学的创立，使得西方科学走上实验、实证的发展，相关科学理论亦从其原初的模糊性、猜想性改为基于科学实验和实践检验的准确性、可操作性，使西方科学系统既有理论把握，也有实验确证。这种突破具有划时代的意义。为此，人们称赞培根为科学探索上非凡的"奇异博士"。

28. 亨利·根特:集成与求新

中世纪欧洲思想在经院哲学中形成了多种流派,有着不同思潮。随着亚里士多德哲学的重被发现,托马斯学派异军突起,颇有影响。但中世纪大学形成的争鸣、辩论之风气,使当时的任何思想体系都不可能独霸天下,拥有绝对权威。在与托马斯派的抗争中,许多杰出的思想家也脱颖而出,在经院哲学鼎盛时期的思想大潮中造成了百舸争流的局面。而这种神哲学的群雄之会,也使比利时思想家亨利·根特得以亮相,并给人带来与众不同的感受。

亨利·根特(Henricus Gandavensis)约于1217年生于比利时的根特,在1240年之前基本上在家乡读书、工作,1267年成为图尔内大教堂教士会的成员,并开始潜心神学研习,随后自1276年起在图尔内、布鲁日等地任天主教司祭,后又去巴黎大学学习、教学,成为这所名校的教师。虽然是天主教司铎,他的思想却非常活跃,并有着一种属于现代的开明和开放气质。除了重点研习神学、哲学之外,他还有着广泛的兴趣,特别关注在日常生活中人们争论不休的问题,例如,他探讨了人类生命的起源、人的自卫权利和如何使身体不受损害,当时一些人从军队中开小差的现象,以及人的忧郁状态等;而在社会方面,他也讨论了抵押契约、礼拜天是否可以全天营业这类与经济社会相关的问题。在当时的封建氛围中,他甚至还认真探究过妇女是否可被允许学习并教授神学这一敏感问题。在上述探究中,他还写有许多神学论著,其中代表作即共有15册的《神学任选问题辩论集》(*Quodlibeta*)。此外,他还就正统神学理论的问题写过《神学大全》,但仅写出两卷,未能完成其计划。1293年6月29日,他在图尔内的多尔尼基克去世。

　　由于其博学多闻及思想深邃，亨利·根特被尊为"庄严博士"。其学术及思想特点一是体现在对前人学者的归纳、总结，以集其大成；二是突出为对许多前沿问题的思索询问，以开拓求新。在集成方面，他回溯柏拉图哲学传统，并沿此连线而凸显奥古斯丁的思想，由此而以其综合思路形成与阿奎那注重分析方法的不同，进而强调自由意志比理性更为重要。在他看来，存在与本质不能截然分开，而有着内在关联，因为所谓"存在"实质上乃包括本质之在、实存之在和实体之在这三种形式，这种涵括则使实在之本质要比可能之本质有着更多的内容。尽管推崇柏拉图和奥古斯丁，他对 13 世纪欧洲所理解的亚里士多德哲学亦持开放之态，甚至还在一定程度上包容了具有阿拉伯文化色彩的阿维森纳思想体系。

　　在求新方面，亨利·根特在捍卫所谓正统教义的同时亦有所深思和开拓，从而获得不少被后人所注重的前瞻或推测。他以强调三位一体教义而不同意过于僵化的一神论解释；他以突出上帝启示和人的意志都具有的自由而不同意自然决定论、必然论和宿命论；他还以主张人的精神灵性与上帝的直接关联而不同意纯感性的、物体化的认知。这种对灵性感悟的推崇，使他将上帝理解为人类精神的原初认知者（primum cognitum），而他在此描述的人所内在的"神性体悟"，实际上与 20 世纪宗教思想家拉纳尔谈到的"匿名的基督宗教"，以及伊利亚德认为的宗教乃"人类学常数"有着异曲同工的思维特征，由此开始思考人类宗教的普遍性、根本性，以及"神性"与"人性"的内在联系等宗教哲学的基本问题。他的探究在许多方面都颇有开拓性，其特点是打通绝对与相对、超然与内在、神圣与世俗，从而使人们在现实生活中也能积极认识具有本质意义的在、真、善，并能获得一种神圣或神性维度。这种开阔的视野和开放性思维还体现在他对奥古斯丁光照论的理解及诠释上，他的发挥有着跨时代的追问，由此已超出哲学、神学之维而达到一种认知心理学的探究，开启了全新的认知层面，从而在研究方法和学科领域上亦有了意义深远、富有启迪的开拓。

29. 波拿文都拉:通往神圣的
心灵之旅

中世纪鼎盛时期的经院哲学有过双峰对峙、双雄并立,这就是波拿文都拉与托马斯·阿奎那的思想体系。只是后来托马斯的神哲学体系被定为天主教的官方理论,以致托马斯主义独占鳌头,波拿文都拉才逐渐被公众遗忘,但学术界对他的重视仍持续下来。

波拿文都拉(Bonaventura)原名为费登萨的约翰(Johannes Fidanza),约1221年(另一说为1217年)出生在意大利维特尔博附近的巴格劳里镇,童年病重时经圣方济各抢救而转危为安。方济各称他为"Bona ventura"(好的未来),故有"波拿文都拉"之名。他于1236年至1242年在巴黎求学,获文学硕士之称,后于1243年入方济各会,成为哈勒斯的亚历山大的高足,并于1248年获圣经学士学位,1250年获箴言学士学位,1253年获神学硕士学位。他完成学业后,即在巴黎大学讲授圣经和《箴言四书》,此间与阿奎那成为同事和朋友,但因世俗学者反对修会过多占据大学教席,两人被迫离开大学讲坛。教皇亚历山大四世于1256年10月5日谴责了反对修会在大学过多任教的代表人物圣阿姆的威廉,并于10月23日要求大学授予波拿文都拉和阿奎那博士学位。两人于1257年10月23日同时被授予博士学位和神学教授头衔,但波拿文都拉已于同年2月2日当选为方济各会总会长,不得不永远放弃其教学生涯。1273年6月3日,他被教皇格列高利十世任命为红衣主教,此后曾协助教皇促成了天主教与希腊正教的短暂统一。1274年7月15日,他因病在法国里昂逝世。1482年4月14日,他被教皇封为圣徒,享有"虔诚博士"尊称,1587年又获得"撒拉弗博士"(即"六翼天使博士")称号。

波拿文都拉的代表作是《彼得·郎巴德的〈箴言四书〉注解》，共 4
卷、百万余字，被视为"经院哲学鼎盛时期在内容上最有意义的箴言注
释"。他的另一部名著为《心向上帝的旅程》，强调出神状态的神秘直观，
以这种神秘体验和洞见来感受超越一般认识的神圣知识，并认为此即反映
了神圣光照的永恒艺术，从而使此书成为中世纪鼎盛时期的神秘主义经典
之作。他的其他著作还包括《小品：论学艺向神学的回归》、《短论》、多
部《问题论辩集》、多部《宣讲》、《神学讲道集选》、多部圣经《注解》、
《独白：论心灵的四种操练》、《论三重路》、《生命之树》、《论撒拉弗的六
翼》、《圣方济各传奇》、《书信》以及许多《布道集》等。方济各会于
1882 年至 1902 年出版了波拿文都拉的《全集》，达 10 卷之多。

其思想代表着经院哲学中体现神秘主义的"智慧"学派，即把智慧作
为哲学的目标。在他看来，科学只是涉及受造之物，从而仅为关涉物质、
实体的学问，而智慧则是对上帝的直接触及和把握，乃人们在虔信中对上
帝的认识和敬畏，故而以信、望、爱为基础，"它在认识中开始，在爱中
结束"，由此即为对上帝的"经验认识"和"甜美体验"。这里，智慧与
"爱"、"善"、"出神"、"神魂超拔"之体验毫无区别。既然哲学追求这种
神性智慧，那么就应顺从于神学、接受神学的指导。这就是他对中世纪哲
学与神学结合的基本理解和思路。在他看来，人的认识就是心灵通往神
圣、朝向上帝的升华之旅，这一旅程分为六个上升阶段，亦反映出人的心
灵由此所达到的六种能力，即感觉、想象、知性、理性、悟性和心灵之顶
峰，在此则有着良心的闪现、获得上帝的影像。在这一旅程中，人们以其
虔敬而达到超拔，从而由底部到达顶点，由外围到达核心，由短暂达到永
恒。他所描述的充满宗教激情和神秘体悟的心灵之旅曾深深打动了但丁，
在其《神曲·天堂篇》中，但丁特为波拿文都拉的灵魂在天堂中留了一个
位置，认为这一崇高灵魂向着神圣的升飞，就如同"罗盘中的磁针转向北
极星"那样自然、必然。

30. 托马斯·阿奎那:攀援经院哲学的顶峰

经院哲学往往被误解为托马斯主义,托马斯·阿奎那(Thomas Aquinas)的哲学思想虽然不可能涵括经院哲学,却是其主要代表和重要标志。托马斯主义被视为 13 世纪欧洲经院哲学发展的顶峰,体现出其理论体系的成熟和基本完备。而当 19 世纪下半叶天主教界形成新经院哲学复兴时,亦主要反映了新托马斯主义的压倒性影响。

托马斯·阿奎那约于 1224 年末或 1225 年初出生在意大利那不勒斯的洛卡西卡城堡,其父为伯爵,在阿奎那有领地,故使其子名有"阿奎那领地的托马斯"之意。他 5 岁时入卡西诺修道院,1239 年离开修院后就读于那不勒斯大学,1244 年不顾家庭反对加入多明我会,1245 年到巴黎圣雅克修院学习神学,不久成为大阿尔伯特的学生,并于 1248 年随其师到科隆就读,直至 1252 年赴巴黎大学神学院深造。他于 1256 年完成学业后留校任教,与波拿文都拉成为同事,但都遭到在俗教师的抵制,故而一度离开大学讲坛,后因教皇亚历山大四世于同年 10 月 23 日要求大学授予他们两人博士学位,支持其在校任教,两人才于次年 10 月 23 日同时获得博士学位和神学教授头衔,从而使托马斯得以继续在大学任教。1259 年他赴意大利教廷书院讲授神学,随之在意大利各地教书游学达 9 年之久。1268 年,他返回巴黎大学任教,1272 年受其修会委托到那不勒斯创建多明我会总学馆,并在当地任教。1274 年 3 月 7 日,他在经罗马赴里昂参加宗教会议的途中,病逝于福萨诺瓦的息斯特西安修道院。

作为中世纪欧洲哲学界巨擘,托马斯的代表著作是未最后完成的《神学大全》,另一部名著则为《反异教大全》(亦称《哲学大全》或被视为

"真理大全"），其他著作可分为神学、哲学、问题论辩、对亚里士多德著作的评注以及社会哲学和政治学等类，具有著述甚丰、包罗甚广的特点，后人为他整理的全集版本至少有四种，相关权威版本已出版 50 余卷，而且被译为多种文字，仅其《神学大全》的中译本先后就有三种，包括来华传教士利类思 17 世纪节译的 30 卷《超性学要》，最近出版的台湾多明我会译本，以及大陆武汉大学和北京大学的合译本。托马斯于教皇约翰二十二世打击方济各会属灵派的 1323 年被封为圣徒，从此与波拿文都拉有伯仲之分，托马斯此后有了"圣师"之称，托马斯主义亦逐渐成为天主教的主流思想体系，在 16 世纪的特兰托主教会议上被规定为正统学说。1879 年，教皇利奥十三世颁布《永恒之父》通谕，托马斯主义重被定为天主教的官方神学和哲学。这种显赫地位，使托马斯成为欧洲经院哲学最重要的哲学家，并获得"共有博士"、"天使博士"等称号。

托马斯的主要贡献，在于其创造性地解释和运用亚里士多德哲学，重新构建了中世纪经院哲学的大全体系，并使哲学与神学得以有机共构，相得益彰。他强调理性和认知上的整体统一，认为哲学的"理性真理"并不与神学的"启示真理"相矛盾。根据理性逻辑，他提出了被后人称为"宇宙论"、"目的论"的上帝存在的五种证明，即从"运动"、"因果关系"、"可能与必然"、"比较与等级"、"设计、控制与目的"来证明宇宙的有序和整全乃反映出上帝的设计和目的。在围绕"一般"或"共相"究竟为"名"还是为"实"的所谓"唯名论"和"唯实论"的争议中，托马斯的思想提供了一种具有折衷或综合意义的"温和唯实论"模式，认为"一般"乃有三种存在方式，一是作为上帝创世"原型"存在于上帝理性之中，即在个别事物之"先"；二是作为事物的"形式"或"本质"而存在于个别事物之"中"；三是作为从具体事物中经过抽象而形成的"概念"，以人的思想形式而存在于个别事物之"后"。这种对个别事物之外存在的"一般"或"共相"思维，实际上对西方人的抽象、归纳、概括、提升性思维能力是一种很好的训练，也是西方自古希腊以来的"相"思维之一脉相承和发扬光大，由此为其寻找普遍规律、获得本质因素的精神求索奠定了重要的思维基础。

31. 爱克哈特：找寻神秘之光

随着中世纪经院哲学的鼎盛和对思辨理性的推崇，欧洲思想家也开始激活另一种思路来恢复古希腊传统中新柏拉图主义和东方基督教伪狄奥尼修斯的神秘主义探究。这一进路的中世纪先驱是德国哲学家爱克哈特，他独辟蹊径、洞幽析微，以情感的内在性、思想的炽热性和体悟的透彻性来与神圣本质交往，由此探索出一条从中世纪通往近代基督教思想发展的神秘之路，并影响到现代宗教精神的走向。

爱克哈特（Meister Johannes Eckhart）约 1260 年生于德国哥达附近霍赫海姆的一个贵族家庭，早年加入多明我会，然后赴巴黎大学研习神学，获得"大师"之称，曾在巴黎、科隆等地教书。自 1290 年起，他先后在埃尔富特、图林根、萨克森、波希米亚等地担任多明我会分会长和地方天主教教区长，并在许多修道院布道讲学，颇有影响。但其讲演并不局限于正统教义而多有发挥，并还时常对教皇加以讽刺，因而引起了本笃修会和方济各修会神学家的不满及反驳，其理论学说也被指责为有危险倾向。在其晚年，他曾受到科隆大主教的传讯，但他不服这种批判而向教皇上诉。在这一过程中他于 1327 年去世，而教皇约翰二十二世并没有饶过他，仍在 1329 年 3 月 27 日发表通谕，对他的学说中 28 个命题加以谴责。爱克哈特的思想主要体现在其《三部集》、《巴黎问题论辩集》、《称义论集》、《讲演集》等著述中。

在中世纪的思想框架内，爱克哈特探讨了"存在"与"理智"这两大问题。对之他有一种神秘主义整体论意义上的关联，并将上帝作为二者的统一和超越。在他看来，对上帝的认知可以使这两个问题达到整合，存在与理智虽属性不同，却不截然分开。从"存在"意义上来看，上帝乃存在，如果上帝不存在则只有虚无。但以"上帝存在"为命题却是同义反复。万物存在于上帝之中，上帝包摄万物但按其本质又大于万物之存在。上帝与存在的关系可用"创世"来解释。所谓"创世"实乃"存在"之通告，而这种存在即在上帝自我中存在。"太初"有"道"则指明了"太初"乃存在的根源和开端，因此上帝并不等于存在，存在只是上帝的创造，属于被造之物。既然上帝不等同于存在，而是先于、高于存在，那么其作为存在的根源和使存在有其实在的原因则是"纯理智"、"纯智慧"，由此遂进入关涉"理智"的问题。与存在不同，理智在此显示出其"纯粹"性或"纯洁"性。

上帝作为纯粹的理智、智慧、理解和知性，是不可究问或明确回答之"道"。如同"道可道、非常道"之理，爱克哈特在这里用摩西问上帝"你是谁"时之答来回应，展示出上帝"我是那我是"（《出埃及记》3 章 14 节"我是自有永有的"）的神秘性和不可悟透性，或是恰如耶稣所言"我就是道路、真理、生命"（《约翰福音》14 章 6 节）。不过，上帝之"道"作为理智、观念，却开启了人的灵性与神性沟通之途。在爱克哈特对人的理解中，他运用了托马斯关于"灵魂"之说。他认为，人作为万物之灵，其灵性可以通向神性，在此意义上，人的灵性实乃神性的微弱"闪光"。这种人之灵魂对神秘之光的找寻和反映，一方面就在于灵性"闪光"可以用来体悟上帝三位一体的形象，另一方面则可以由此起到与上帝接触的作用。爱克哈特用"理智、生命、存在"来解读三位一体的三个位格，认为圣父是理智、圣子是生命、圣灵是存在，通过"圣灵"作为存在而与有限存在之人的灵性接触，从而使人的理智终于可以与神性相触，实现人与上帝的合一。

虽然爱克哈特把上帝与人之灵性、理智、意志的接触看作一种光照和恩典，认为人之灵性被点燃的精神之爱乃恩典之爱，却暗示出上帝与万物、与人类的直接关联，从而表露出某种"泛神论"的神秘主义意向。这对此后马丁·路德的宗教改革颇有启迪，并直接引导其思考神人直接交往、人因信称义的神学。当然，爱克哈特的思路仍是经院哲学的，正如后人评价他是"经院哲学家的神秘主义者，而不是神秘主义的经院哲学家"。

32. 奥卡姆:经院哲学的"剃刀"

中世纪经院哲学在达到鼎盛后亦渐趋烦琐,其论证越来越严密,其抽象归纳而来的"共相"名目也越来越繁多。本无实际存在、而乃抽象所为的"共相"成为哲学的主要内容,思辨走向了空洞之途。这样,经院哲学体系给人一种庞大、臃肿、过于复杂之感。这对当时欧洲思想发展逐渐产生出窒息作用,并开始妨碍其从中古往近代的过渡。为了改变被动局面,中世纪晚期经院哲学界出现了革新派,他们大胆地向这种不合理的体系开刀,以删繁就简的方式来改造经院哲学,从而为近代欧洲思想的"标新立异"打下了基础、创造了条件。其中一位杰出的革新者,就是唯名论者威廉·奥卡姆(William of Ockham)。

奥卡姆约于1285年出生在英国萨里郡的奥卡姆小镇,早年入方济各会,1306年授任副主祭神职,1309—1315年在牛津大学攻读神学,1315—1317年作为圣经学士讲授圣经,1317—1319年作为箴言学士讲解《箴言书》。由于当时牛津大学校长指责他有"异端"嫌疑,使他虽已修完相关课程却终未获得博士学位,故在历史上只能留下"尊敬的初始者"名号。但这种"初始"在当时亦有"开创"之意,故对其哲学生涯也是一种颇为恰当的写照。1324年他因上述指责而被召往阿维农教廷受审,在种种高压之下而于1328年不得不逃离阿维农到意大利比萨,获得此时驻扎在当地的教皇政敌、神圣罗马帝国皇帝巴伐利亚的路德维希的保护。据传当时奥卡姆曾向德皇说过"你用剑来保护我,我用笔来保护你"的豪言,形成反中世纪教权的独特文武联盟。1329年,奥卡姆移居德国慕尼黑,从此在德皇庇护下潜心学术,直至1349年死于黑死病。奥卡姆以其总结与前瞻共构的研究而为中世纪哲学的真正谢幕做好了准备,其著述包括《箴言书注》、

《逻辑大全》、《论辩七篇》、《物理学总汇》、《物理学论题集》、《关于皇帝权力和教皇权力的对话》等。

从唯名论的角度，奥卡姆开始从神学走向哲学。他主张哲学应与神学分开，认为二者有着不同的问题意识，哲学属于知识领域，而神学则为信仰领域。对现实、具体问题的关注使他的研究逐渐从神学向哲学、逻辑学、政治学等领域扩展。其思想特点是突出具体事物，反对把具体的、个别的、经验的实体归入一般、普遍、超验、抽象的原则。他强调真实的存在只能是具体的事物，而抽象、归纳、推论所得的"一般"或"共相"不是独立实体。他坚持知识的经验基础，认为知识来自感觉，其认识不是借助于一般概念的抽象认识，而是基于对个别、具体对象的认识，所谓感觉即外界事物作用于人的感官能力而引起的。与之相对应，"共相"作为象征符号是归纳许多个别事物的共同点而抽象取得的名称，因此它只会存在于人的理智之中，并无其独立存在的实体。因此，在他看来，哲学推理体系中没有必要增加这种没有现实依存的"共相"的数目。他根据亚里士多德以来西方哲学中的"节约原理"，主张把所有不能被感官所直接感知的抽象设想统统剃光，提出"凡能以较少手段取得的，就无需较多手段"，"如无必要，就不要增设实有的数目"。这一挥向中世纪经院哲学繁琐体系之刀，即著名的"奥卡姆剃刀"。

此外，在政治关系上，奥卡姆极力主张政教分离，认为皇帝与教皇在各自领域中的权力都是自治的、独立的，但教会以其超然信仰的超脱性则只应管辖宗教领域，而不得干预政治。其实他本人早已卷入了当时的政治冲突，特别是政教冲突，而且他非常明确地站在了世俗权力一边。他力主政教之间的关系是彼此合作，互不干涉，而应共同服务于社会的福祉。对世俗权力功能及实效的深刻理解，使他偏向世俗政治一边，他甚至希望未来能产生贤明的普世君主，给世界带来幸福平安。其思想从纯神学而走向了神学政治学，而其哲学探究也表现为早期政治哲学的构建，这种现实、务实的思考曾对此后的欧洲宗教改革运动产生巨大影响，并成为西方政教分离原则的重要理论先驱。

33. 库萨的尼古拉：有学识的无知

　　自苏格拉底以"我知我无知"的方式提出人之自我认识的主体思想以来，欧洲思想史上经历了长达约两千年的沉寂，直至 17 世纪笛卡尔才打破这一僵局，以"我思故我在"这一名言迎来了西方思想的主体时代。不过，其间也的确有为数不多的哲人间接地回应了这一主体性认知问题，其中最为关键的两人都代表着西方哲学史上具有里程碑意义的发展，起着思想进程中"分水岭"般的划时代作用。这两人一为从欧洲古代到中世纪转型时期的奥古斯丁，其打破黑夜幽静的长喊即"我疑知我在"，而另一位则是以"有学识的无知"之警句从中世纪步入欧洲近代发展的库萨的尼古拉。

　　库萨的尼古拉（Nicolaus Cusanus）于 1401 年出生在德国莫塞尔河畔的小镇库斯，1413 年被送入荷兰达文特的"共同生活兄弟会"社团，体验到一种灵性生活；随后他于 1416 年到海德堡大学攻读哲学，1418—1423 年在意大利帕多瓦大学学习，在其"文艺复兴"的氛围中涉猎多门学科，包括法学、文学、数学、医学、天文学、物理学等，成为当时一位"百科全书"式的人物。1423 年他获得教会法博士学位后回到德国，在科隆攻读神学，然后自 1426 年起在教皇驻德特使奥西尼枢机主教手下从事法律事务，1427 年到科布伦茨主持圣弗洛林基金会，1430 年授任神职，并成为乌利希伯爵的私人秘书。1432 年，他在参加巴塞尔会议时成为西撒利尼枢机主教的谋士，从此卷入教会政治。1438 年，他曾作为教廷特使被派去与东正教谈判教会重新统一问题，虽无果而归却有着宗教比较对话的收获；他亦被教皇派往德国纽伦堡争取帝国议会的支持，此后又多次活动于该城和法兰克福等地，终于促成德皇与教皇于 1447—1448 年签订维也纳协议。他本人亦于 1450 年被任命为枢机主教，并负责奥地利西部布利克森教区。由于教区政教矛盾使他感到生命受到威胁，故而不敢在其教区范围久留。1458 年他移居罗马，成为职位仅在教皇之下的教廷高官。1464 年 8 月 11 日，他在意大利的托迪去世，葬入罗马圣彼得镣铐教堂。

他的思想活跃、丰富、深邃、前卫，其主要著作包括《公教会的和谐》、《有学识的无知》、《知识仅是猜测》、《为有学识的无知辩解》、《论俗人》、《论神的观念》、《论潜在》、《论智慧之探究》等。尤其是他的代表作《有学识的无知》脍炙人口，成为新旧时代之交的辩证法经典，后被译成多种文字而广泛流传。在认识论上，他受苏格拉底的启迪而看到了相对认识、间接把握的意义，在承认人之"无知"的同时主张一种从有限认识无限、从相对体悟绝对的认知进路，从而体现一种"有学识的无知"。在宇宙论上，他认为宇宙是上帝的"缩影"与"复写"，上帝乃绝对极大，宇宙则为相对极大、是"上帝之书"，上帝之中所蕴藏的内容展开便成为宇宙，上帝通过宇宙而显现了自我，因而间接达到了"上帝在万物中，万物在上帝中"的近代泛神论思想。在人性论上，他宣称人按其本质也具有神性，即可以通过认识宇宙来认识上帝，达到人的"神化"。在神性论上，他则用"绝对的无限"、"绝对的统一"、"绝对的极大"、"无限创造力"、"存在与认识之源"等术语来解释上帝；而人在认识上的不足则只能靠"神秘的仰望"、"心灵的体验"来弥补，从而体会到神性存在。这些思考进而让他发展出了有限无限、相对绝对、单一众多、极大极小的"对立统一"思想，成为当时最富有辩证法精神的创见。其宇宙无限、上帝在宇宙中体现其存在、对立面得以辩证统一的闪光思想，都远远超越了其存在的时代。此外，在各宗教之间谈判、斡旋的经验亦促使他萌生了宗教比较、对话的思想，他曾提出各种宗教存在都是"一种宗教的多种崇拜方式"这一意义深远的看法，从而吹响了当今宗教比较对话最早且极为意味深长的序曲。库萨的尼古拉在西方思想史上的承前启后，使他成为了"中世纪的最后一位哲学家，新时代的第一位哲学家"。

34. 费奇诺:柏拉图神学的重建

 欧洲文艺复兴运动以复兴古希腊文化为契机而探索新的文化发展之途,其哲学则以重新发现亚里士多德和柏拉图的哲学为特色。虽然亚里士多德的哲学在中世纪经院哲学中被明显突出,却也随之带来了人们对柏拉图的重新关注。尤其是在文艺复兴时期,用拉丁文所译的柏拉图全集在意大利面世,而1438年在佛罗伦萨召开的旨在解决东西教会分裂的天主教公会议,更是直接推动了对柏拉图思想的研习。1462年,在意大利著名的美第奇家族支持下,柏拉图学园在佛罗伦萨开办,而其创办者和领导者则为史称意大利文艺复兴第一哲学家的马西利奥·费奇诺。

 费奇诺(Marsilio Ficino)于1433年10月19日出生在佛罗伦萨附近的菲利涅,其父为当地著名外科医师,与美第奇家族有密切关系。费奇诺自幼就喜欢柏拉图的著作,此后在博洛尼亚又接触到亚里士多德的学说。1451—1458年,他就读于佛罗伦萨大学,专攻哲学与神学,以研习柏拉图和阿奎那为主,此间他亦加入了当地天主教的修道团体。1462年,他用拉丁文翻译出版了一批古希腊经典著作。1463年,美第奇家族赠给他在卡尔基城郊的庄园,作为创办柏拉图学园之用,他随之全力投入对柏拉图著作的译介,并开始研习柏拉图思想体系中的哲学和神学,故而被人视为"柏拉图的第三只眼"。1473年,他被祝圣为神父,成为佛罗伦萨大教堂的教士。1492年之后,美第奇家族遭到驱逐,学园的工作也受到打击,此后费奇诺以隐居为主。1499年10月1日,费奇诺因病去世。

 费奇诺一生翻译了大量古希腊著作,尤其是花了5年时间将《柏拉图全集》译为拉丁文出版。他自己创作的著述以《柏拉图神学:论灵魂不朽》为代表作,其他著作还有《论基督宗教》、《生命之书》、《论享乐》、

《柏拉图智慧的五大关键》、《论太阳和光》、《柏拉图的教义》、《布道集》等，此外还留有 12 卷的《书信集》。在这些著述中，他表达了对重构柏拉图神学的特别关注。

在基督教思想传统中，"神学"这一表述本来源自柏拉图，因而是早于基督教的学术资源，基督教思想家此后在构建其理论体系时借鉴、采用了柏拉图的学术模式，由此在西方思想文化传统中就有了哲学与神学的密切结合。基督教的理论体系在创建之初就曾受到新柏拉图主义的直接影响，而中世纪经院哲学的鼎盛再次使基督教神学中的古希腊哲学精神露出水面、昭示世人。费奇诺在研习柏拉图思想时特别注意在基督教之外的各种哲学、宗教形态中的神学构成，他将之视为"古代神学"，即"前基督"的神学，包括古希腊罗马时期的"神话神学"、"自然神学"、"城邦神学"等。在他看来，柏拉图在创立"神学"这一表述时就有了自己的想法，柏拉图对古代各种神学加以解构和扬弃，使之从原初、无序的"古代神学"发展升华为"柏拉图神学"。在文艺复兴时期"回到古代"、"回到希腊"的思想支配下，费奇诺重新审视柏拉图神学体系，但其立意则不只是回返古希腊，而是更加重视柏拉图神学的重建和创新。由于"神学"这一表述本来就不是基督教的专利，教会迟疑了上千年之久才刚刚于中世纪哲学发展的中期来小心翼翼地使用"神学"，让其成为基督教思想体系的专称。费奇诺基于自己对柏拉图思想的熟悉而敏锐地感觉到柏拉图神学可为基督教神学服务，可以融入经院哲学之中。为了体现宗教、哲学、神学等认知方式的关联及意义，他将柏拉图神学与"博学宗教"或"虔信哲学"相对照，以此来模糊哲学与神学的界线，使哲学更好地为神学服务，而神学作为服务于神性的学问在其看来同理也是一种"哲学"。

费奇诺重构柏拉图神学的实质，即重新利用柏拉图主义来充实、完善基督教神学。在他看来，揭示基督教神学所内蕴的柏拉图思想精神，将柏拉图学说与基督教神学有机结合，这是突破中世纪神秘主义神学束缚而走向未来理性神学的必要举措。所以说，溯源返本虽有正本清源之意，却更多地旨在推陈出新、继往开来。这种综合、整合会使其理论体系更加强大、更为完备，也更显厚重。费奇诺运用柏拉图神学理论体系来试图说明基督教教义体系中有关上帝本性与世界万物的层级性存在、灵魂的不朽与人的独特存在，以及"柏拉图式的爱"在神学重构中的意义等。为此，费奇诺以"柏拉图神学"来涵括古希腊罗马的柏拉图主义和新柏拉图主义、古代东方异教中的神学、基督教希腊教父神学、中世纪经院哲学及其奥古斯丁传统（柏拉图主义）和托马斯主义创新（重构亚里士多德主义）、文艺复兴时期的柏拉图主义复兴以及当时"人之发现"所表达的人文主义精神等。不过，费奇诺在其重构中亦有"迷失"，他在追求理性神学时却看到了理智的有限性，他在强调精神之爱时则重新陷入了神秘主义。为此，他试图以"神秘理性主义"来协调二者，平衡双方。这种神秘主义与理性主义的共构使费奇诺在中世纪与近代发展之间犹豫徘徊，而未能成为奋力走出中古、迈步进入近代的真正思想先驱。

35. 伊拉斯谟：人文主义的兴起

欧洲中世纪向近代发展的过渡，以人文主义思潮为标志。"人文主义"反映出了欧洲文艺复兴的精神实质，以其对"人"的突出为特征。15世纪后期，欧洲学校的学生们开始以"人文主义者"（humanista）来称呼教授古典语言和文学的老师们，因为其所教学科乃"人文学科"（studia humanitatis），故形成这一专指。人文主义者当时所打出的旗号即"回到古典"，其特点是研究古希腊文和古拉丁文的文献，旨在以这种回溯古典文化传统、返归古代历史文明的方式来摆脱中世纪，走出中世纪。这种以"复古"来"创新"乃中古与近代之交时欧洲极为典型的思想革新运动。在此，人文主义思想与中世纪传统精神的根本不同，就是从对"神"的关注转向对"人"的关注，从敬仰神到突出人，强调人的尊严和人在宇宙中的地位，相信人的价值和能力，进而重视道德问题，由此开拓了对道德哲学的研究。在这一思想和社会转型时期，涌现出一批人文学者及思想家，而荷兰人文主义者伊拉斯谟的思想和学术也脱颖而出，成为其中的佼佼者。

伊拉斯谟（Desiderius Erasmus）于1466年10月27日出生在荷兰著名海港城市鹿特丹，原名盖哈尔特·盖哈尔兹（Gerhard Gerhards），从小在教会孤儿院生活，早年就读于"共济兄弟会"所办学校，自1484年在斯泰恩修院攻读拉丁文和希腊文，此间成为奥斯定会修士，于1492年升任神父，曾担任法国康布雷城主教秘书，1493年赴巴黎求学，1499年入英国牛津大学研习希腊文。这种对欧洲古典语言的系统学习使他得以把握住古典文化的思想精髓，而其间在法、英、德、意、瑞士、奥地利等地的游历则开阔了其眼界，使其在思考问题时更有深度和广度。在英国学习期间，他与《乌托邦》一书作者 T. 莫尔交往颇深，并受其启发而于1509年写成拉丁文的著名讽刺小说《愚人颂》。1521 年，他定居瑞士巴塞尔，直至 1536 年 7 月 12 日去世。他一生留下了两千多封书信，其主要著作还包括《基督的战士手册》（1503）、《对话集》（1518）等。

得力于对欧洲古典语言的系统训练，伊拉斯谟以其娴熟的拉丁文和希腊文知识进行了对《圣经》的翻译研究。他于 1514 年将希腊文的《新约全书》译成拉丁文，并于 1516 年首次刊行希腊文和拉丁文译文版的《新约全书》，在整个欧洲引起强大反响。其《圣经》译文解决了希腊字母的读音问题，深化了对《圣经》语言文字及其思想寓意的研究。这种《圣经》翻译使基督教的经典不再只是教会神职人员等少数人的专利，而使更广大的信众得以直接阅读宗教经典，领悟其信仰奥义。

伊拉斯谟的思想精华主要在于对人文主义精神的推崇，以强调人、突出人来力主基督教会内部改革。他批评中世纪教会压制人性、泯灭人欲的思想及做法，主张从正面、肯定的角度来看待人、评价人。他甚至提倡人生应以快乐和幸福为目的，认为在尘世生活中的欢快反映出人生的本色，由此觉得人生若无"欢乐"、"没有疯狂的调剂"，那么现实生活则是"悲哀的，烦闷的，不愉快的，无聊的，不可忍受的"。在信仰领域，他强调基督徒应以个人内心信仰为重，而不应被束缚于教会的各种繁文缛节之中，宗教乃信仰精神的内求，而不是崇拜形式的外显。他在其《愚人颂》中以一个叫做"愚人"的妇女慷慨陈词的方式，无情地揭露封建统治的罪恶和教会对民众的愚弄，批判当时社会体制所产生的各种偏见和虚伪，并对中世纪教会及其神职人员和经院哲学家加以抨击，从而向整个封建传统发起了挑战。伊拉斯谟的思想对 16 世纪德国马丁·路德等人的宗教改革运动起了重要的启迪和推动作用，他的著述成为路德等人的思想源泉之一，他所推崇的改革精神被此后的宗教改革家所弘扬，由此被视为近代西欧宗教改革的思想先河。

36. 马基雅维里：政治哲学的奠立

欧洲文艺复兴时期关注现实、社会和人生的时代气氛，使人们更多地思考宗教与政治的关系。而世俗生活的影响和世俗权力的扩大，则让一批思想家开始注重国家政治和君权的意义，"用人的眼光来观察国家"，并且"从理性和经验中而不是从神学中引出国家的自然规律"。这一倾向遂使欧洲近代政治学及政治哲学得以萌生，而意大利的政治思想家马基雅维里正是这一全新领域的奠基人。

尼科洛·马基雅维里（Niccolo Machiavelli）于 1469 年 5 月 3 日出生在佛罗伦萨的一个律师家庭，早年就读于佛罗伦萨大学，深受人文主义的影响，对拉丁文的古典著作研习颇多，尤其喜欢阅读古罗马史学家李维论罗马史和罗马共和国政体以及西塞罗等人论政治、社会哲学的著作。1495 年，他在驱逐梅迪奇家族后建立的佛罗伦萨共和国政府里担任助理，1498 年升任其秘书厅秘书长，不久又担任"自由与和平十人委员会"秘书，参与其外交及政治、军事工作，先后出访意大利各城邦和欧洲各国。其政治、外交实践使他深感弱国无外交，政治需要强权。但其富国强兵的思想走向极端，却形成了被人们认为是主张君主强权、实力政治的所谓"马基雅维里主义"。1512 年，梅迪奇家族回国执政，马基雅维里被免职，并于 1513 年被捕入狱，但不久获释，隐居乡村，由此得以潜心写作，在历史、政治、军事、诗歌和剧作等方面都有涉猎。他著书立说，主要还是想将其治国经世之道加以梳理、总结，并希望使之成为统治者行之有效的治国之术。1520 年，他被佛罗伦萨大学聘用，撰写历史著作，此后于 1526 年被任命为"城防五人委员会"成员，再度接触政治。1527 年，佛罗伦萨共和国恢复，但马基雅维里重新从政的希望破灭，不久于 1527 年 6 月 22 日去世。其代表著作为《君主论》，另外著有《李维史论》（论李维著《罗马史》前十卷）、《佛罗伦萨史》、《战争的艺术》以及喜剧剧本《曼陀罗华》等。

对于马基雅维里的政治哲学，一般而论毁多誉少。但其理论意义在于他直接、大胆地探究了政治的本质，并从政治的属性及其特征出发捅破了指望政治能从善如流，或至少两恶相权取其轻的幻想，直白了统治术的奥秘和技巧。在他看来，幼稚者成不了政治家，政治乃一门针对"恶"的权术，是基于人的"性恶"来以恶治恶的强迫手段，即一种强权之术。因此，政治不能优柔寡断、悯天怜人，政治家必须要有霸气、体现出强势，"该出手时就出手"，风风火火、毫不含糊。正是基于这一根本理解，《君主论》最初在汉译时曾被题名为"霸术"，并有"横霸政治论"之说。为了推行其政治主张及原则，他向传统基督教会及其神学提出挑战，指责人性的奴化和懦弱源自基督教的教化，其信仰、虔诚、道德让人失去了自我和自由，变得软弱无能。因此，他认为政治应该独立于道德，政治主张不必受道德戒律的约束，而法的建立也是以权力为基础，没有强权作为保障则没有法律的立足之地。既然政治学面对的是人性之"恶"，是与狼共舞的艺术和技巧，那么君主就不是要去当"君子"，其形象也不是那善良驯服的"羔羊"。他坚持君主有必要狡猾如狐狸、凶狠似狮子，政治必然会以成败论"英雄"，因此为达目的可以不择手段！这样，在他眼里，道德对于君主并无约束力；为了维护其权力、巩固其政权，君主可以作"恶人"，其"尚武"可高于"德性"；当然在德性是其巩固政权、获得荣誉的手段时，君主也不要放弃，而应该充分表现出来。对此傅雷在中国古代王道政治中也曾看到过："想夺天下、称孤道寡的人，坐下来清谈竟是深通老庄与佛教哲学的哲人！"按照马基雅维里的逻辑，君主的德性和修养并非其最终目的，它们只是在其服务于、有助于其政权的巩固时才有价值、才值得信守；而如果大权在握，社稷稳固，君主个人的缺陷、私生活的不良则无妨大雅。这就意味着，只要能保证"尧天舜日"，君主则不必非为"尧舜"不可。人们在马基雅维里的政治哲学里看到了君主权术之"恶"，却容易忽视其所想达到的社会稳定、国家独立、民众平安和免遭外族欺凌中也隐藏有"善"，他看到了人们无序、无约束的自由会造成动乱、分裂，觉得君主强权霸道下人们的不自由却也可能会换来人们在国运昌盛，社会平安下有序、正常生活的自由。当然，这种政治逻辑并不为多数人所认可，但不少西方历史哲学家在窥见到西方政治哲学的奥秘之后往往会不无感叹地承认：其历史上的政治"伟人"为其"成功"都不可避免地会做过"恶事"！

37. 哥白尼:走出"地球中心论"

　　欧洲近代社会的发展以自然科学技术的发展为先导,新的科学观为社会变革、时代进步提供了与以往不同的思想认知、宽广视野和全新方法。在人的认识论、世界观中,对宇宙的体认、对人在宇宙中之位置的构想占有重要地位。欧洲传统从其古代直到整个中世纪,占统治地位的宇宙观乃是基于亚里士多德－托勒密理论的"地球中心说"。这种学说的权威性使万马齐暗,欧洲天文学界对之有过上千年的沉寂。但在欧洲中世纪的末期,终于出现了一位勇敢的天文学者,他从地球之外看宇宙,以其"日心地动说"而对当时人类的宇宙认识起到振聋发聩的作用,从此彻底摆脱了以往的认识窠臼和思想框架,为科学探索的不断创新奠定了基础,开辟了道路。这位勇者即处于中古与近代交接之际的波兰天文学家哥白尼。

　　哥白尼(Nicolaus Copernicus)1473年2月19日生于波兰维斯瓦河畔的托伦城,1491年入克拉科夫大学,开始对天文学的研习。1494年他回到故乡在天主教会工作,1496年赴意大利博洛尼亚大学留学,研究教会法、数学、天文学等学科,并于1497年3月9日在博洛尼亚写下其第一个天文观测记录。在意大利期间,哥白尼还在帕多瓦大学、费拉拉大学等多所高校学习,涉猎法律、医学、神学等领域。1503年,他在费拉拉大学获得教会法博士学位后回国,在其舅父担任总主教的瓦尔米亚主教区任职,为其舅父的助手,此间他加入弗龙堡神甫会,并祝圣为神父。1510年,他担任该神甫会行政主任,1516年为其财政管理人。由于有其舅父职位这一特殊关系,他得以把大部分时间都用在对数学、天文学、医学和法学的研究上,尤其是在天文观测和天文学研究上倾注了大量精力。为了方便其天文观察,他在当地护卫大教堂的城墙上选了一座箭楼做宿舍,以房顶城上的平台为天文台，此即被保存至今的著名"哥白尼塔"。1515 年，哥白尼在其早期著作《浅说》所提出的日心说大纲之基础上，开始撰写《天体运行论》，系统论述其太阳中心论的学说。著作完成后，他深感此书的出版肯定会在当时教会、社会和学术界引起轩然大波，因而一直拖到其晚年才委托别人办理排印出版事宜。1543 年，哥白尼在弥留之际拿到了已印好的样书。1543 年 5 月 24 日，哥白尼在弗龙堡逝世。

地球中心说在中世纪已成为基督教会的教义支柱，当时的教会和经院哲学界都坚信地球乃静止不动、是宇宙固定的中心。而哥白尼受古希腊哲学和天文学的启迪，开始具体观察和研究毕达哥拉斯学派所倡导的以简单几何图形或数学关系来揭示宇宙规律，以及阿利斯塔克关于地球绕太阳转动的设想。经过 30 多年的观测、探究，哥白尼坚决地走出了"地球中心论"的传统宇宙观、宗教观，坚持以太阳为中心来构建一个新的宇宙体系。他的"日心说"认为包括地球等行星都围绕太阳运转，太阳才是宇宙静止不动的中心。这一学说在今天看来虽然仍有很大的局限性和明显的错误，在当时却是对教会和整个社会所持守的地球中心说直接的反对和完全的颠覆，因而有着划时代的意义及影响。这种全新的科学观实际上带来了西方哲学及其认识论上的根本变革，使人们的认知不再仅限于其生存的地球，而达到了对自我及其存在环境的超越。以此为起点，人们从环绕地球的审视扩大到对太阳系的认识，并进而触及对宇宙无限的猜想和观察、论证。尽管《天体运行论》在出版时曾以献给教皇保罗三世的序言和另一无署名的前言为掩护，宣称书中所言并不一定代表行星在空间的真正运动，而只是一种人为的设计，但此书仍于 1616 年 3 月 5 日被教会列为禁书。直至 1822 年 9 月 25 日，随着近代天文学的突破性发展，教皇庇护七世才宣布解禁此书。因此，16 世纪上半叶哥白尼写出的《天体运行论》，实际上是西方近代"自然科学的独立宣言"，"从此自然科学便开始从神学中解放出来"，以根本改变中世纪人类对宇宙认识模式的观念革新而得以飞速发展。

38. 莫尔:开创"乌托邦"传奇

　　社会主义与宗教究竟有无关联？社会主义是如何从"空想"发展到"科学"的？当我们今天讨论积极引导"宗教与社会主义社会相适应"时，这些问题就映入了我们的眼帘。其实，早期的空想社会主义著述中本来就有着普遍、甚至相当浓厚的宗教色彩，是一种具有宗教精神的创意，这在我们阅读欧洲空想社会主义思想史上最早的三部经典名著《乌托邦》、《太阳城》和《基督城》时就能清楚看出。而托马斯·康帕内拉的《太阳城》和安德里亚的《基督城》，其创意和思路均来自托马斯·莫尔的《乌托邦》。实际上，是莫尔真正开拓了"乌托邦"之思路，最早开始对未来理想社会的想象和向往。其"空想"传奇及上述两位后人的发挥则正是因为有着基督教精神的支撑，而颇为乐观地对人类未来发展有着美好的歌颂和憧憬。

　　托马斯·莫尔（Thomas More）于 1478 年 2 月 7 日出生在英国伦敦，其父为皇家高等法院法官，并有爵士称号。莫尔早年就读于伦敦圣安东尼学校，曾为地方名流的侍从，并在 14 岁时即入牛津大学深造，1497 年毕业；他于 1504 年被选为国会议员，1510 年担任伦敦市副行政司法长官，1517 年任上诉法院院长、枢密院顾问官，随之也获得爵士称号；进而于 1523 年当选为众议院议长，1529 年任大法官。但莫尔在担任议长时就反对英王亨利八世推行的新税制，从此命运多蹇，终遭不幸。当英王亨利八世推行自上而下的强行宗教改革，与罗马教廷分裂后，莫尔作为虔诚的天主教徒因坚持教皇制而辞职。1534 年，英王又强迫国会通过法令，宣布其为英国教会首领，莫尔对此拒绝宣誓服从，结果于同年 4 月 17 日被囚禁在伦敦塔，并于 1535 年 7 月 6 日被以叛国罪处死。其殉教成为英国天主教历史上悲壮的一页。400年后，罗马教皇庇护十一世终于在1935年5月将莫尔封为圣徒。

作为文艺复兴时期的政治活动家、法学家、文学家和人文主义者，莫尔以其现实批判精神而对未来展开遐想，写出了著名的《乌托邦》一书。"乌托邦"是他从希腊语中自造的一个词，意为"不存在的地方"，即"乌有之乡"。但这一"乌有"毫无贬义，而是寄托了作者的政治抱负和理想。在无情谴责他所处的社会之黑暗、罪恶的同时，他以其信仰精神而描述了一个"乌托邦"传奇：这是一个分为54个都市的岛国，岛上人们安居乐业，男女平等，都可从军就职，没有性别和职业歧视，而且在这个国度中必须人人劳动，一切财产公有；岛国中间的城市布局合理，社会井然有序，人们无忧无虑，如在仙境。在他看来，只有像"乌托邦"这样的极乐国才是真正的国家，才可能给人以幸福生活，而现存的各种国家都不过是一群富人以"国家"之名来结党营私、鱼肉百姓罢了。值得让人敬佩的是，他对现实的失望甚至绝望并没有导致他的幻灭，而更是刺激了他的幻想，有着积极的找寻。其空想的"乌托邦"这一世外桃源则正是他所希望、追求的理想世界、幸福社会。这样，宗教中本为彼岸的理想天国、极乐世界则在他的政治追寻、社会"空想"中得以映现，成为此岸应有的乐土。

莫尔一生还写有其他著作，如较有影响的包括《理查三世史》、《对路德的答复》、《关于异端的对话》、《驳斥廷德尔的回答》、《辩解》、《战斗到底》等，尤其是他身陷囹圄、面对死亡时所写的《安逸与苦难的对话》更是悲情文学的杰作，反映出其临危不惧、临死不屈的精神和对基督教智慧文学特色的发挥。其后期生涯成为天主教抵抗近代宗教改革的个人典范，故使我们对欧洲宗教改革有更深刻的认识和更全面的评价。不过，莫尔仍是以《乌托邦》一书而名垂青史，其充满浪漫和激情的"乌托邦"之思，以杰出的空想传奇而成为第一部宣扬空想社会主义的名著，并成为此后科学社会主义思潮的重要来源之一，而莫尔也由此被视为西方乌托邦派社会主义的鼻祖。

39. 路德:自我"因信称义"

　　欧洲 16 世纪的历史发生了巨变,这场变革以"宗教改革运动"为标志,波及政治、经济、思想、文化、语言等方面。由此,欧洲真正结束了漫长的宗教"神权"统治时期,开始"走出中世纪"而迎来近代发展的曙光。德国思想家马丁·路德正是欧洲这一重大历史转型时期的主要代表人物。

　　马丁·路德(Martin Luther)于 1483 年 11 月 10 日出生在艾斯雷本的一个矿主家庭,1488 年入曼斯弗尔特拉丁学校开始受初等教育,1497 年就读于马格德堡的宗教学校,1498 年转入艾森纳赫圣乔治神学院。1501 年入爱尔福特大学读书,于 1505 年获文科硕士,进而专攻法律。但因同年 7 月初出行时遇暴风雨并遭受电击而发誓出家修行,随之入奥古斯丁隐修院,1507 年就任神父并第一次主持弥撒,也开始在维登堡大学攻读神学,于 1509 年获神学学士,1512 年获神学博士。其间曾回爱尔福特传教,1511 年获得维登堡修院院长助理位置和大学神学教席,1515 年任神学教授。1513 年春,路德在其修院钟楼书斋静读时突然顿悟到《圣经》中"义人必因信得生"的意义,史称"钟楼得道",由此奠定了其宗教改革的基本思想。1517 年 10 月 31 日,路德将反对教皇特使台彻尔为修建圣彼得大教堂而兜售赎罪券之举的《九十五条论纲》张贴在维登堡教堂的大门上,从而揭开了宗教改革运动的帷幕。《论纲》引起的轩然大波使路德遭到教会的谴责,却得到一部分德国贵族的认同。此后路德又发表了一系列批判文章,结果在 1521 年 3 月被教皇处以绝罚。在萨克逊选候的保护下,被革出教门的路德隐居瓦尔特堡,开始用德语翻译《圣经》,于 1522 年出版其德译《新约》,1534 年译完《旧约》,出版《圣经》德译本全集。1524 年,路德脱离天主教修道院，并于 1525 年与修女卡塔琳娜·冯·波拉结婚，由此开新教神职人员可以结婚之先河。1537 年，路德创立的新教各派在施玛卡尔登聚会形成联盟。1544 年，路德为陶尔考的新教第一座教堂主持落成典礼。1546 年 2 月 18 日，路德在艾斯雷本逝世。其著述甚丰，代表性著作包括《论赎罪和神恩》、《致德意志基督教贵族的公开信》、《教会的巴比伦之囚》、《反非基督教徒的敕令》、《论基督教徒的自由》、《论世俗的权力》、《教义问答大全》、《告德意志同胞书》等；留有《席间漫谈》、《书信集》、《讲道集》，另有各种圣经评注和赞美诗传世，后人汇编有《路德全集》出版。

路德发起的宗教改革运动在欧洲形成了连锁反应，使德国、瑞士和英国成为基督教改革而成的新教之三大发源地。路德改革的成果导致了德国产生新教最大教派之一的路德宗，并因为路德强调"因信称义"的思想而又名信义宗。路德的历史意义，就在于其发掘《圣经》资源而凸显了"因信称义"的思想，由此带来了欧洲社会发展的一些根本转变：其政治上的转变在于欧洲大一统的宗教权威被打破，各国地方政治力量得到崛起、发展，从而形成欧洲近代地缘政治的新格局；其民族上的转变在于中世纪"宗教"统摄的意识逐渐让位于信徒所在地的国家、民族意识，由此为近代欧洲民族国家的发展在认知上铺平了道路；其思想上的转变在于以突出自我"因信称义"而使人的自我意义、自我意识和自我价值被唤醒、受到尊重，并激发了人的主观能动性，促成了欧洲思想从中古的"客体意识"往近代的"主体意识"之转型；而其宗教上的转变则在于自我"因信称义"这一"人的发现"使"神权"观念转向"人权"观念，使"神学"教条转向"人学"思想，教会由此不再被教条教规、大一统的神治权威所束缚，而是真正转向"人的社团"、"人的精神联盟"，使人的宗教灵性得以闪光、宗教精神达其弘扬。这样，在宗教诉求上，人不再仰望神秘莫测、令人茫然的外在天际，而是回到了鲜活的内在个我，发现了人的内心世界之丰富、深邃和复杂。于是，宗教不再仅是外在的神性寄托，而有了更多的内在心灵安慰。人得以摆脱宗教礼仪、教规、教阶体制等繁文缛节，彻底回到自我之"信"；仅靠这种纯洁、简单之"信"就能让人在信仰上、社会上和生存上"称义"并且"成义"。人不再是神性的奴仆而成为真正的人、"大写的人"。此外，路德以其《圣经》的德语翻译而带来了近代欧洲民族语言发展上的突破，欧洲语言文化积垢已久的"奥吉亚斯的牛圈"终于得以清扫；而其赞美诗的华丽词曲亦促成了欧洲文学艺术在近代的更新、高扬，给"新生"之人的精神气质增光添彩。路德的改革始于观念的革新、教育的革新，由此而引起了社会的变革、时代的更新。路德创立了一个时代，也代表着这个时代，其"因信称义"表明了人的生存意义及其真正实现的可能途径。

40. 茨温利:民众神父

欧洲宗教改革运动为一种多流共聚,在德国、瑞士、法国、英国等地都先后掀起波澜、形成高潮。而瑞士的宗教改革则有着跌宕起伏、前赴后继的历程,它始于瑞士宗教改革家茨温利,后在法国人加尔文的积极参与下终于取得成功。因此,茨温利在欧洲宗教改革的历史中是一个不可忽视的人物。

茨温利1484年1月1日生于瑞士圣加伦州吐根堡河谷维尔德豪斯的一个农民家庭,早年曾先后就读于巴塞尔、伯尔尼和维也纳大学,1502—1506年回到巴塞尔大学研习神学,获硕士学位,1506年被按立为格拉鲁斯教堂神父,1513—1515年作为随军神父赴意大利战场,1516年任艾因西德教堂神父,1518年起任苏黎世大教堂神父,1520年不再领取教廷俸金,全力从事宗教改革运动。他于1523年发表《六十七条论纲》,反对出售赎罪券,向罗马教廷公开挑战。1524年与安娜·雷恩哈特结婚,因此实际上已早于路德破除神职人员独身之戒。自1525年以来,他与路德的宗教改革观念发生分歧,曾于1529年在马尔堡与路德辩论,但未达成共识,各自在改革之路上分道扬镳。不久,瑞士天主教各州与改革派发生战争,茨温利任随军牧师亲赴前线作战,于1531年10月11日战死在卡佩尔,并被天主教军队分尸焚毁。作为社会活动家的茨温利一生著述不多,主要作品有《始与终》、《真伪宗教记》等。

早在1518年,茨温利在苏黎世就得到当地市议会和市民阶层的支持,从而义无反顾地投身于宗教改革运动。他深受人文主义者伊拉斯诺和宗教改革的先驱威克里夫、胡斯等人的影响,其宗教改革的基本思想是否认罗马教廷的权威,主张教士可以婚娶,要求解散隐修院并没收其财产,希望废除繁琐的宗教礼仪和朝圣活动，禁止敬拜圣像，取消"弥撒"而改行"圣餐"礼仪，并坚持由信徒自己民主推选教会牧师，教会应不再实行以教皇为首脑的教阶制等。这些激进主张在当时具有颠覆性的意义，自然迅即在教会引起轩然大波，进而导致社会剧变。茨温利立足于基层信徒，意在代表普通民众的利益，加之其能言善辩，敢于替民众鸣不平，因而当时就被誉为"民众神父"。与路德不同，茨温利作为宗教改革的发起者和推动者乃"性情中人"，不是躲避迂回而乃身先士卒，冲在前面，表示要与信众共生死，坚决捍卫宗教改革，故此才有其在前线惨死阵亡之结局，令人感叹和敬重。

　　茨温利的宗教改革思想也是回到人本身和回到《圣经》原典，认为信仰本不需要任何外在的权威。《圣经》本身已经表明上帝的权威，显露出上帝的旨意，这是信仰的根本、权威的来源；如果没有《圣经》的依据，任何宗教理论和教会规定都不足为凭，也都可以调整或干脆推翻。而在对"人"的看法上，茨温利则强调人的民主权利和在信仰、政治上的自由选择。在信仰上，他指出人们不必局限于"可见的教会"，因为教会的本质即由信奉耶稣的圣徒所组成的团体，这一团体基于信仰之人的自觉自律，而不是靠任何外在的约束。这样，茨温利虽然相信上帝的预定，却认为人本身的德行善功仍然是非常重要的，因此有必要在现实生活中体现出圣徒的生活及品行，重视并遵守维系社会共在的道德伦理规范。此外，在其看来，上帝的拯救也不只是局限于形式上的教会，而会恩惠普世大众，尤其会使教外的义人和童贞的婴孩同样得到救渡。在政治上，他则坚持除了上帝的权威之外而无任何真正的权威可言，教会的形成应基于其信众的民主选举，教会民主是信者共同生活的基本前提；同埋，地方政权的构建也要顺应民心，体现民意。不过，茨温利并不赞同当时宗教改革激进派再洗礼派的极端民主倾向，仍然主张社会的有序、规范性发展。茨温利的思想没有得以充分展开，其基本观点虽只留下残篇断简，却在加尔文宗的改革思路中留存、体现。

41. 闵采尔:在地上建立
"千年王国"

社会主义由"空想"发展为"科学"的理论和实践,走过了漫长而曲折的道路。在这条道路上,不仅有一批大胆的理论家,而且更有勇敢的实践家。在欧洲宗教改革时期,闵采尔就是这样一位杰出的理论及实践家。

托马斯·闵采尔(Thomas Müntzer)约 1489 年出生于德国施托尔堡,1506 年入莱比锡大学就读哲学和神学专业,1512 年转入奥得河畔的法兰克福大学,在此获得文学硕士和神学学士学位。毕业后曾在农村传教,1516—1517 年在阿舍斯莱本的弗罗瑟隐修院任院长,1518 年担任不伦瑞克中学教师,因受路德宗教改革思潮的影响而辞职,于 1519 年成为路德派改革家,并曾参加路德在莱比锡与天主教神学家埃克的辩论。1519—1520 年,他主要在魏森费尔斯的博迪兹隐修院潜心读书,随之于 1520—1521 年在茨维考任神职,不久因参加当地工匠起义失败而遭驱逐,先后到布拉格和维藤堡求职未果,此间与再洗礼派建立联系,开始与路德的观念形成分歧。1523 年,他在曼斯费尔德矿区附近的阿尔施泰特获得神职,在此撰写了大量演说词、讲道稿、赞美诗、书信,以及相关的教义、礼仪和政治论著。此时他已卷入宗教改革时期兴起的平民革命运动,先后到图林根、施瓦本、阿尔萨斯等地组织农民起义,于 1524 年在阿尔施泰特建立联盟,推行其革命思想,掀起较大规模的德国农民起义运动。1525 年 3 月,他在缪尔豪森城建立平民组织"上帝永久议会",当选为其主席,全力推广其政治纲领。由于没有得到广泛支持,他领导的农民起义在 1525 年 5 月 15 日与诸侯军的战争中失败,其被俘后受尽酷刑,随后于同年5月27日在缪尔豪森被处死。闵采尔留有大量宗教和政治论文，在其死后陆续被整理出版，其中《防卫的方法》、《告诸侯》等演说和讲道在历史上颇有影响。

闵采尔从参加宗教改革进而发展到组织政治革命，被视为德国宗教改革运动中的最激进思想家和改革家，并最终成为德国农民战争的领袖。在与路德分裂后，他称路德的信仰是"诗化的信仰"，即一种"虚构的信仰"，而认为自己的信仰虽"无诗意"，却为一种"经验的信仰"。其区别在于"诗化的信仰"提倡"因信称义"的"圣经学说"，对现实而言较空；而"经验的信仰"则强调和突出正义与律法，要用上帝的律法来审判并消灭世上的不义、人间的不平。为此，他主张废除封建制，消灭阶级压迫和剥削，认为诸侯、贵族和僧侣乃是"真正的魔鬼"，他们肆无忌惮地掠夺一切、欺压平民百姓，从而把世界变成了地狱。在他看来，天堂并不在来世而就在此生，其实现要靠平民自身按照上帝的旨意去努力；真正基督徒的使命就是以消灭阶级、取消私产来在地上建立人人平等的"千年王国"。而农民起义的目的，正是试图通过武装斗争来打倒剥削阶级，实现财产公有、共同分配的平等社会。这种理想远远超越了闵采尔所处的时代，甚至超出了当时还在萌生的资本主义时代。因此，其思想不仅被视为"空想社会主义"，甚至已经具有"空想共产主义"的意义。这在当代被评价为一种"解放神学"，恩格斯、考茨基、布洛赫等人都先后称闵采尔为"空想社会主义的革命神学家"。

此外，闵采尔思想对后世的深远影响还包括他的"共同体观"、"理性宗教观"和"泛神观"。他认为，人类的政权应由"公社"来掌管，体现出集体意识。按此推理则可悟出他实际上想把宗教及其组织作为精神及社会共同体来理解，有着潜在的民主意识。所以，当路德脱离广大基层平民、主张抵制和镇压农民运动时，他曾骂路德是"新的教皇"、在重返唯我独尊的封建君权老路。针对路德的"唯有圣经"才是权威的观点，他指出圣经并不是唯一的，不可将之作为绝对无误的启示，因为真正的启示就是存在于每个人心中的"理性"。为此，他把"圣灵"解释为这种心中的"理性"，即神秘的精神力量。这样，其见解就形成了"理性宗教观"的萌芽。而其更为大胆的想法则是宣称人人都可以使自己成为上帝和圣灵的

"居所"，这种从人的"心中"寻找上帝及圣灵的探究自然使他相信人人都有神性，只要心诚无欲、信仰虔敬，则不必外求教会、饱读经书，照样能够直接领悟上帝、与神合一。由此可见，闵采尔自我内在寻觅的宗教心理进路已使其从人类学意义上的泛神论打通了走向近代无神论的道路。

42. 梅兰希顿:"德意志之师"

欧洲宗教改革运动在神学发展上创立了新教神学体系,在社会思想上形成了"人文主义"时尚,在知识体系上则开创了多学科的综合。在这个破旧立新的时代需要一批人披荆斩棘、筚路蓝缕,而梅兰希顿正是其中的重要一员。

梅兰希顿(Philipp Melanchthon)1497年2月16日生于德国布雷滕,1509—1511年在海德堡大学就读,获文学士学位;1512—1514年在蒂宾根大学进一步深造,获文科硕士学位。他在求学期间深受人文主义影响,并从研习荷兰人文学者伊拉斯谟和阿格里科拉(Rudolf Agricola)的思想而追溯古希腊罗马时代亚里士多德、西塞罗等人的著作及学问,尤其对哲学、语言学、修辞学情有独钟。1518年他就任维登堡大学希腊文教授,从此成为路德的挚友,并坚决捍卫路德的基本立场和观点。在梅兰希顿的思想中逐渐凸显基督教福音传统、宗教改革观点、人文主义立场等基本内容。其对传统的强调乃是回归保罗"因信称义"的主张和奥古斯丁"敬神自白"的精神,突出圣经的权威;其人文主义立场体现出对人类知识的肯定和允分运用,为此他涉猎广泛,在逻辑学、修辞学、哲学、伦理学、心理学、语言学和物理学等领域都颇有建树,并参与德国诸多大学的创办和改革工作,从而获得了"德意志之师"的称号;其宗教改革观点则是维护路德对"因信称义"理论的弘扬,将之视为改革而成的新教福音教会之根本教义,他甚至早在1521年就发表了《神学的基本真理》这一新教神学的第一部系统教义著作,并毕其一生对之不断修改、补充、完善,最终于1559年以《神学教义要点》之名而定稿。在他的学术构建中有神学、哲学和语言学三足鼎立,但以其福音信仰为核心，他认为确定真理内容的是信仰，人文主义则只能作为其构成因素。为了更好投身于神学建设，他还在维登堡大学补修了神学学士学位。在1530年奥格斯堡会议上，他是《奥格斯堡信纲》的起草者，由此成为宗教改革运动的主要代表之一。为了维护新教信仰立场，他于1531年又发表了《奥格斯堡信纲辩》，以确保路德宗信仰纲要的权威地位，为德国新教阐明其信仰原则和基本立场。路德去世后，他曾为路德理论的主要捍卫者。梅兰希顿不仅关注理论建树，同时亦投身于社会活动，他推动了德国的教育革新，曾制订新教基础教育纲要，促成了最早的新教公立学校体系的建立。这些理论和实践活动使他成为德国近代早期著名的宗教改革家、神学家、人文学家和教育家。1560年4月19日，梅兰希顿在维登堡逝世。除了为创立时期的德国新教起草了许多重要文献之外，其著述还包括《驳巴黎神学家》、《基督的受难与敌基督》、《论教皇权能》、《歌罗西书评注》、《罗马书评注》、《论灵魂》等。

在路德与加尔文之间，梅兰希顿代表着16世纪宗教改革思想的过渡。梅兰希顿以一种开放思维来比较哲学与神学、理性与启示、律法与福音、信仰与自由之间的关系。与路德相同之处，在于他强调"唯信"的意义，认为人的得救在于以信靠神而获其恩宠，从而得以赦罪；原罪作为有限之人的固有本性不一定与理性相悖，因而靠自我认识和反省并不解决问题；其实人的原罪已通过理性而影响到人的意志和情感，这就使人不可能主动靠做善功来称义，而只能信靠神圣拯救。但与路德不同而转向后来与加尔文相似的神学构思之处，则是梅兰希顿对人的自由意志仍有更为乐观的看法。在他看来，自由意志可以使人有积极的行为，从而得以"参与"和"共同起作用"。尽管人因其局限而不可能有完美的行为，但其表现善之意向的有限行为仍是对神的救恩及仁爱的回应、感激，故而不可简单放弃或否定。以这种对"因信称义"学说的突破或补充，他认为在人的信仰皈依中有三种因素并行不悖，即神言、圣灵和人的意志。对人的自由意志及其积极作为的悄然肯定，遂使梅兰希顿为靠信仰而有好行为的新教伦理之产生扫清了道路、做好了准备。他将对神性的辩证推断与对人性的修饰完善有机结合，指出"信"与"行"并不矛盾，而有着内在的因果关系。好的行为并非凭空而出，实乃信仰的表现及结果；人因信称义，而其好的行为乃信仰与自由意志的共同作用，因此自由意志亦说明了人的自我责任之存在，好行为并不是由此去奢望得救，却有助于或者说见证了人因信得救。这样，梅兰希顿就从新教的教义神学揭示了其社会伦理学的可能。

43. 加尔文：人谋天成的"预定"

16世纪宗教改革不仅带来了新教的诞生，而且还给方兴未艾的资本主义提供了具有核心影响的伦理精神。法国人加尔文（Jean Calvin）在瑞士获得成功的改革活动使他一度成为"新教的教皇"，而其倡导的"预定学说"则给后世留下了深远的影响。

加尔文1509年7月10日生于法国努瓦永，1523年入巴黎大学就读神学，1528—1531年在奥尔良和布尔日法学院学习法律，随后返回巴黎参加新教改革活动，但因法国政府对新教的迫害而于1535年逃往瑞士巴塞尔，他在瑞士继续推行其宗教改革。1536年，加尔文发表其神学改革的代表著作《基督教原理》，随之声望大增，并于同年年底应邀在日内瓦参加法雷尔领导的自由市政权，成为其实际领袖。1537年，加尔文推出其《教理问答》，以在当地居民中巩固其教义学说。1538年，日内瓦出现的骚动使他们二人同被驱逐出日内瓦，从而隐居施特拉斯堡，在此从事教牧活动和研习《圣经》。1540年，加尔文与一个原再洗礼派成员的遗孀伊蒂丽结婚。1541年，他应邀重返日内瓦，指导当地政教合一的共和政权，从此定居当地。加尔文在日内瓦获得了施展其宗教改革才华的机会，他让市议会通过了其撰写的《教会法令》，以自己创立的教派作为该城唯一合法的宗教。这样，日内瓦一度成为其宗教改革实践的场所。在宗教上，他废除了教会传统的主教制，以共和式的长老制来管理教会。因此，其改革教会又称为加尔文宗或长老宗。在政治上，加尔文以政教合一的方式管理国家，要求世人的生活符合上帝的律法，并设立了由牧师和长老组成的宗教法庭，但其排斥异己之举在1553年曾导致来到日内瓦的西班牙神学家和科学家塞尔维特被处火刑烧死。加尔文的影响后来又在英国掀起了要求"清洗"英国国教会天主教旧制的"清教"运动，并以这种运动方式开始了英国近代的资产阶级革命。在教育上，加尔文于 1558 年创办了日内瓦学院，主张对学生进行人文主义训练。1564 年 5 月 27 日，加尔文在日内瓦病逝。

对近代西方宗教和世俗社会都广有影响的，则是加尔文的"预定学说"。在他看来，基督的救赎不是为了全体世人，而只是为了上帝所特选的"预定"得救者。但谁会预定得救、被上帝选召，却是一种奥秘，不可窥测。不过，世人在人间的作为仍是必要的，从其成功与否之中或许甚至可以间接感觉到上帝的救渡和检选。这种相信"谋事在人、成事在天"的预定学说因而形成了加尔文派的"清廉"、"节欲"、"虔信"之精神境界和价值取向。按其教义及伦理解释，一方面，对社会生活的积极参与并不违背天意，"做官执政、蓄有私产、经商赢利、放债取息"和担任神职一样都是"受命于上帝"，故而有其神圣意义，此即对俗世生活的"神圣化"解释。另一方面，在人世之中则要具有"入世禁欲"的精神，与中世纪的遁世苦修不同，加尔文要求世人"隐于闹市"、止面尘世的诱惑而不为所动，从而以"不知疲倦地劳动"和"严格苛刻地自我克制"来达到宗教虔诚和纯洁要求。这种把命运交给上苍、只顾劳作不图享乐地来主动地在人世实行苦修和禁欲的精神，遂形成了一种独特的"新教伦理"。对于新兴的西方资本主义社会而言，加尔文的"新教伦理"后被德国社会学家韦伯在其《新教伦理与资本主义精神》中加以发挥，解释为"资本主义精神"的"原型"。韦伯认为，资本主义原初的核心价值观正是这种"去神圣化"的加尔文"新教伦理"，它体现出西方社会职业精神和社会情操的宗教来源；看似平凡、世俗的辛勤劳作和节俭克制，却揭示出其实践者对冥冥之中上帝检选、恩赐和救赎的期盼、等待。韦伯对加尔文的解释在改革开放的中国也引起了热烈讨论，人们对经济发展、社会运动后面"潜在的精神力量"所起到的"看不见的手"之重要推动力量，表现出浓厚兴趣。

44. 布鲁诺:对宇宙无限的猜测

自波兰天文学家哥白尼于 1543 年以其《天体运行论》推出"日心说"以来,长达千年的"地心说"即地球中心论在欧洲开始动摇。但只要是为宇宙设立一个"中心",这样理解的宇宙就总会是有限的。在意大利文艺复兴和欧洲宗教改革的社会氛围中,自由思想得到张扬,人们的宇宙观也开始了质的突破。而在这方面超越时代、有深邃洞见的典型人物则是意大利哲学家布鲁诺。

布鲁诺(Giordano Bruno)1548 年出生在那不勒斯附近的诺拉,1562年在家乡的学校学习古典文学、逻辑学和雄辩术,1563 年入天主教多明我会,1572 年任神父,随之在其修会隐修院研习神学,1575 年获神学博士学位。他因敢于思索、不局限于正统教义而被视为有异端嫌疑,受到指责,为躲避地方教会对其审判,他于 1576 年逃到罗马。但罗马的思想氛围仍使他感到压抑,于是他在 1578 年来到加尔文成功推行了宗教改革的日内瓦,并一度成为新教加尔文宗信徒。然而加尔文宗当时排斥异己之说的举措使他受到迫害,他在日内瓦曾遭拘捕,后又被开除教籍,因而被迫离开瑞士,随之先后流浪于法国、英国和德国等地。他于 1581 年到达巴黎,以教书为生,并曾担任法王亨利三世的皇室神学教师。1583 年,他在亨利三世的介绍下到伦敦讲学,曾在牛津大学等地阐述哥白尼的学说,进而推出他自己的超前思想和相关理论。1585 年他重返巴黎后因感到其政治、学术气氛的变化而到德国讲学。1591 年他回到故乡意大利,但于 1592 年因被指控宣扬异端学说而在威尼斯遭逮捕,1593 年被引渡到罗马,随后在宗教裁判所被囚禁 8 年之久,最终于 1600 年 2 月 17 日被以异端罪名判处死刑,在罗马鲜花广场被当众烧死。布鲁诺的主要著作包括《制烛者》、《挪亚方舟》、《玄学夜话》、《圣灰星期天晚餐》、《论原因、本原和一》、《论无限性、宇宙和诸世界》、《驱逐趾高气扬的野兽》、《柏伽索斯飞马通神术》、《160个题目的对话集》等。

在《论无限性、宇宙和诸世界》等著述中，布鲁诺在宣传哥白尼的"日心说"的同时开始超越哥白尼，推出了他自己关于宇宙乃无限存在的大胆猜测。他以一种泛神论的方式来理解大自然的存在，由此对传统有神论的观念提出挑战。仰望茫茫星空，他感到众星并不是简单地被镶嵌在天球的内壳之中以形成天际，而是有近有远的分布，由此构成了无限的宇宙。在他看来，如果宇宙有限，那么有限的宇宙之外又是什么呢？如果宇宙之外什么都没有，那么又怎样来给宇宙定位呢？因此，他强调"宇宙是无限大的，其中的各个世界是无数的"。地球不是宇宙的中心，而太阳系同样也不是宇宙的中心，宇宙是由无数像太阳系这样的星系所构成，人们因而不可能穷尽对宇宙的认识，这也使人们的认识具有开放性、开拓性，其开阔的视野是不设边界的。布鲁诺延续了中世纪德国思想家库萨的尼古拉关于宇宙反映了上帝无限之大、是来自上帝的摹本之思想，但又以其丰富的科学知识进而加以扩展、完善，形成具有科学意义的猜测和探索。应该说，布鲁诺仍然受到中世纪经院哲学和神秘主义的影响，而且其思想气质在一定程度上保持了天主教多明我会的精神传统；但其特点是虽仍守旧，却敢于探求创新，因而对其遭火焚之刑的原因在历史上流传有不同说法，一说他因神秘主义倾向而走向古代法术和异教哲学，故遭教会谴责；另一说则认为他因坚持哥白尼思想和主张宇宙无限而为科学、真理殉难。所以，人们对其功过是非评价不一。1889年后人在鲜花广场为他建立起铜像，其复杂的历史身影，会吸引人们在此伫立思索、凝神回味。

三

近代西方

45. 弗兰西斯·培根:知识就是力量

　　近代欧洲思想的发展与科学的发展密不可分,而近代科学与中世纪科学的一大区别不仅在理论学说上,而且还体现在科学实践上。中世纪已有零星的科学实验,并取得了相应的成就。然而,从零散的科学实验发展成为具有系统性、体系化的实验科学,则是始于近代英国。英国近代思想家弗兰西斯·培根创立了这一科学体系并由此奠立了近代唯物主义的发展。为此,马克思曾强调"英国唯物主义和整个现代实验科学的真正始祖是培根"。

　　弗兰西斯·培根(Francis Bacon)于 1561 年 1 月 22 日出生在英国伦敦,其父曾为英王伊丽莎白的掌玺大臣。1573 年,培根入剑桥大学三一学院就读,1576 年他毕业后被接纳为伦敦格雷律师学院的理事,但随之受命随英国驻法大使在法国生活 3 年,1579 年因父亲去世而归国,从此步入英国律师界和政界,先后于 1582 年任高级律师,1584 年任多塞特郡的议员,1603 年授勋为爵士,1607 年任副检察长,1612 年任王座法院法官,1613年任总检察长,1617 年任掌玺大臣,1618 年任大法官并封为维鲁拉姆男爵,1620 年受封为圣奥尔本斯子爵。1621 年,培根因被指控受贿而被免职,并被判入狱、受到重罚,在获赦后从法律界及政界退隐,由此潜心于学术。1626 年 4 月 9 日,培根在伦敦逝世。培根作为法学家、政治家、哲学家和散论家一生著述甚丰,思想深邃、文笔犀利、警句迭出,对后世产生了巨大影响。其主要著作包括《论说文集》、《学术的进展》(增订版题为《学术的价值和进展》)、《论古人的智慧》、《思维和力量》、《新工具》、《新大西岛》、《论风》、《论生与死》等。

　　针对欧洲中世纪经院哲学满足于空谈、争辩的学风,培根开始关注知识的实际效果，并提倡知识创新而反对重复相同的知识内容。他从谈论走向实践，并从实验科学中来发现和运用知识的意义及力量，认为"人的知识和人的力量结合为一"，知识本身就是巨大的力量，达到人的力量与达到人的知识的道路几乎完全相同。这种观点即被视为培根"知识就是力量"的著名表述。为此，培根提倡并热衷于发现新的技术和新的才能，以体现知识的力量，并使这种力量发生实效。培根这一洞见对人类近现代关注科学、尊重知识产生了深远影响，甚至在我们今天所风行的"科学就是生产力"这一名言中仍可听到其在当代的巨大反响。

出于对实验科学及其成果的关注，培根在其代表作《新工具》中以归纳法推理来构筑其科学理论，并尝试将这种归纳研究从自然推广到对人类社会的观察研究。其"新工具论"的提出，就是旨在对传统亚里士多德逻辑学旧"工具论"的超越和扬弃，以突出归纳推理来弥补演绎推理之不足。但这种方法亦有其局限，即容易将对人类社会的研究简单化为某种实践技艺，从而缺乏对之洞见和演绎的视域。基于这种认知，培根将科学研究看作一种协作事业，认为其探究应该客观、有序、层次分明、条理清晰地来展开，因而为近代科学研究机构的构设提供了相关启迪。此外，培根还尝试对科学及知识加以分类，认为有神俗知识、理论学科和实践学科之别。其中神学知识来自启示，与推理无关，仅为证明上帝存在而设；但世俗的知识则属于哲学范畴，必须遵循为一切学科所共有的那些普遍原理。不过，培根在当时依然承认自然哲学是"防止迷信的最妥善的药品"、"信仰的最好的营养"。这种自然哲学进而可分为理论学科和实践学科，前者探源、后者问果，如形而上学即相应的理论学科，物理学则为典型的实践学科。

培根从对知识、科学的重视而关注各研究学科的分类及其价值，并对各种知识及其学科体系都有高度的评价。其在"论学问"中关于"史鉴使人明智；诗歌使人巧慧；数学使人精细；博物使人深沉；伦理之学使人庄重；逻辑与修辞使人善辩"的"学问变化气质"之论，已经脍炙人口，广获赏析。

46. 伽利略:超越中古哲学之界的 科学思维

在欧洲中世纪思想体系中,自然科学并非一个独立的学科,而是依附于哲学的分支领域,以在整体上为当时的基督宗教神学服务。这种框架对科学的发展有着种种束缚,尤其是难以形成自然科学的独立地位和理论体系。实际上,欧洲近代发展的一个重要突破,就是自然科学的自立和独行。不少自然科学家为此付出了巨大代价,其中突出的代表即伽利略。

伽利略(Galileo Galilei)为意大利天文学家、物理学家和近代实验科学的开创者之一,于1564年2月15日出生在比萨的一个没落贵族家庭,1575年迁往佛罗伦萨后入修道院学习,1581年曾在比萨大学学医,不久转习几何学和力学。此间,他尤其对数学、物理和仪器制造兴趣浓厚。1585年之后,他一度担任家庭教师,于1589年成为比萨大学教授,1591年转任帕多瓦大学教授,1609年回返佛罗伦萨,1611年到罗马担任1603年成立的林琴科学院(罗马教廷科学院的前身)院士。1633年,他因反对托勒密地心说、支持并宣传哥白尼的日心说而被罗马宗教裁判所以"反对教宗、宣扬邪说"的罪名判处终身监禁。1638年,他在软禁中双目失明。1642年1月8日,伽利略因病逝世。

在传统神学及哲学研究的框架范围之内,伽利略的研究曾受到教会的肯定和重视,为此他才有可能当选为林琴科学院的院士。然而,伽利略在其科学研究的实践中站得更高、看得更远,其认知远远超越了他自己所处的时代,他的理论学说让仍然停留在古代认知的同时代人觉得匪夷所思,从而与当时的教会及社会发生了矛盾和冲突。1632年,他发表了《托勒密和哥白尼两大世界体系的对话》,公开反对当时被社会所认可的托勒密地心说，结果受到宗教裁判所的传唤和处罚。其实，在此之前，他已在宣传哥白尼的日心说，并坚持认为地球乃围绕太阳而运动。为此他在介绍《星际使者》和《关于太阳黑子的书信》中都公开表明了自己的态度。1613年，哥白尼的《天体运行论》遭禁，伽利略同样也受到了警告。在1633年遭监禁之后，他仍然没有放弃其地动说、日心说的主张，并在监禁期间完成了《两种新科学的对话》一书。据传他被宣判禁止其地动说理论之际，仍在望着宗教裁判所门边的小狗尾巴而喃喃自语："看吧，它仍在动啊！"

　　伽利略的思想突破，在于其重视实验、强调实践，他认为科学真理不是靠臆测、思辨和推断而来，其新的发现和创见乃基于观察自然，以理论和实践相结合来探索自然的奥秘，找出其内在的规律。以观测和实验所发现的事实真相，要比传统的宗教权威和从古沿袭而来的相关学说或结论更加可靠。因此，伽利略主张加强对测量仪器的开发和改进，以增强观测和实验的精确度，而不应恪守成规，硬搬教条，在前人的结论面前不敢越雷池一步。这样，伽利略以其实验科学的手段和方法突破了以往学术研究中仅重文献考证和思辨性逻辑推断、轻视观察实验和运用科学仪器来进行演绎推理的传统，其著述和学说因被当时的社会打入另类而进入了《禁书目录》。但伽利略为科学真理的坚守和殉道实际上是以一种自我牺牲的精神来开创、推动近代自然科学的发展，提升人们的认知。这种努力在使自然科学超越中世纪哲学之界而独立发展的同时，也预示着哲学将会有更加务实、贴近实际的实证哲学、科学哲学之全新远景。伽利略因超越了其时代而成为了传统体制、观念的殉难者。但在经历了二三百年的发展之后，西方社会和教会终于认识到并且真正承认了伽利略的"科学先知"身份，体会到其卓越贡献。他的著作于1833年从罗马教廷的《禁书目录》中被彻底删除，而他的理论学说也于1979年被罗马教会重新评价，他本人亦于1992年被罗马教廷公开宣布无罪。这样，在迟到了三百多年以后，罗马天主教会公开承认了这一历史过错，对他加以彻底平反。

47. 霍布斯:西方政主教从的倡导者

政治与宗教的关系，在欧洲中世纪经历了复杂变迁。虽然政教合一的体制受到过冲击，王权在与教权的冲突中也曾经占过上风，但君权神授的观念却被留存下来。在政治学及政治理论意义上，神权和神学所受到的根本冲击，其地位在认知上所出现的真正动摇，则始于英国哲学家霍布斯的政治见解。他写了《利维坦》这一名著，奠立了专制主义的国家学说，因而被视为欧洲近代最早的政治思想家。

霍布斯（Thomas Hobbes）于 1588 年 4 月 5 日出生在英国威尔特郡马尔麦斯堡的一个乡村牧师家庭，1603 年入牛津大学马格达伦学院学习哲学和逻辑，1608 年毕业后留校担任逻辑学教师，后经大学校长推荐而任贵族卡文迪什的家庭教师，此后曾多次随其学生访问欧陆，在意大利结识伽利略并成为至交，在法国则认识了笛卡尔、伽桑狄等哲学家。1621—1626 年之间，他与弗兰西斯·培根多有交往，并曾一度任其秘书。1629 年他在出国期间对欧几里得的《几何原本》有深入研究，由此形成其演绎推理的方法。1640 年，他因维护绝对君权的论文引起国会派不满而逃亡法国，曾于 1646 年任流亡法国的英国王子（后为查理二世）的数学教师。1651 年他回到英国，归顺克伦威尔政权，并出版《利维坦》一书来系统阐述专制主义的国家学说，批评君权神授观和教会特权，从而成为专制政体的拥护者及理论家。1666 年斯图亚特王朝复辟后，他曾受到教会和贵族的指责、攻击，为避免被人找到报复的证据而烧掉手中文稿以求自保，但因得到昔日学生国王查理二世的礼遇而消灾免祸。霍布斯于 1679 年 12 月 4 日在德比郡哈德威克霍布逝世。其主要著作包括《论公民》、《论物体》、《论人性》、《利维坦》、《自然法和政治法基础》、《第一原理简述》、《物理学对话》、《论理性几何学原理》、《生理学的十个问题》等,并曾出版过《奥德赛》和《伊利亚特》的英译本。

在哲学上,霍布斯反对"二重真理"说,主张从神学完全走向人学,坚持"哲学排除神学",哲学以"为人生谋福利"为目标。在政治学上,他则提出一种全新的"社会契约说",其《利维坦》就是在这一层面关于国家学说的专论,所谓"利维坦"是《圣经》中论及的一种力大无比的巨兽,他以此喻指一个强大的国家。在他看来,"自然状态"中人类社会处于"人对人像狼一样"的状况,若要结束这种状态则必须让人们"转让"其权利,以"契约"方式形成"公共权力",这就是国家集权。而一旦这种权力得以建立,则不可加以反抗或废除。在他看来,国家并不是根据神意所创立,而乃人们通过社会契约之"转让"才形成。其对专制制度的论证和维护虽然摒弃了传统的君权神授论,却也表现出反民主的意向。至于宗教,他认为其根源来自"对鬼的看法"、"对第二因的无知"、"对所畏惧的事物的敬拜"和"将偶然事物当作预兆"这四个方面,"所有已形成的宗教最初都是根据群众对某一人的信仰创立的",而一旦"掌管宗教的人的智慧、诚笃或仁爱受到怀疑时,或是不能显示任何可能的神启的征象时,他们想要维持的宗教便也必然会见疑于人;如果不用世俗的武力威慑,便会遭到反对和抛弃"。不过,他认为宗教作为神辅政治的方式仍有必要存在,其作用即体现为它是国家从精神上统治人民的辅助工具。因此,他在政教关系上倡导"政主教从",强调政权和教权必须统一,但教权不能凌驾于政权之上。相反,教会只有经统治者批准才可以成立,宗教自由只是相对的,信教者必须在国家所赞同的宗教中去选择,宗教信徒仍须无条件地服从国家元首,信仰国家法律所允许的教义。他为此主张根据国家权力来确定宗教的真伪,坚持只有被国家、君主所同意的信仰才是宗教,而未经国家、君主认可的则为迷信。这样,霍布斯把宗教作为政治的一部分,从突出国家政治需要和中央集权主义上来考虑宗教问题,从而在近代欧洲给出了体现西方"政主教从"思想的、对宗教最早的政治学界定。

48. 笛卡尔：我思故我在

　　西方主体性哲学始于欧洲近代，由此迎来从客体思维到主体思维的重要转换。虽然这种主体认知的思想萌芽可以追溯到古希腊苏格拉底"我知我无知"的主体意识，也曾经历了奥古斯丁"我疑故我在"的主体感受，而主体性作为一种认识的基本方法和定位，并形成其具有广泛影响力的一个时代，则是以笛卡尔及其"我思故我在"的名言为标志。

　　笛卡尔（René Descartes）是法国著名哲学家和科学家，于1596年3月31日出生在荷兰海牙，3岁时回到法国，早年入耶稣会所办拉·弗来施公学就读，文理兼攻，涉猎广泛。毕业后他于1617年从军，曾作为雇佣军而参加过德国的三十年战争，但他从军期间以文职工作为主，其间开始科学研究。1620年，他开始游历一些欧洲国家，增长不少见识。此后他一度回到法国巴黎小住。1629年他移居荷兰，开始潜心著述，从而得以完成其主要著作的写作。1649年，他应瑞典女王之邀到斯德哥尔摩讲学，但不到半年就因身体不适而于1650年2月11日在当地去世。其主要著作包括《方法谈》、《论世界或论光》、《关于第一哲学的沉思》（法译为《形而上学的沉思》）、《哲学原理》、《论灵魂的激情》、《指导精神的规则》、《论启蒙》、《关于人类身体的描述》、《与比尔芒谈话录》、《音乐提要》、《书信》等。

　　在哲学上，笛卡尔强调理性的意义，主张以理性主义来取代中世纪经院哲学的信仰主义，从而开创了欧洲近代的理性时代，被视为"近代哲学之父"。在科学上，他在数学、物理学和生理学上多有建树，并发明了平面解析几何学，以其对"变数"的研究而开始"数学中的转折点"。此外，他在天文学、地球学和气象学等领域也有其独特的研究。其思想创新在于推动了西方从"唯信"到"唯理"的近代变革。他以"怀疑着的我"为出发点,用怀疑一切的立场态度来重新审视传统哲学及神学中诸命题的有效性及可信性。在这种"重新开始"中,他认识到一切都可以怀疑,但怀疑之主体即认知之"我"却是确实存在的。于是,他以"我思故我在"的名言从"怀疑着的我"进而走向"思想着的我",即唤醒了人的"主体"性,而"主体之人"的意义及尊严就在于发现并肯定人具有精神和理性。显然,突出人的主体意识和理性意义,这是"走出中世纪"的重要一步。"理性"权威的树立,说明哲学可以告别神学对之曾有过的统领而享有其思想的绝对自由,从而用"理性"的至高无上来取代"信仰"的至高无上,不再屈为"神学的婢女"。这对中世纪思想"信仰以求理解"是一个重要的颠覆,其新的路径即以理性推断、证明来看待、分析人的信仰及其意义。不过,其理性证明的方法虽然动摇了传统有神论者"不证自明"的根基,却也在其神论上形成了理性时代的宗教观,发展出一种具有形而上学意义的理性神学。

根据"我思故我在"的原则,"我"即"一个在思想的东西",也就是说,"人"应以自我主体来观察世界、检验世界,以"我思"为标准,而不再依赖于面向外在的"我信"。人的"思"即理性认知乃其"存在"的证明,而且人也必须以自我正确运用理性思考来达其"最伟大的德性"、避免"最重大的罪恶"。这样,理性不仅是人的认知原则,也是其获得正确的价值、伦理观念之保障。

笛卡尔的唯理论对近代欧洲思想带来了巨大冲击,不少近代哲学家称其思想为"自天而降的启示",感到由此获得从中世纪经院哲学僵化思想模式中的"拯救",从而有了创建新的哲学之可能。但与此同时,他的理性思辨也遭到信仰主义和神秘主义的攻击,一些思想家认为其对"理性可能"的依赖在认知中可能会遇到"理性无能"的尴尬,如理性证明一旦陷入"二律背反"则什么也无法真正确证。此外,也有人批评笛卡尔对"我思"、"我在"的偏爱也导致了"唯我论"的哲学孤寂,使人的思维孤立化、个我化、内在化,从而缺少与外在的关联和对话。可以说,西方近代"个性解放"、"唯我主义"的发展在笛卡尔的"唯我论"上找到了哲学基础,但这种"我"却也出现了明显的"异化"。笛卡尔从希望"清晰明白"的思想出发而重视理性、逻辑，为近代思维开辟了新的道路，但其以"理性"统摄一切的企图却并不成功。因此可以说，笛卡尔的"唯我"理性给近现代西方思想留下的是一份非常重要却颇有争议的精神遗产。

49. 帕斯卡尔:心之理智与 "优雅精神"

欧洲近代理性精神以笛卡尔为首创,由此形成了理性时代的宗教观。然而,这种理性主义的发展并非一帆风顺、畅通无阻,当时在法国内部就遇到了巨大挑战。其中,向理性主义挑战的最著名思想家即与笛卡尔同时代的法国科学家、思想家和散文大师帕斯卡尔。

帕斯卡尔(Blaise Pascal)于 1623 年 6 月 19 日出生在法国克勒蒙市的一个贵族家庭,其父为当地政府官员。帕斯卡尔 3 岁丧母,1631 年时随父移居巴黎,并在父亲的教育下对数学产生浓厚兴趣,1639 年随父参加巴黎数学和物理学界的活动,并写有数学论文"论圆锥曲线",提出六边形定理,1640 年已形成其关于射影几何的帕斯卡尔定理。他见父亲累于税务计算,遂潜心构设计算器,并于 1642—1644 年间创了世界史上的首架机械计算器,引起轰动。1643 年,他在巴黎与笛卡尔首次相会,对其科学研究和哲学思想获得初步了解。他于 1646—1647 年在巴黎等地进行系列大气压实验,1651—1654 年,他曾开展涉及液体平衡及空气重量的研究,此间他还提出二项式展开的系数的三角形排列法即帕斯卡尔三角形,并受默蕾启发而得以构设其概率论。此外,他还提出连通器原理、水压、压强等理论,有力推动了液体静力学的发展。帕斯卡尔不仅在科学上多有创见和发明,在人文、哲学和宗教领域也很有建树,他早在 1653 年前后就写有《爱的情欲论》,而在与耶稣会论战、替冉森派辩护时曾完成了 18 封《致外省人信札》,此外还有许多哲学、神学断想等,广为流传。帕斯卡尔是一个虔诚的天主教徒,曾于 1654 年接受第二次洗礼,他倾向于天主教内冉森派的思想观念,对 1656 年罗马教皇对冉森派的谴责颇抱不平,故而奋笔疾书，为冉森派辩解，并对耶稣会的见解和作为加以批判。帕斯卡尔体弱多病，超负荷的工作使他英年早逝，于1662年8月19日在巴黎去世。他除了写有大量科学论文之外，人文领域的著述还有《罪人的皈依》、《回忆录》、《与沙田先生谈艾比克泰德和蒙田》、《致外省人信札》、《几何学精神》、《耶稣的秘密》、《为基督教辩护》等；其最为著名的作品是后人整理出版的他的思想记录，题为《思想录》，其深邃的思想、秀逸的文句，成为法国散文的重要范本之一。

在西方思想史上一直有两条主线在流传，一为突出理性，二为注重情感，二者或相互交织，或彼此分开，形成其思想史的复杂多变。理性之线体现其推演的逻辑、严谨、缜密，着重在头脑思考；情感之线则表现为性情的随意、浪漫、激荡，沉醉于心灵感受。在欧洲近代哲学史上，可以笛卡尔和帕斯卡尔作为这两条思想主线的代表。笛卡尔坚持理性精神，强调"思"之确切，并以思作为存在之依。而帕斯卡尔则针锋相对，提出一种与唯理论迥异，或者说超越理性的"优雅精神"（Esprit de finesse，亦译"微妙精神"）。帕斯卡尔以此认为心灵有着自己的"理性"即"心之理智"，它与理性哲学的认知根本不同，而有着深蕴的心理体验和超然的灵性感受，这对于理性原理而言乃是一种超出言述、无法解释的"奥秘"。为此，帕斯卡尔说，"人心有其理智，那是理智所根本不认识的"，"感受到上帝的乃是人心，而非理智。而这就是信仰：上帝是人心可感受的，而非理智可感受的"。这样，帕斯卡尔就从其"优雅精神"走向了信仰精神，从心之理性回到了神秘主义。在他看来，这种"心的哲学"与理性哲学完全不在一个层面，其精神、境界也各不相同。帕斯卡尔在一个让其心醉神迷的神秘夜晚曾体验到信仰给他带来的火一般激情，他当时写下了那不同寻常的感想，并将之藏于其贴身衣服上好与之相随，这其中就有他的如下名言："亚伯拉罕、以撒和雅各的上帝不是哲学家和学者的上帝。"这一判断引起了数百年之久的争论，直至当代还有哲学家、宗教学家对之评议、发挥。

与安瑟伦、阿奎那、笛卡尔等人关于上帝存在而竭力进行的理性证明不同，帕斯卡尔主张"信仰之赌"，认为人对待信仰就不能平稳地等靠理性的推导、论证，而必须有打赌的勇气。他甚至以其研究或然性的概率论作为其"信仰之赌"的依据，而反对用推理来证明真理存在之必然性的逻辑论。这样，理性的魅力和功效在信仰问题上就打了折扣，他让人感到神秘主义在西方思想发展上的巨大影响，亦让人感叹理性并不能确证信仰，因为通常在人们遇到"信仰的跳跃"时则难以理喻。

50. 斯宾诺莎:现代无神论和唯物论者的"摩西"

自从犹太古代先知摩西领犹太人出埃及、形成犹太民族的独特发展以来,犹太思想先知在人类思想史上就特别引人注目。欧洲思想进入近代发展以来,犹太思想家就一直活跃在这个重要领域。其中开一代先河、作为走出"中世纪"之后欧洲精神领军人物而引领时代潮流的近代哲学家就包括犹太人斯宾诺莎。

斯宾诺莎(Baruch Spinoza)于 1632 年 11 月 24 日出生在荷兰阿姆斯特丹,其父为当地犹太商人,祖上因屈于欧洲排犹势力之压而曾被迫改宗天主教,因而非常希望后人能回归犹太教传统。斯宾诺莎于 1638 年被送入犹太拉比学校学习,少年时代又跟随私人教师学习拉丁文和希腊文,此后还研习过宗教神学和近代哲学,尤其受到近代法国哲学家笛卡尔的思想影响,由此开始其求索、探新的一生。少年斯宾诺莎因曾钟情于其家庭教师的女儿却未能赢得其芳心,这一过早的失恋在一定程度上影响到他终生未婚,但情场上的失意却使他后来专注于学术,在思想研究上开创了一个时代。在近代思潮的影响下,他对传统宗教教义和正统神学产生了怀疑,并最终导致他与犹太教决裂,于 1656 年被犹太人公会革除教籍,还一度遭到当地狂热教徒的追杀。为此他选择了离开,不得不漂泊流荡、居无定所,于 1656—1660 年在阿姆斯特丹与奥维尔开克间的村庄隐居,自 1660 年移居莱顿附近的莱茵斯堡,1663 年搬到海牙附近的伏尔堡,1669 年起才定居海牙。此间他生活贫寒,主要以磨制光学镜片为生,以此支撑其哲学、光学和宗教研究,若有空闲亦以作画自娱。1677 年 2 月 21 日,他因肺病在海牙逝世。其著作包括《笛卡尔哲学原理》、《神学政治论》、《伦理学》、

《理智改进论》、《政治论》、《希伯来语法纲要》、《简论上帝、人和幸福》、《书信集》等。

近代欧洲是一个思想重新开创的时代,投身于此的斯宾诺莎在许多领域都多有建树。在哲学上,他创立了其关于实体、属性和样式的学说,指出存在属于实体的本性,应作为其自因来被认知。在此,他以"神"来界说实体,宣称"实体就是神"。这样,他就从其唯物论的认识论而走向"自然即神"的泛神论,为近代欧洲无神论的发展迈出了关键的第一步,亦影响到近现代宗教哲学中"万有在神论"即"超泛神论"之思。这种实体认识论使他不承认有超自然的人格神存在,认为自然发展的本身要靠自然来说明,而传统意义上的神学目的论于此既靠不住、又行不通。在他看来,人对自然的认识则可分为想象、理性和直观这三大层面,其中仅靠感观而来的想象会导致错误,而靠推理所得的理性和通过对事物的本质洞观所达到的直观知识则可通往真理。在宗教研究上,他开创了近代圣经批评学说,即以历史分析和理性观点来剖析《圣经》文本,考察其历史本源,解读其本有结构,说明其产生及发展的演变脉络,这为近代圣经研究提供了考证、评断的全新方法。在伦理学上,他看重人自身的利益和权利,以人的自我保存作为人性善恶之标准和相关道德伦理规范的基础。以此为前提,他进而提出公共利益与个人利益的内在关联,强调人的自我保存必须以关心他人和整个人类团体的利益为必要条件,从而阐明了利他与利己的密不可分,由此相互兼顾方可走向至善,此即人生最大快乐和最高幸福。在政治学上,他基于"自然权利"和"社会契约"来窥探社会及国家的产生及其本质特性,认为国家即指建基于法律和自我保存力量的社会体制。在国家政体类型上,他倾向于民主政体而反对贵族制和君主制,宣称民主制度的根本就是保障人们的自由、平等,这尤其应该体现在思想、言论、宗教信仰、科学及艺术创造等方面。

斯宾诺莎虽然潦倒一生,其身后却享受到种种殊荣。他的思想体系代表着近代欧洲唯物主义和辩证法的复兴,故而使"斯宾诺莎主义"一度成为"唯物主义"的代名词,而他的开明和启蒙思想则成为近代欧洲无神论和宗教批评之始,导引出近现代许多重要发展。正是在此意义上,费尔巴哈曾感受颇深地将斯宾诺莎称为"现代无神论者和唯物主义者的摩西"。

51. 洛克:宗教宽容的倡导者

在人类历史上,宗教表达了人对自我的超越和对超然的追求、向往。这种信仰持守在现实社会生活中却因对自己所属宗教的忠诚、执著及对其信仰的神圣感、优越感而会产生唯我独尊、绝对排他的趋向。这样,人类的信仰史往往会演变为一部宗教纷争史乃至战争史,其结果或是以强权建立起唯一信仰,或是在两败俱伤中僵持、延续。为此,人类一直尝试克服这种信仰之争,以能和睦共存。在走出这一怪圈的努力中,欧洲近代思想家洛克有着出类拔萃的表现,提出了宗教宽容的主张。

洛克(John Locke)于 1632 年 8 月 29 日出生在英国萨莫塞特郡灵顿镇的一个乡村律师家中,1646—1652 年就读于伦敦西敏公学,1652 年入牛津大学基督学院,1655 年获文学学士学位,1658 年获硕士学位,1660 年留校担任希腊文教师,1663 年任该校道德哲学学监。他自 1657 年开始研究医学和实验科学,1667 年因医好著名政治家阿希莱勋爵的肝病而被聘为其家庭医生及秘书,由此步入政坛。1668 年他当选为英国皇家学会会员,任其实验考察指导委员会委员。1675 年他正式获得医学学士学位。1675—1679 年他在法国疗养,回国后因卷入政治而受到迫害,于 1683 年逃亡荷兰,直至 1689 年回国参加"光荣革命",担任上诉法院专员一职,1696 年又担任贸易和殖民复兴委员会专员。1700 年,洛克隐居埃塞克斯郡的奥茨,1704 年 10 月 28 日在当地逝世。其主要著作包括《论自然法》、《论宗教宽容》、《人类理智论》、《关于教育的一些思考》、《基督教的合理性》等。

在认识论上,洛克强调一切知识来源于经验,认为没有所谓作为知识之源的天赋观念,人的心灵如同白板,只是通过经验所知才在上面留下观念的痕迹，而这种知识则与词语密切相关，知识成为语言的记载。洛克以认识论为哲学的中心而继笛卡尔理性主义哲学之后成为近代西方哲学的"第二创立者"。洛克的另一大贡献，则是其对物之原始性质与次生性质的区分，他认为感觉虽然基于物体却非其原始性质，而是与感觉主体相关的次生性质；原始性质的观念与物之原始性质相似，但次生性质的观念则因为感觉主体的差异而与物之次生性质不同。在他看来，色、声、触、味等感觉的产生来自外界物体与人体器官的共同作用，故既不纯为客体（物），亦不纯为主体（思），而乃二者之间的共构。因此，感觉的主客体共构为人们弄清认识的特点提供了启迪。这种看法已与此后现象学的认知理论相接近。

在政治理论上，洛克主张以分权来防止专制政治，坚持立法权应与执行权相分离，这为此后三权分立的思想奠立了基础。针对当时的宗教纷争和宗教迫害，他从政治问题的角度来提倡宗教宽容，反对宗教狂热和以"异端"为名打压不同宗教或教派。在他看来，信教是各人自己选择的自由，不能靠强迫或打压来推行。真正的宗教应以德性和诚信来感动人、规范人，应以爱心来让人心服，而强迫、打压、威逼和折磨则与真宗教的精神背道而驰，其结果也适得其反。由于宗教的不宽容和宗教迫害往往与政治问题纠缠在一起，故此洛克考虑到政教分离之途，认为如果宗教之间的关系如同私人之间的关系那样不触及政治、权力，就有可能实现宗教宽容。在这一意义上，洛克的宗教宽容观乃基于其政治开明观和政教分离观。由于宗教信仰不只是思想认知的问题，而与人的社会政治存在密切关联，所以洛克思考宗教宽容问题并不局限于精神层面，而是更多地从政治、社会理论来切入。这种深刻洞见也为此后人们解决社会宗教分歧、矛盾问题提供了更宽阔的视野、更深入的思考。

52. 莱布尼茨：单子论与二进制

    哲学与科学、西方与中国，这些关联在一位思想家身上形成奇特的结合。有这样的结合，势必会对人类思想进程、科学进步产生巨大影响。而使这一切得以实现的，则是欧陆理性主义时代的德国思想家莱布尼茨。

    莱布尼茨（Gottfried Wilhelm von Leibniz）于 1646 年 7 月 1 日出生在德国莱比锡，其父为莱比锡大学哲学教授，但他 6 岁时丧父，由母亲一人抚养。其父留下的丰富藏书引起他浓厚兴趣，特别是古希腊罗马经典将他引入一个远古文化繁荣的时代。1661 年，他入莱比锡大学攻读法律专业，同时开始哲学等领域的广泛涉猎，17 岁时以《论个体性原则》论文毕业，文中思想即其日后单子论哲学的雏形。1663 年，他到耶拿大学研习数学，进而深入钻研逻辑，为创立数理逻辑奠定了基础。1666 年，他的论文被纽伦堡阿尔多夫大学所接受，遂获得该校法学博士学位。1667 年，他步入德国外交界，在美因茨大主教处工作，并于 1672 年被派往巴黎，结识了不少欧洲哲学界、科学界的著名人士，如惠更斯、斯宾诺莎等。1673 年，他开始构设微积分学，并设计制造了能作乘法的计算机。1676 年，他来到汉诺威应布伦瑞克公爵邀请担任其王室图书馆馆长及其公爵府参议一职，此后他三次到北德的相关图书馆工作，并担任过沃尔芬比特公爵图书馆馆长等职，为图书馆学的形成及发展作出了重要贡献。1700 年，他担任新建的柏林科学院第一任院长，为该科学院的奠立及发展起到了关键作用。当时普鲁士的腓特烈大帝曾经非常钦佩地说莱布尼茨"本人就是一所科学院"。1716 年 11 月 14 日，他在汉诺威病逝。莱布尼茨一生著述甚丰，但生前发表的仅有《神正论》一书，其他重要著作还包括《形而上学论》、《关于自然、实体的相互作用，以及灵魂与身体之间统一的新体系》、《人类理智新论》、《自然与神恩的原则》、《单子论》等。

　　莱布尼茨是一个百科全书式的学者，而且在许多领域都有重要创见。在科学上，他早于牛顿创立了微积分学，曾以数理逻辑的构建而形成了一种"普遍的符号语言"体系及相应的"思维的演算"方法，并且还开创了二进制记数法，为现代计算机语言及基本演算方法奠立了基础。此外，他在机械制造、实验科学等领域也多有建树，还被视为地质学的奠基人之一。在哲学上，他建立起"单子论"哲学体系，认为万物存在的基础乃无广延、不可分、有内在差异、能自由运动的独立精神实体"单子"。在认识论上，他认为人有潜在的天赋观念之存在，人的认识就是反省其内在的天赋观念，如同发现"有纹理的大理石"那样。他强调理性推理，认为只有根据矛盾律或同一律所达到的"推理的真理"才是必然的，那基于充足理由律的"事实的真理"只具有偶然性。在伦理学上，他以"世上为何存在恶"的提问而讨论了"神正论"这一神学史上的难题，但其关于上帝允许恶是为了更大善的解释则多受诘难。此外，在图书馆学上他提出了"世界百科知识体系"的分类、检索构思，有过建立全世界图书馆网的设想，强调了学术参考型图书馆的重要，并把图书馆提到了人类"百科全书"、"人类灵魂宝库"的高度。

　　在莱布尼茨看来，单子是最简单的实体，其自体不再有部分，不可增减；每个单子都是"唯一"的，其实质即如灵魂那样的精神实体，单子虽非物质却具有质，其非物质性如同"数学上的点"，而其实存之质则像"物理学上的点"那样实际存在着，这种"形而上学的点"即"实体的形式"，亦称"实体的原子"，恰如亚里士多德所言"隐德莱希"。既然单子如灵魂，那么就会有"知觉"和"欲望"。由此则可反映宇宙，表达其"欲"与"思"。不过，莱布尼茨认为单子也有不同的等级，动物单子有感知而无反思；人的单子有察觉和理性，其自我意识和经验形成与动物之别；而理性的反思则为单子的高级状态；人的单子之上还有"天使"单子，直至最高级的唯一单子上帝。上帝是创造一切的单子，其余则都为被创造的单子。上帝在创造每一单子时都前定了其发展变化，从而使所有单子在其发展中能够和谐一致并且体现出整体的连续性，此即莱布尼茨所论及的"前定和谐系统"。

通过与来华耶稣会传教士白晋的书信来往和阅读龙华民等人所写的有关中国宗教和思想文化的著作，莱布尼茨获得了关于中国历史、语言、宗教、哲学等方面的情况，尤其是对《易经》的内容有所了解。白晋对《易经》中阴阳八卦的描述，展示出具有东方智慧的"二分法"，引起了莱布尼茨的特别关注。白晋论述了《易经》以阳爻（一）和阴爻（--）这两种基本符号构成了八种基本图形即八卦，由此推演出六十四卦和三百八十四爻，认为这两个基本符号实际上就是两个不同的数字，阳爻以一条连续的线（一）代表单数，表示为"0"；阴爻以两条断开的线（--）代表双数，表示为"1"；从这两个基本数字则可演算出无数数字。在白晋看来，中国人的这种"二分法"是其科学和哲学的基础，而且与莱布尼茨所构设的二进制数理语言相吻合。莱布尼茨非常赞成白晋的说法，认为这种"先天八卦"说明中国人在远古就已发现了"二分法"，并以这种先进的科学方法创立了以阴阳五行为特色的自然宗教体系，这种体系所展示的世界发展与基督信仰中的上帝创世说基本一致，上帝从虚无中创世，形成世界的复杂发展，恰似从"0"与"1"这两个基本数字演算出无数、无穷之数一般。为此，莱布尼茨感慨说，"这种二分法是神秘的，躲藏起来的，它也给我们一种深入了解中国人的途径；对中国人来说，二分的意向揭示出自然哲学与神学最重要的真理，能更便捷地踏上神启之路"。从中国古代智慧中，莱布尼茨体悟到中国思维整体和谐和直观而达真理的特色，因而特别欣赏中国文化独特的思想符号和逻辑符号，认为它们虽为神秘性和直觉性的思维，却能殊途同归地达到西方文化靠思辨和逻辑推演所获知的真理。在这种探究中，中国古代的"二分法"与莱布尼茨所发明的"二进制"乃异曲同工。

53. 维柯:"新科学"对"人"之探

近代欧洲的觉醒是"人"的觉醒,其文艺复兴运动是"人的发现",而其启蒙运动亦是人所获得的启蒙和智慧的开启。在此,人的主体性、自我意识得以强调,同时人对自己的发展亦具有了历史感。这种历史哲学的兴起以研究人的源始、演变、人类民族、人类社会为特征,由此凸显出人的世界、人的发展以及人之群体之间的斗争。创立这门"新科学"的就是西方近代历史哲学的奠基者、意大利人维柯。

维柯(Giambattista Vico)于 1668 年 6 月 23 日出生在意大利南部那不勒斯城邦的一个书商家庭,虽家境贫穷却立志高远,勤于自学,博览群书,具有独到思考。维柯幼年时曾坠楼受伤,对其精神亦有所刺激。他的兴趣最初集中在罗马法和拉丁语言文学,年轻时曾出庭替父亲辩护并获得胜诉。1686—1695 年,他曾在一个贵族家庭担任教师,坚持勤工俭学。此后他就读于那不勒斯大学,专攻罗马法和修辞术。他在 1699 年被任命为当地的皇家历史编纂,从此获得历史研究的积累。此后他曾于 1723 年竞选那不勒斯大学法学教授,因落选而不得不屈就拉丁修辞学讲师一职。维柯一生贫困,在 1725 年为自费出版其《新科学》一书而不得不卖掉了家传的珍贵戒指。1744 年 1 月 23 日,维柯在那不勒斯逝世。维柯的代表著作为《新科学》,该书的全名为《关于各民族共同性的新科学原理》,其他著述还包括《论古代意大利人民的智慧》、《论当代各门科学的研究方法》、《论英雄的心灵》等。

所谓"新科学"这一表述早在伽利略的著作中就已经出现,但伽利略用之主要是为了表达其研究的数学、天文学和物理学等自然科学,而维柯则是以此来标示其关注的历史科学等社会科学。《新科学》以 5 卷的篇幅来论及原则的奠定、诗性智慧、发现真正的荷马、世界各民族所经历的历史过程以及各民族复兴时人类典章制度的复归历程等内容，最后以全书结论来加以总结。在维柯看来，人类的历史是一个有序发展的过程，其真相和规律应从确凿的史实中找寻，所以他强调考证史料和实地调研的重要性，由此亦为人类学的发展提供了重要思路和探究方法。维柯对人类的发展有着类似"进化"论的表述。他认为，原始社会由各种彼此封闭、对立的小部落、小民族所构成，但其部落自然法却有着惊人的相似。他将这种相似性解释为"共同的人性"之反映，指出这种"共同的人性"遂形成了共同的习俗，并进而上升为共同的法律；他甚至宣称反映古希腊文化之"诗性智慧"的两部荷马史诗《伊利亚特》和《奥德赛》就是对古希腊部落自然法最好的记载和生动的描述。

至于人类的发展，维柯认为也具有其阶段性，由此反映出人类智慧的提高和文明的演进。这里，他将人类及其文明的发展划分为三个时代，即神、酋长（英雄）和世人的时代，它们相应于三种人文制度的形成，即祭礼、婚礼和葬礼。神的时代产生了相信神明存在的宗教，有着占卜、祭礼等实践。在他看来，人世的发展应该反映了神意，即一种天意或天命在冥冥之中的安排。远古大洪水及此后的电闪雷鸣让人感到害怕，觉得天上有着体现其威严的神明，而雷电就是天神对世人的警示和惩罚，由此遂产生了宗教，这种信仰天神（雷电之神）的宗教会以观天象来测神意，因而就有了相关的占卜、祭礼和敬拜，并形成了主持这些占卜和祭礼活动的司祭、巫师。对神的认识产生了宗教，宗教显然成为人类文明的最早标志，并为人类各种典章制度的起源。由于人需要信仰作为精神支撑和生存指引，所以社会离不开宗教，而这种宗教会不断自我更新，始终保持其发展变化的态势。因此，古代社会因其神明信仰而产生种种传说和神话，恰如人们常言，传说成为了远古人类发展的历史，而神话则是反映远古人类智慧的哲学。

酋长（英雄）时代折射出人类部落、氏族这种族群形成的时代。其始祖或先祖在其社会结构上即为酋长身份，在其精神寄托和群体意识上则成为英雄形象。族群的形成是以婚姻、家庭为基点。维柯认为在远古原初之始的人们尚无婚姻，男女如动物一般杂交群居，但随着人类对天神的敬畏，遂有了对自我的羞耻以及对善恶之辨；男人开始以多女或一女形成家庭，从而由群婚经一夫多妻而发展为一夫一妻制；随着家庭的建立与扩大以及家族、氏族的形成，人们开始举行并重视婚礼，而这种婚礼自然推动了礼、乐等文明活动。在最初的人类社团中，部落首领及酋长遂成为其英雄，并由对酋长的服从和对其死后的敬拜而演化成先祖崇拜，祖先亦有了祖神之位，从而遂有"祭天拜祖"之传统和家族内隆重的婚礼。

世人时代的形成则以葬礼为标志。它一方面反映出人们对死者的尊重，遂会对之行收尸埋葬之典礼，即葬礼。另一方面，则是人们担心其肉身灭亡后其灵魂成为游魂，孤魂野鬼无处藏身；然而这又反映出人们有了灵魂可以与肉体分开、甚至灵魂不朽的观念。从葬礼上则可看出人们终于有了"死"之平等的观念和灵魂不灭的观念，让人安息、让其灵魂回返其家园折射出最初的平等意识、民主意识。而英雄的时代让位给平民时代，人之群体性、社会性意义亦得到深化和升华。

维柯对这种发展加以总结，并由此宣称"人类世界是由人类自己创造出来的"。不过，维柯并不认为人类的发展是一种"田园式"、充满诗情画意的发展，相反则强调这种"人道"取代"神道"乃人世间刀光剑影的斗争，是一个阶级对另一个阶级的推翻、征服，所以人们在历史上听到的不是甜蜜的牧歌而乃战斗的号角。这里，维柯悟出民众政体的诞生乃阶级斗争的结果这一道理，其思想亦可能是西方阶级斗争学说的最早起源。此外，维柯并不满足于欧洲近代理性主义对抽象之思的强调，而认为认识真理更主要是靠参与、凭实践，获得真理是人创造性实践活动的结果。在思之方式或形态上，维柯在反思抽象思维之不足时亦悟到了形象思维的意义，他曾谈到"最初的哲人都是些神学诗人"，这实际上是受荷马史诗"诗性智慧"的启发而想用形象思维来补充抽象思维，用鲜活之实来补充思辨之虚，用诗学、美学来补充哲学、玄学。这些思绪及思路，无疑是对西方近现代唯物主义、实践哲学的重要启迪，也是多元思维的宝贵资源。

54. 贝克莱:"存在就是被感知"

欧洲近代哲学自笛卡尔提出"我思故我在"以来,"思"与"在"的关系就成为思想家们热烈讨论的问题。强调"我思"的主体意识突出了主体之人"思"的意义,以"思"来发现、确定自我的存在,这给人们对其思想、认知带来了某种确信。然而,这种"主体"意识也有可能走向"主观"唯我的极端。当贝克莱在笛卡尔之后说出其"存在就是被感知"(esse is percipi)的名言时,贝克莱本人即成为西方近代主观唯心主义和唯我论的典型代表。

贝克莱(George Berkeley)于 1685 年 3 月 12 日出生在爱尔兰基尔肯尼郡,1696 年在当地公学上学,1700 年入都柏林三一学院,1704 年获文学学士学位,1707 年获文学硕士学位,随之在学院教管会任职,1709 年为学院教堂副主祭。1713 年,贝克莱先后到英国、法国和意大利访问,拜访了一些当地著名的哲学家。1716—1720 年,他曾重访欧洲大陆,深感收获颇丰。1721 年,他回到三一学院深造,先后获得神学硕士和博士学位,随之成为学院的高级研究员。1724 年,他离开三一学院而担任德里教区教长。1728 年,他在英王支持下在美国罗德岛尝试创建学院,但因经费落空、计划未果而于 1731 年回到英国。1734 年,他被任命为爱尔兰克罗茵教区主教。1752 年,他移居英国牛津,不久于 1753 年 1 月 14 日在牛津逝世。贝克莱的代表著作为《论人类知识原理》,其他著述还包括《视觉新论》、《对话三篇》、《论消极》、《论运动》、《阿尔希弗朗,或渺小的哲学家》、《分析家》、《询问者》、《向长官和掌权者的进言》、《向聪明人进一言》、《希里斯》、《哲学评论》等。

从形而上学的意义上,贝克莱非常关注存在,并对何为存在、何物存在、何乃存在性等相关命题加以发问，认为这些就是应该解决的基本形而上学问题。于此，他选择了一种主观唯心的路径，认为客观物质世界并不存在，而只是"虚无"，这一基本思路遂构成其"非物质主义"的哲学观点。在他看来，人的认识能力具有至上性，人的一切知识都与观念相关，这些观念大致可分为"感觉观念"、"反省观念"和"想象观念"等类别，其中感觉观念乃最原初的，包括视觉、听觉、嗅觉、味觉、触觉等观念，它们乃被感觉到，因而具有"可感的性质"；而且，这些感觉观念可以汇集、结合，其"观念的集合"才可以给人那种"可感物"的存在印象。所谓"可感物"就是只被感觉直接知觉到的事物，这种"事物"显然也只是观念，而观念只有被心灵感知才存在，否则就不在。这样，贝克莱推出了其著名断言，"存在就是被感知"，宣称并不存在具有客观性的物质世界。既然观念只是在心灵感知时才存在，那么它也就只能在心灵内存在，故而"心外无物"，应潜心内求，不要在心灵之外找寻任何物质存在。他认为，心灵即指灵魂、精神、自我，具有主观性和能动性；心灵正是要表明其能够感知和思想的"主体"，这种"主体"即关涉"自我"，而从"我自己的"观念被感知上则可推断出其存在与性质，并进而推断出其他心灵的存在及性质。在贝克莱的理解中，观念是被动的，而心灵则是能动的，宇宙即由观念和心灵所构成，这显然是一个精神世界，没有任何物质的存在。在此，贝克莱所言心灵乃包括人的心灵和上帝的心灵这两种，人乃有限的、相对的精神存在，上帝则是至上的、无限的、永恒的绝对精神存在。从"存在就是被感知"这一断言出发，贝克莱通过解释和论证，也是想达到其灵魂不朽、上帝存在的宗教认知。以这种思想认识和思维定式，贝克莱将客观、实在的世界虚化、缩减、还原为人的主观认识这一狭小世界，认为若无这种主体主观的感知，则没有事物的存在，整个世界亦根本就不会存在。很明显，贝克莱以其理论模式而使真实的世界退隐、消解，却让自我的世界不断扩大、包罗万象。

55. 孟德斯鸠:崇尚"法的精神",
力主"三权分立"

在人类文化进程中,有各种不同的文明形态得以呈现,其中主要表现为宗教文明、科技文明、人道文明和政治文明。其中政治文明在制度层面决定着人类的生死存亡、兴衰起伏。这种政治文明有着不同的萌芽,在东西方也有不同的模式。虽然在西方政治史上可以追溯到古希腊时期雅典与斯巴达有过较量的城邦政治,但作为一种较为成熟、且影响到人类现当代发展的政治文明,则是起源于近代法国。法国大革命及其此后的政治发展为之提供了重要实践,而在此之前其思想舆论、基本观念的重要提供者之一,则是法国启蒙时代的哲学家、社会学家和法学家孟德斯鸠。

孟德斯鸠(Charles Lòuis de Secondat Montesquieu)于 1689 年 1 月 18 日出生在法国波尔多的一个世袭贵族家庭,7 岁丧母,1700—1705 年就读于巴黎附近的教会学校,从此开始对古希腊罗马的政治制度产生兴趣。1706 年,他进入波尔多大学专攻法学,1708 年获法学学士学位,随之担任当地高等法院律师。他自 1709—1713 年曾移居巴黎,从事法律专业工作,1713 年因父病故而回到家乡,于 1714 年获波尔多高等法院推事一职,1716 年当选为波尔多科学院院士,同年承袭"孟德斯鸠"男爵封号。1718 年,他当选为波尔多科学院院长。1726 年,他卖掉官职,迁居巴黎,并于 1728 年入选法国科学院院士。他此后在欧洲各国旅行,写下大量笔记,录下其沿途所见所闻、所思所想。1730 年,他当选为英国皇家学会会员。1731 年,他重返故乡波尔多,此后他多次去巴黎参加社交和学术活动,结识伏尔泰、爱尔维修等人。1746 年,他当选为柏林皇家科学院院士。1755 年 2 月 10 日,孟德斯鸠在巴黎逝世。

　　孟德斯鸠的代表著作是《论法的精神》，此书于 1748 年出版后两年内重印 22 次，被伏尔泰誉为"理性和自由的法典"。其早年另一本出名之作即 1721 年出版的《波斯人信札》，此书曾重版 20 多次，甚至流传有街头书商求过路文人"请你替我写一部《波斯人信札》吧"之说，可见其流行之广。孟德斯鸠的其他著作包括《罗马盛衰原因论》、《论自然和艺术的趣味》、《阿尔萨斯和伊斯曼尼——东方故事》、《真正的历史》等，而当代人在整理了他的旅行日记后于 1941 年还推出了其《笔记》一书。

　　为了反对封建专制制度及由此构建的政体，孟德斯鸠主张用"法的精神"来进行社会制度及体制的重构。在他看来，"法的精神"反映了世界各民族所共有的"一般精神"；所谓"法"就是世界上存有的"根本理性"与各具体存在物之间的关系，并体现出存在物之间的基本关系。这种"一般精神"所表现出的一般的法律正是人类理性的存在，而世界上各民族、各国度所实行的具体政治法规、民事法则等则正好说明"人类理性适用于个别的情况"。这里，孟德斯鸠有着某种社会地理学和政治地理学的构想，认为"法的精神"即涵括地理、环境、气候、风土、人情等因素，乃是各种关系、各种因素综合、共构的产物。因此，人在自然状态中就会接受自然法的精神，反映出追求和平、寻找食物、彼此自然爱慕和希望有共同的社会生活这些基本原则。而一旦人类由这些自然法来组建起社会，则超越了自然法而会寻求新的社会法、人为法，以顺应社会规律，协调社团之间、社会之间、国家之间的关系，这就是民法、政治法、国际法的诞生。由此可见，人的地位之独特性就在于人既受到环境的制约，又可以通过立法来主动支配世界，突破环境的限制。这样，"法的精神"实际上有着两个层面，一为"一般精神"，表示社会存在的一般准则；二为"特殊的法"，以应对专门的用途。如果说，自然状态中的人遵循"自然法"，以服从、适应的态度而揭示出一种宗教气质，那么在社会状态中的人要维系其共在，则主要靠"社会契约"，此即人为法的根据。在这种社会状态中，人际关系主要体现为政治关系，其社会存在方式也就是以政体性质来展示。孟德斯鸠认为人的社会大致可分为三种政体：一为大多数人共同掌握国家权力的共和政体；二为由一位君主按照社会确立的法律来执政的君主政体，此即他所欣赏的君主立宪政体，虽然社会需要一个至高无上的君主，人们仍可通过制定宪法来对君主权力加以相应的限制；三为由一个人凭自我意志、随心所欲地执政的专制政体。为了体现人们的政治自由、约束君主的权力，孟德斯鸠遂提出了"三权分立"的思想。

社会政治的基本权力按照孟德斯鸠的理解即立法权、行政权和司法权这三种权力。他认为这三权不能由一个人所独揽，而有必要由不同的人、不同的国家机构来分别掌管，三方相互监督、相互制约，从而实现这三权之间的平衡，达其有序运转，这样就可以建立起法治国家，防止国家权力、制度上出现腐败，失去必要的监控和制约。在这三权中，孟德斯鸠主张立法权应交给人民中的"有能力者"即人民代表来行使，而人民则必须有选举其代表的自由，其选举即是其间接参政，即"权力的委托"，将其权力交由他们选出的人民代表来行使。孟德斯鸠的上述思想深化了人们对权力和权利的认识，其"三权分立"的模式也已经成为当今西方世界政治体制得以建立和运行的基本元素。

56. 伏尔泰：法国启蒙时代的 "精神王子"

　　18世纪法国启蒙运动与伏尔泰的名字分不开，这位百科全书般的学者在哲学、宗教、历史、小说、戏剧、诗歌等领域广泛涉猎，多有建树，而在宗教认知上则被视为法国无神论的重要代表之一。其活动和著述在18世纪影响广远，因而人们曾习称18世纪的欧洲为"伏尔泰的世纪"。

　　伏尔泰（Voltaire）的原名为阿鲁埃（Francois-Marie Arouet），于1694年11月21日出生在巴黎，其父为法院公证人，后又在审计院任职，家境富裕、条件优越。他10岁时就读于耶稣会办的大路易学校，受到正规教育。中学毕业后他曾入法科学校就读，其兴趣却在文学。1714年，他曾去法国驻海牙使馆工作，不久就因不称职而被遣送回国。1717年，他因写诗讽刺权贵而被判入狱，在巴士底狱关了11个月。1718年他获释后将其狱中所写悲剧《俄狄浦斯》在巴黎上演，其作家和诗人身份得以奠立，这一年他将自己的名字改为伏尔泰。1720年他再次入狱，获释后被迫在英国流亡3年，直至1729年回国。此后这段时间为其创作的一个高峰期，1730年创作悲剧《布鲁特》，1731年完成历史著作《查理十二史》，1732年发表悲剧《查伊尔》，1734年出版《哲学通信》。因其《哲学通信》遭匿名信指控，他隐居在女友夏特莱侯爵夫人的城堡达15年之久，其间再次形成创作高潮，完成学术专著《形而上学论》、《牛顿哲学原理》，戏剧《恺撒之死》、《穆罕默德》、《阿尔齐尔》、《梅洛普》，诗歌《奥尔良的处女》等，并用多个笔名将之发表。1749年，他应普鲁士王腓特烈二世之邀到柏林居住，于1751年出版历史著作《路易十四朝记事》。1755年，他到日内瓦郊外置地定居，此后完成了《哲学辞典》、《风俗论》、《老实人》、《查第格》、《论宽容》等著述。受中国文化的影响，他在《风俗论》中曾论及中国的历史、哲学、伦理、宗教和科学，在《哲学辞典》中专门写过一篇《中国教理问答》，他还根据法国耶稣会来华传教士马若瑟所译元代纪君祥杂剧《赵氏孤儿：中国悲剧》，写过剧本《中国孤儿》在舞台上演，并称此剧为《孔子道德五幕剧》（《五幕孔子之道》），以便向西方人介绍孔子的道德伦理思想。1778 年 5 月 30 日，伏尔泰在巴黎逝世。

启蒙运动时代的一大特点，就是人们全力追求并捍卫人的精神自由。伏尔泰认为自由乃一种天赋人权，虽受法律支配却不可随意侵犯，他宣称自由就是"试着去做你的意见绝对必然要求的事情的那种权力"。为此，他坚持把教育群众争取自由作为其启蒙的重要使命之一。正因为如此，法国大革命时期的民众才把他描述为"教导我们走向自由"的"精神王子"。为了捍卫这种精神自由，伏尔泰对传统宗教也多有批评，他认为天启宗教实际上是无知和欺骗的产物，是精明的僧侣利用人类的愚昧和偏见以统治人的创制品，在他看来，"第一个神就是那遇到第一个傻瓜的第一个骗子"；这些言论遂构成了 18 世纪法国无神论关于宗教就是骗子加傻子的结果之命题。不过，他进而指出，人因感到受骗而会迷狂，从而暴露出自己的虚弱、增加了自己的痛苦。他宣称，"迷信越少，迷狂就越少；迷狂越少，苦难就越少"。

当然，伏尔泰并不是真正的无神论者，他的努力只是希望以一种新的宗教来取代传统基督教，此即他的自然神论，并认为这种大众化、模糊化的信仰关键就在于相信上帝的正义，以美德的实践来表示对神的敬拜。尽管在理智上人们不可能知道上帝是什么、是否存在，但在社会秩序上却需要上帝的存在。所以，伏尔泰的下述名言也广为流传：如果"你管理村庄，就必须有一种宗教"；"即使没有上帝，也要造出一个来"。从社会管理的角度来看，他认为必须依赖宗教。基于这一考虑，他也主张人的精神自由还应包括宗教信仰自由，提倡宗教宽容精神。

57. 休谟:不可知论与怀疑论者的
"人性哲学"

　　欧洲近代哲学家一般会把哲学分为自然哲学和精神哲学两大类,在其研究方法上则通常采用实验和观察的方法。不过,这种方法在自然哲学上看似行之有效,但在精神哲学的研究上却给人捉襟见肘之感。哲学家在其观察研究的基础上并没有达到游刃有余的境界,其经验只能用来说明感觉、知性,而一旦触及感觉印象的根本来源或世界本原、灵魂、上帝等超越知性、超越经验的形而上学问题,则会对种种解释和论说产生怀疑,感到因其不可知而"必须完全保持沉默"。这种理论的典型代表是英国哲人休谟,其认知上的怀疑态度使之成为近代欧洲哲学史上的首位不可知论思想家。

　　休谟(David Hume)原姓霍姆(Home),因为英格兰人习将"霍姆"读作"休谟"而如此改称。他于1711年4月26日出生在苏格兰的爱丁堡,其贵族家庭传至他的父辈时已经没落,其父为当地律师,在休谟2岁时就已去世。他从母亲、哥哥和家庭教师那儿接受到早期教育,年仅12岁就与哥哥一道于1722年入爱丁堡大学攻读法律,并形成广泛兴趣,旁听了许多课程。但因家庭原因他仅学了两年就被迫辍学,从此坚持自学,以法律和文学为主,自1729年起转习哲学。1734年,他前往法国发展,此时将其姓氏改为休谟。1734—1737年,他先后在巴黎、拉-弗莱斯等地自修和研究,并完成其代表著作《人性论》3卷。他回到英国后于1744年尝试在爱丁堡大学谋求教授职位未果,随后于1745年担任青年侯爵安南戴尔的私人教师一年,1746年任辛克莱将军的秘书参加出征法国,结果败归。1748年他又以武官身份随辛克莱出使欧陆,先后访问海牙、维也纳、米兰和都灵等地，于 1749 年回到英国。此间他改写、出版《人性论》及其他著作，在哲学界初露头角，并于 1751 年当选为爱丁堡哲学会的秘书。他于 1752—1757 年任苏格兰律师公会图书馆管理人，并利用其丰富藏书而写出《英国史》。他于 1754 年当选为当地学术团体"上流社会"司库与法规常设委员会委员。1763 年，他应邀担任英国驻法使馆秘书，1765 年曾任代理公使。他在法期间曾结识狄德罗、霍尔巴赫等著名哲学家，因而于 1766 年回国后还曾邀请卢梭赴英。1767—1768 年，他曾出任内阁北方事务部助理秘书。他退休后返回爱丁堡，于 1776 年 8 月 25 日在当地去世。休谟的主要著作除《人性论》外还包括《人类理智研究》、《道德和政治论说文集》、《道德原理研究》、《英国史》、《宗教的自然史》、《自然宗教对话录》、《政治论》以及自传《我的一生》等。

与自然科学和自然哲学的研究不同，休谟采用实验推理的方法来研究人性本身，将之称为"人性哲学"或"精神哲学"。他认为"人性"才是一切科学的"首都或心脏"，人性涵括人的"知性"、"情感"、"道德"和"社会行为"等。他重点考察了"知性"，形成其认识论理论特色。在他看来，知性关涉"印象"和"观念"这两种"知觉"，其中"印象"是原初的、直接的感觉，构成生动、活泼的知觉；而"观念"则为印象的摹本和再现，故乃间接的、反映性的知觉。人的一切思想观念都源自感觉，这种感觉印象的来源却不为人所知，亦很难被理性所解释，故而只能"存疑"。这样，休谟在认识论上就从其知觉论走向了怀疑论。他既不同意唯物主义关于外部世界独立存在的"心外有物"说，认为这种"物质实体"、"外部世界"均为抽象概念、虚假观念，无法与感觉印象相对应；同时他也不同意唯心主义关于感觉来源于心灵或上帝之说，认为所谓上帝存在的证明显然缺乏根据，上帝的观念只是人们反省自己的心理作用，而从"宇宙论"来论证上帝乃宇宙的第一因则已经超出人类的经验范围，故而也不成立。至于"神迹"，休谟认为其违反自然法则，以往流传的"神迹"实际上是有人"欺骗"、有人"轻信"的结果。因此，他宣称"不能根据宗教的假设来推测任何新事实，也不能预见或预言任何事情"。此外，休谟还探究了宗教的起源及其从多神教到一神教的发展过程。尽管在认识论上休谟怀疑上帝的存在，对之持不可知态度，但在社会观上他却主张保留宗教、信仰上帝。他认为宗教信仰可以成为维系人之社会存在的坚固支柱，因此希望建立一种具有"哲学和理性"意义的"真正的宗教"，发挥其"改造人的生活，纯净人的魂灵，加强一切道义责任，并保证服从法律和国家官吏"的宗教职责。而哲学家与基督徒的身份在他看来也不矛盾，因为"做一个哲学上的怀疑论者是做一个健全的、虔诚的基督教徒的第一步和最主要的一步"。由此可见，休谟并没有脱离其生存的时代，因而也不可能摆脱同时代的宗教影响。

58. 卢梭：忧郁而浪漫的"近代知识分子第一人"

法国启蒙运动带来了欧洲近代思想的巨大变迁，其成熟、沉稳的"理性"给人带来了深刻印象。但法兰西民族从来就不是一个只满足于理性的民族，其思想家也挡不住情感的驱使。因此，在其启蒙思想运动之际，其内部就已萌生着、躁动着浪漫主义的激情。而以《忏悔录》自传体闻名的卢梭，正是这一浪漫主义思想运动的先驱。以法国知识分子的多愁善感、天生敏慧，卢梭预示着一个全新思潮在西方近代的降临，故而被视为"近代知识分子第一人"。

卢梭（Jean Jacques Rousseau）于 1712 年 6 月 28 日出生在瑞士日内瓦，其父为钟表匠，祖籍巴黎，其家庭早在 16 世纪时就为了持守其新教信仰而举家迁往日内瓦。卢梭出生刚一周其母就去世了，幼年时由姑母抚养。他 10 岁时其父因诉讼失败而逃离日内瓦，实际上已成为孤儿的他遂由其监护人托付给当地牧师照顾。卢梭自 12 岁起就到处流浪，给人打工、当学徒，16 岁那年经人介绍与德·华伦夫人结交，并改信天主教。此后他去都灵谋生，当过仆役、文书，其间亦自学拉丁文、文学和音乐，四处漫游，并与神父、乐师广交朋友。回到华伦夫人身边后，卢梭与她有过一段同居生活，这种安定的生活使他潜心读书，接触到欧洲近代哲学家、尤其是启蒙思想家的著作，并在研习音乐时创造了自己的《新记谱法》。1742 年，卢梭来到巴黎，最初是以音乐创作、教学和抄写乐谱为生，先后创作了喜剧《那络索斯》、《战俘》、《冒失的婚约》，歌剧《风雅的缪斯》，喜歌剧《乡村卜者》等，其《新记谱法》也以《论现代音乐》之名出版。与此同时，他结识了狄德罗，并经其介绍而与一批启蒙学者交往，由此时常出入霍尔巴赫在家举办的学术沙龙，并积极为狄德罗和达朗贝尔主编的《百科全书》撰稿。1745 年，卢梭认识了客店女佣泰莱丝，从此与她同居达 25 年之久，据传还生育了 5 个孩子，但因无力抚养而将他们送进了育婴院。1750 年，卢梭的应征论文《科学与艺术的进步是否有利于社会风俗的净化》获得第戎科学院有奖征文第一名，并于同年底在日内瓦出版，卢梭在学术界由此而初露头角。1754 年，卢梭再次撰文参评第戎科学院的有奖征文，这篇题为《论不平等的起源》的论文虽未获奖，但于 1755 年在荷兰出版后仍在欧洲学界引起重要反响。卢梭在上述著作回归"自然"、否定"文明"进步的观念与百科全书派的启蒙思想形成明显分歧，双方逐渐疏远并最终根本决裂。卢梭亦于 1756 年从巴黎移居蒙莫朗西，住进当地靠近森林的乡村，在此他撰写了《爱弥尔》、《朱丽或新爱洛绮丝》（习称《新爱洛绮丝》）和《社会契约论》。1761 年，《新爱洛绮丝》出版后引起轰动，极为畅销，至 1800 年已被译成多种文字发行达 50 多次。1762 年，《社会契约论》和《爱弥尔》出版，但两书被教会和法国当局视为禁书，遭到批判，卢梭从此也不得不开始其流亡生涯，先是从巴黎逃到日内瓦，然后又逃到伯尔尼，随之又跑到普鲁士管辖的纳沙泰尔，后又因遭当地教徒的攻击而潜回巴黎。1766 年，休谟邀请卢梭到英国居住。因长期压抑和久经磨难、迫害，卢梭此时已身心疲惫、忧郁多疑，甚至神经错乱，他在英国不久竟然就怀疑自己又成为休谟要谋害的对象，因而于 1767 年与休谟不辞而别，改名易姓潜回法国，最后居住在巴黎附近的村庄爱尔美农维耳。在这一时期卢梭开始反思自我人生，撰写自传，写下了《忏悔录》、《对话录，或卢梭审判让－雅克》和《一个孤独漫步者的遐想》等著作。1778 年 7 月 2 日，卢梭在爱尔美农维耳去世。

卢梭的主要著作包括《社会契约论》、《爱弥尔》（亦称《论教育》）、《新爱洛绮丝》、《忏悔录》等。他一生最想完成的著作是《政治制度论》，但未能实现这一计划。而其基本思想已在其早期论文《科学与艺术的进步是否有利于社会风俗的净化》、《论不平等的起源》中始见端倪，《社会契约论》则是他想写的《政治制度论》中的思想精华。其开卷名言"人是生而自由的，但却无往不在枷锁之中"，揭示了他对人类原初天然的自由状态之向往，而认为"文明"的"进化"却使人陷入被奴役的窘境，这一过程亵渎了人类朴实纯洁的本性，造成了道德和良知的隳沉。在他看来，人在进入社会状态后就都成为了奴隶。这种"文明"社会以私有制的产生为开端，但它作为此后人类一切社会发展的基础却导致了社会不平等的出现及恶化。他进而分析说，私有制形成贫富差别，富人为其私利而要穷人与之订约，这种社会契约是社会建构及其法律之源，它摧毁了人在"自然"状态中天赋的自由与平等，从而形成不平等发展的第一阶段。由于契约和法律需要强力来维系，遂产生了社会权力机构，公共威权即官职的设立形成了弱强区别，从而进入不平等发展的第二阶段。而专制制度的建立，则会以暴君统治的方式凌驾于法律和社会公约之上，践踏一切社会契约，"朕即国家"、"朕即法律"，强权成为公理，民众却成为零的集合，沦入虚弱处境，此即不平等发展的最高阶段。本来，权利来自约定和委托，并不来于强权；人民只是有条件地将自己的自由、权利转让给统治者，但决不想因此使自己一无所有、不再享有本应属于自己的权利和自由。卢梭强调，在专制制度下人民没有权利，不能当家作主；只有统治者支配人民的"权利"，而被统治者则只有服从的"义务"，这种不等价交换不符合人性，蹂躏了社会公约和法律，尽管统治者可能保证人民的太平，但卢梭争辩说："监狱里的生活也很太平，难道这就是以证明监狱里面也很不错吗？"为此，卢梭主张"主权在民"，这种求大同、存小异的"公意"构成了社会"大同"的基础，因而必须把公意或主权作为不可转化的社会最高权力，个人绝不能凌驾于全社会之上，个人的权利从属于社会的权利。于是，社会的法律也必须从公意来理解，人民立法，个人不存在超越法律的自由，"君主"也必须服从法律。为了保证法律的公正实施，立法权应与行政权区别，立法权乃把人民集合起来的制度，人民作为主权者对政府行政形成约束，人民既有权委任官员，也有权撤换他们。当然，卢梭也看到了人类社会等级存在的客观事实，对社会政治制度的选择也有适合社会环境的考虑，如他认为民主制适合小国，贵族制适合中等国家，而君主制适合大国治理等。

除了关注政治上的不平等，卢梭还提醒人们要防止精神上的不平等。这里，他特别注重宗教与政治的关系。在他看来，一方面，宗教要适应其生存的社会，宗教情感应与世俗政治权力的主流精神相融合、不能有独立于世俗权力之外的神权；另一方面，社会应该宽容其存在着的一切宗教，在公民义务的范围内，应该宽容"一切能够宽容其他宗教的宗教"，不要迫害异教徒，也不要搞精神领域的其他迫害；而若认为社会只能认定一种思想、只有选择拯救人类精神的一种途径，那则是非常可怕的想法、令人窒息的教条，公民社会对之很难接受和容忍。这样，卢梭实际上已肯定了宗教宽容、信仰自由的思想。论及政教关系，卢梭认为社会生活需要宗教，宗教在社会中的存在有其政治意义。"一旦人们进入政治社会而生活时，他们就必须有一个宗教，把自己维系在其中。没有一个民族曾经是，或者将会是没有宗教而持续下去的。假如它不曾被赋予一个宗教，它也为自己制造出一个宗教来，否则它很快就会灭亡。"①

回应欧洲近代理性主义和启蒙思潮，卢梭则以强调人的情感、回归人之原初纯朴为主旨，从而催发了欧洲近代浪漫主义思潮的兴起。卢梭的小说《新爱洛绮丝》，还有他禀承奥古斯丁《忏悔录》自白风格的自传体著作《忏悔录》以及未能完成的《一个孤独漫步者的遐想》，成为了欧洲浪漫主义文学兴起的重要标志。而且，浪漫主义并不仅仅限于文学，其影响在哲学、宗教、神学等领域都极为深广。卢梭在上述三部作品中所表露的忧郁、焦灼、沉醉和浪漫情怀，吹响了浪漫主义的晨曲，拉开了欧洲又一场伟大思想运动的序幕。

---

① 卢梭：《社会契约论》，商务印书馆 2001 年版，第 171 页注①。

59. 霍尔巴赫：自然体系的构建者

对自然的认识，是认识世界之物质性的关键一环。西方哲学史上的自然哲学有各种理论和表述，在欧洲进入近代"主体"时代之后，对精神、情感、心灵的强调使"唯心"的意趣在不断加强。不过，欧洲启蒙运动的兴起又让唯物主义获得新的发展。这种"唯物"意向往往会以对"自然"之物质本质的阐述来加以表达。在此，法国思想家霍尔巴赫则以其"自然主义"的体系而成为当时启蒙思潮中唯物主义的重要领军人物之一。

霍尔巴赫（Paul-Henri Dietrich, Baron d'Holbach）于1723年1月出生在德国帕拉蒂拿特的诶德森姆，全家信奉天主教。他7岁丧母，12岁随父移居法国巴黎，投奔其有男爵称号的伯父霍尔巴赫。在伯父的资助下，他于1744年到荷兰莱顿大学攻读法律，1749年毕业回到巴黎与表妹结婚，获得法国国籍，并一度在巴黎索邦神学院教授神学和哲学。1753年，他继承了此年去世的伯父的遗产和爵位，称为霍尔巴赫男爵。此后，他在住地巴黎罗亚尔街组织了启蒙时代最为著名的巴黎"沙龙"，结识了狄德罗等启蒙思想家。他的"沙龙"经常高朋满座、群贤聚集，大家热情参与，激烈争论，畅所欲言，多有交锋。霍尔巴赫成为启蒙沙龙的创立者，并有了"哲学旅馆的第一主人"之美称。此间他还全力支持《百科全书》的编纂工作，所写条目达376条之多。自1760年起，他潜心于唯物主义和无神论思想的研究。1765年，他曾去英国短暂居住和旅游。1770年，其代表著作《自然的体系》一书出版，此书曾被视为18世纪"唯物主义圣经"。1789年1月21日，霍尔巴赫在巴黎逝世。他的其他重要著作还包括《被揭穿了的基督教》、《神圣的传播或迷信的自然历史》、《袖珍神学》、《耶稣基督的批评史或对新约的理论分析》、《健全的思想或与超自然观念相对立的自然观念》、《自然政治，或论政府的真正原则》、《社会的体系，或道德学和政治学的自然原则》、《道德政治，或以道德为基础的政府》、《普遍道德学，或以自然为基础的人类义务》等。

霍尔巴赫把自然视为一个包罗万象的整体，其中所有存在都是"多式多样地改变着并根据自己的性质而活动"的物质。"人"也是"一种物质的东西"。在他看来，"宇宙，这个一切存在物的总汇，到处提供给我们的只是物质和运动"，物质以其"变化多端的方式"而"构成了事物的本质"。其唯物论以机械性和自然主义为特色，反映了当时法国启蒙唯物主义的认识水平。在这种自然观的引领下，他把人及其社会也视为自然的一部分来看待，而没有考虑其超脱自然的独特性质，从而缺失对人之精神性的深刻领悟。在他看来，自然乃是包罗万象的巨大整体，一切存在物都是自然的存在，都应被涵括在这一自然体系之内，人的思维、意志、情感等精神活动也都属于物质的运动，并无任何特殊之处。于此，他反对笛卡尔的天赋观念说，并对神创世界论加以批判。他认为，人的宗教信仰乃因为"神圣的感染"，其实质乃是人由于不知道自然的力量而产生了恐惧，这其实就是由人的无知而引起的害怕。人们内心的无知、对自然的不解，使其产生出虚空的假设，想象有一种无形的力量在支配人们的命运，并进而以无限放大的人的形象来塑造神的形象，用人的敬畏、膜拜来求助于神明，以此获得精神安慰、填补心灵的空虚。霍尔巴赫从其启蒙思想和无神论立场出发，以其自然观来排除任何神秘的因素，破解灵性的诉求，从而让人们回返自然的认知，获得理性的澄明。他强调，作为自然之人，其人生必定会去追求自己的幸福，而人类共同生活的幸福则要靠社会公约来保障和维系，并且还需要人之德行的推广和认同。这样，霍尔巴赫也主张开明的政治和法律的作用，以及社会道德伦理的通行。他的社会视域使之从自然论进入了社会观，从而得以关注法律及伦理问题，由此也为其自然体系设计出已经超乎自然理解的社会建构和相应的道德及法则。

60. 康德:思索"头上的星空"、
"心中的道德律"之人

在西方划时代的哲学家之中,康德的名字极为显赫。他对理性的究诘,对人之主体性的思考以及对神秘情感的超然领悟,都给世人留下了深刻印象。他给近代哲学带来了突破,为近代神学完成了"哥白尼革命";尤其是他关于"头上的星空"、"心中的道德律"之诗意表述,已经成为洞观人类宗教奥秘之镜。

伊曼努尔·康德(Immanuel Kant)于 1724 年 4 月 21 日出生在德国东普鲁士的柯尼斯堡,其父为皮匠,父母都为基督新教路德宗虔敬派信徒。1740 年,康德入柯尼斯堡大学攻读神学,兼习物理与数学;1746 年他因父亲去世而辍学,以担任家庭教师为生;1755 年恢复学业,并以拉丁文撰写《论火》一文而获得博士学位。此后他在本校任教,成为没有固定薪俸的大学讲师,曾于 1756 年以《物理的单子论》来尝试申请教授职位。1766 年,他担任当地王室图书馆副馆长,从此而有固定收入和职位。1770 年,他成为大学教授,主讲逻辑和形而上学,此后曾负责哲学系,并两次担任大学校长,1792 年还被选为柏林科学院哲学部主席。康德深受其父母清心寡欲之宗教精神的影响,持守独处而不远游的人生风格,终身未娶,并从未离开过柯尼斯堡。1804 年 2 月 12 日,康德在柯尼斯堡逝世。

康德的学术生涯可分为"前批判时期"和"批判时期"这两个阶段。其"前批判时期"以自然科学研究为主,著有《关于动力的真正测量的一些想法》、《论火》、《对形而上学知识的基本原理的新解释》、《物理的单子论》、《自然通史和天体论》(中译本为《宇宙发展史概论》)等。1769年,康德受英国经验主义尤其是休谟思想的影响,开始从德国莱布尼茨 -

沃尔夫理性主义哲学"独断的美梦"中惊醒，由此而转入其哲学发展的"批判时期"。此间他著有《感觉世界和理智世界的形式和原理》，而其重大突破则是于 1780—1790 年之间完成的批判哲学三部曲《纯粹理性批判》、《实践理性批判》、《判断力批判》，以及《未来一切形而上学导论》（中译本为《任何一种能够作为科学出现的未来形而上学导论》）、《道德形而上学探本》等。其晚期著作还包括《论永久和平》、《法学的形而上学原理》、《伦理学的形而上学原理》、《学科的论争》、《实用人类学》、《什么是启蒙》、《纯然理性界限内的宗教》等；其友人还编辑出版了他的《逻辑学》、《自然地理学》和《教育学》等。

根据康德的"三大批判"，其理论涉及"知"、"意"、"情"三个部分，涵盖"真"、"善"、"美"三大领域。康德一生提出了四大问题，即从"三大批判"引发的三大问题到关于"人"的问题之升华、概括，从而使康德的批判哲学承前启后，迄今仍有巨大影响。

"我们能够知道什么？"这是康德在《纯粹理性批判》中提出的第一大问题，涉及"知"与"真"的探讨。他在此论及人的认识能力问题，在认识论上推出了其"先验哲学"的理论。康德对"纯粹理性"的批判一是触及"一般理性能力"，二是探究一种科学的"形而上学"的可能性。他为此展开了对传统思想中关于上帝存在的"本体论证明"、"宇宙论证明"和"物理神学证明"（即"目的论证明"或"意匠说论证"）的批判，认为"纯粹理性"虽然能让人们形成"上帝"、"永生"和"自由"之理念，却无法确证其实在性。于此，他指出上帝概念已不再具有形而上学和超越论的意义，失去了其在传统神哲学之思辨中的超验性确证。

"我们应当做什么？"这是康德在《实践理性批判》中提出的第二大问题，涉及"意"与"善"的探讨。这里，康德为人们提供了指导其实践行为的道德哲学与道德神学原则。在他看来，虽然"上帝"、"永生"和"自由"等问题不能得到科学意义上的证明，却仍有其实践和伦理上的价值。他由此以"绝对的实践原则"、"绝对命令"、"道德律"来构建新的宗教哲学体系。在此，他认为对上帝存在的确信乃以人心中的道德律为基础，而道德与幸福的必然关联则必须"假设"上帝的存在，此即康德关于上帝的"道德概念"和上帝存在的道德论证。"纯粹理性"无法证明唯理意义上的"自在"上帝，而"实践理性"却启发人们论证道德意义上的"为我"上帝。尽管上帝不是知识的对象，却必须为信仰的对象；信仰在此即"道德信仰"，人的宗教可以用"哲学道德"来解释。"道德律不但引导我们提出灵魂不死的要求，而且还提出了上帝存在的基本要求"。这样，康德就推动了近代神学发展上的"哥白尼革命"。

"我们可以希望什么？"这是康德在《判断力批判》中提出的第三大问题，涉及"情"与"美"的探讨。在此，康德思考到美学与宗教学的基本问题，其对判断力的反思触及对鉴赏力和目的论的讨论，从而形成其"审美判断力批判"（即"鉴赏力的批判"）和"目的论判断力批判"。康德具体展开了对美、崇高等概念的分析，考虑到从传统"自然神学"往其"道德神学"之构设的过渡。

基于上述三大问题，康德最后又提出了"人是什么"这第四大问题。在他看来，"从根本说来，可以把这一切都归结为人类学，因为前三个问题都与最后一个问题有关系"。康德对人的感觉和心理能力、人格特征和气质加以描述性分析，认为"道德律"的建立以对"人"、"人性"的理解为前提，其中包括人的社会存在、人的自由、人的平等、社会成为人性完满实现的共同体等要素。人不仅是手段，更应是目的，而人的终极目的"就是通过自由而得以可能的、这个世界中最高的善"。人的自由则使有限之人与无限之"最高的善"得以调和，人由此亦以假设上帝存在和灵魂不朽而创立起宗教。所以说，宗教信仰表达了人的自由，是自由的信仰，而人的价值也正是在于这种自由。对"人"的这类理解，也使康德成为近现代哲学人类学和神学人类学的思想先驱。

61. 莱辛:启蒙教育与宗教宽容

启蒙时代的西方思想家开始重新思考哲学、宗教问题,并且注重从发展、开放、包容的眼光来审视不同信仰和理论。在这种开拓性发展中,德国启蒙思想家莱辛发挥了重要作用。

莱辛(Gotthold Ephraim Lessing)于 1729 年 1 月 22 日出生在德国劳西茨地区的卡门茨,1741 年入迈森贵族学校就读,1746 年在莱比锡大学攻读神学,此后转入戏剧创作,1748—1760 年在维滕堡大学读学位,但其间主要在柏林以报刊编辑和撰稿人为业,曾主编《柏林特许报》文学副刊,主办《戏剧文库》等。1760 年,他到布雷斯劳任秘书工作,1767 年来到汉堡任民族剧院戏剧艺术顾问,1769 年出版《汉堡剧评》。1770 年,莱辛担任沃尔芬比特尔图书馆管理员,在此曾从事《圣经》研究,并完成《智者纳旦》等重要著作。1781 年 2 月 15 日,莱辛因脑溢血在瑞士不伦瑞克逝世。其一生发表有多种剧作和评论,涉及哲学和宗教的著作包括《拉奥孔,论绘画与诗的界限》、《人类的教育》、《智者纳旦》等。

莱辛不是严格意义上的系统哲学家,但其启蒙思想对近代西方精神发展影响颇大。他的美学论述,结束了德国近代新古典主义的统领地位,开创了西方近代启蒙主义美学。其特点是凸显诗与画的不同,由此捕捉并描述时间艺术与空间艺术之异同,展示出其形式化的美学情趣。针对古希腊罗马"诗如画"的观点,莱辛认为二者虽然都是对于现实的模仿,却明显有着根本区别和不同规律。诗歌是在时间绵延中展现艺术,而绘画等造型艺术则是在空间结构中反映其风采。不同艺术表现需要借助于不同的手段,也各有其局限和特点。诗歌之美在叙述过程中得以呈现,对时间有着特别的依属;而造型艺术之美则只是以某一个片断、某一专有场景来表现，是在空间之广延中的充分发挥、尽情表达。显然，不同艺术都有各自的"边界"，故需研究其艺术规律的特殊性和差异性。对此，莱辛在其《拉奥孔，论绘画与诗的界限》的论述中展示了许多闪光的思想。

在《人类的教育》中，莱辛提出了启蒙教育和思想进化的观点，认为宗教观念会从原初的盲信发展到理性认知，从而揭示出其宗教向理智发展的理想追求。从演化、发展的观点来看宗教，他借用了上帝对人类的启示来类比人的教育，认为这一教育过程可分为三个阶段：第一阶段是以一神的观念来昭示人类始祖，但尚无自我意识的初民却堕入偶像崇拜和多神信仰；第二阶段是人类的幼年时期，上帝拣选了希伯来民族并以一种幼儿教育的形式来自我启示，此即希伯来《圣经》字面上的上帝观念及其描述在今天看似幼稚可笑的原因；第三阶段才是人类理性时代，人们方可运用理性判断及分析来解读神学，论说宗教，从此一切都在理性的审视之中。

以其开明态度和开拓精神，莱辛也讨论了宗教宽容问题，其典型事例就是其剧作《智者纳旦》的中心思想。莱辛在该剧本中借"三个戒指"来立喻，讨论宗教平等、信仰自由的问题。他以三个戒指难分真伪来喻指基督教、犹太教和伊斯兰教"三教"，承认三教"各具至理，别无短长"，都有其价值，都体现出真理，为此主张三教平等，人们对之应一视同仁、平等善待。在当时基督教在欧洲占绝对影响的处境中，莱辛的宗教宽容精神难能可贵，亦为后来西方的各宗教对话埋下了有意义的伏笔。

62. 赫尔德:从启蒙运动到 狂飙突进的"天才"

　　18 世纪 60 年代中叶,德国启蒙运动的纵深发展中出现了"狂飙突进运动"。这一运动亦称为"天才时代",是当时青年知识分子针对启蒙运动的理性主义、信仰理解和人的形象等理论认知而发起的一场精神革命,重新强调情感、灵性的意义,曾对西方思想文化界产生了巨大冲击。这一运动的兴起则是以德国文学家、思想家赫尔德约 1767 年发表的《论德国近代文学片断》为标志。

　　赫尔德(Johann Gottfried von Herder)于 1744 年 8 月 25 日出生在德国东普鲁士的莫龙根,1761 年中学毕业后曾在当地牧师家抄写文稿,1762 年到柯尼斯堡大学读医学、神学和哲学,颇受康德等人影响。1764 年他在一个教会学校任助理教师,随之亦参加教堂布道等宗教礼仪活动。1769 年他在法、德之旅的途中结识了众多社会名流及思想家,由此启迪他酝酿并推动了名为"狂飙突进"(Sturm und Drang)的德国新文学运动及相关社会思潮。1771—1776 年,他在比克堡任首席牧师,1776 年起到魏玛任教会总监和首席牧师,负责魏玛公国的教会及学校教育。1803 年 12 月 18 日,赫尔德在魏玛逝世。其一生涉猎颇广、著述众多。论及哲学与宗教的著作包括《论语言的起源》、《关于人类教育的历史哲学》、《人类历史哲学大纲》、《关于促进人性的通信》、《上帝——关于斯宾诺莎体系和舍夫茨伯里自然体系的几篇谈话》等。

　　在"狂飙突进"运动的开展中,赫尔德反思了启蒙运动对理性思维的偏重,认为不应该在思想中忽略情感和经验的意义。为此,在转向创立反对理性的诗学时,他突出了诗性思维的意义,从而为一种诗化哲学的创立奠定了基础。其对文学、诗学的关注，使他对语言学情有独钟。在某种意义上，可以说赫尔德是西方现代语言学的创立者。虽然他仍强调语言神授，却更多从人的群体性、社会性来探究语言的起源，并突出"语言是人的本质所在"这一根本理解。在他看来，语言使人的想象力得以充分发挥，人的理性、艺术才能也正是因为语言而有了表达的可能及方式。赫尔德对语言、文学、诗学的这种探讨，在很大程度上启发了近代西方浪漫派的思维方式和表达形式。

在历史观上，他保留了上帝天命策划的传统观念，但同时也深刻认识到人类历史发展的复杂性、曲折性和起伏反复。因此，他并不主张以启蒙主义的直线进化认知及其标准来看待历史现象、评价历史发展，而是颇为冷静地认为不同时代、各阶段历史都有其合理性和积极意义，故而不能简单地否定或贬低人类过往的历史、鄙视某一历史阶段。他以人性论来构建其历史哲学，以人的活动、人的发展来勾勒生动、多变的历史进程，并把宗教视为这一进程中人所能达到的最高人性。值得注意的是，赫尔德的历史观还触及人类古代文明国家发展的地理和气候条件，有着某种政治地理学或文化地理学的思索。他也具体论及相关民族的风俗习惯、语言传统、经济发展和文化生活，从而已在接近对人类的社会历史探究。在对基督教的评价上，他批评了古罗马帝国后期基督教的国教化发展，认为这种政教一体由此混淆了人们对世俗国家和对上帝的义务。与之相比，他更喜欢基督教初创时期的传播风格，欣赏耶稣对人友善、勇于自我牺牲的人格魅力，并希望这种人性论在历史发展中能够得以弘扬。

赫尔德生性孤傲，颇难合众，在其社会交往中时与友人发生冲突，结果导致他与同时代的许多思想大家、文化名人最终反目而分道扬镳。这种性格明显限制了赫尔德的思想发展，使他虽为充满想象、灵感的"天才"，一生却只能在哲学发展的边缘游荡，未曾真正进入其核心领域来一展其敏锐的精神风采。

63. 费希特:以"自由的自我"
为核心的知识学

近代欧洲哲学以"主体"认知为标志,从笛卡尔的"我思"与"我在"之推导关系,到康德对"实践理性"和人心中的"道德律"之强调,有着非常清晰的发展线索。然而,西方思想经历了客体、主体认知阶段之后,在其近代理论发展中已呈现综合认识的意向。特别是德国古典哲学的兴起,则使这种"主体"认识虽然达到了登峰造极之境,却也开始转向主、客体认知有机共构的整合认识及其整体哲学。在从主体思维转向整体思维的这一过渡中,费希特起到了非常重要的连接作用。

费希特(Johann Gottlieb Fichte)于 1762 年 5 月 19 日出生在德国上劳齐茨的拉梅诺,因家境贫寒、弟妹众多,9 岁时才在邻人资助下上学,后于 1774 年入波尔塔贵族学校,1780 年入耶拿大学攻读神学和法学,兼习古典文学,1781 年转至莱比锡大学专攻神学,1788 年终因贫困而辍学,以在苏黎世任家庭教师为生,1790 年返回莱比锡继续当私人教师。此间他读到康德的"三大批判",决定研究康德哲学,并在拜访康德后写了《一切天启的批判之探》寄给康德。此文经康德推荐而于 1792 年发表,因未署名而被学界误为康德之作。康德为此在《耶拿文汇报》发表更正,说明是费希特所作,费希特从此出名,并被视为康德派哲学家。1793 年,费希特再访苏黎世,在此不仅多次讲演,发表论著,而且开始构思其以"自由的自我"为基线的知识学体系。1794 年,他任耶拿大学哲学教授,开讲其知识学,后因发表《论我们相信上帝统治世界的根据》一文而被指责为"无神论",于 1799 年被解除教职。1805 年,他在爱尔兰根大学任教,1807 年在柏林筹建柏林大学,1809 年任新建的柏林大学文学院院长,1810 年当选为其首任校长，但于 1812 年辞去校长一职。1814 年 1 月 27 日，费希特因染疫在柏林逝世。其主要著作包括《索回思想自由》、《纠正公众对法国革命的评论》、《论知识学的概念》、《全部知识学基础》、《论学者的本质》、《知识学特征论纲》、《自然法权基础》、《伦理学体系》、《知识学第一导论》、《第二导论》、《人的使命》、《锁闭的商业国》、《当前时代的基本特点》、《极乐生活指南》、《对德意志国民演讲》等。

作为康德哲学的追随者，费希特并不止于康德哲学，而是创立了自己的思想体系。他认为知识学就是自己的哲学思想，所谓知识学即关于科学的学说，旨在追求一种严格、系统的知识体系。为了纯理论理性与实践理性的统一，他强调能够确信的所有知识及实在的共同根源即"自我"，自我乃靠其本原行动而认识自己，获得自我意识，并以此来确定其认识对象。这种本原行动既为人类知识之源，亦是客观实在之本。在他看来，任何哲学体系都可归纳为两种类型，第一种从知识主体出发，第二种从知识客体出发。若仔细分析这两种出发点及其后果就会发现，未经理性确证的感性认知乃是缺乏根据的信仰表述，而只从客体出发则会产生独断，因此，最佳之途就是基于主体意识来认识并解释世界。显然，费希特不承认客体之独立自存，而认为其乃自我主体的产物，正是"自我设定自己"和"自我设定非我"，才使客体得以统一于主体。这里，费希特认为自我可以出现"外化"，从而使主体亦可转向客体，其主客关系及其矛盾可以用正题、反题、合题这种三段式来论证，由此而论，人的实践能力乃使其理论能力得以可能。

人作为有限自我，以其实践来表达其无限的努力，从而反映出有限自我所具有的无限性和自由本性，说明有限自我乃是绝对自我之产物。这样，费希特的理论并没有真正走向无神论，而是回归到宗教思想。他相信"神性本身就以它原始的形态重新进入你的心里"，故而仍把上帝视为绝对原则和道德秩序，希望人能"爱心"充满，从而可以爱他人、爱上帝。这样，费希特就又沿着康德道德宗教哲学之路往前迈进了。费希特的思想及其局限性颇受黑格尔的注意，并为其创立系统、整体的哲学提供了启迪和思路。

64. 施莱尔马赫:宗教与 "绝对依赖感"

近代德国哲学中由康德掀起的"哥白尼式革命"得以扩散,影响到当时的社会及宗教思潮。当时欧洲的浪漫主义思潮亦由文学进入到哲学、神学等领域,形成了对康德哲学的积极呼应。在这些新思潮的涌动中,德国近代神学、宗教思想紧随哲学之后而标新立异,其浪漫主义神学的典型代表施莱尔马赫就以其"对宗教主体性的发现"推动了西方近代新教神学的"哥白尼式革命"。

施莱尔马赫(Friedrich Daniel Ernst Schleiermacher)于 1768 年 11 月 21 日出生在德国布列斯劳,早年曾就读于摩拉维亚兄弟会虔敬派的学校,1785 年入巴比神学院,1787 年到哈雷大学专攻神学和哲学,1794 年在兰德斯堡担任牧师,随后曾在柏林、斯托尔普担任牧师,1804 年就任哈雷大学神学教授,1810 年担任柏林大学神学教授和柏林三一教会的牧师,直至 1834 年 2 月 12 日在柏林逝世。其主要著作包括《论宗教》、《论基督教信仰》、《新约导论》、《耶稣传》、《独白》、《对迄今为止的道德学说进行批判的基本思路》、《圣诞节庆谈话》、《辩证法》等。

在主体哲学的时代氛围中,施莱尔马赫同样也是以主体之人的内在感触作为其思想的出发点。不过,他既不同意笛卡尔的唯理论思辨,也不赞成康德的道德论预设。针对启蒙运动理性主义对宗教的批判和康德、费希特的"道德神学"走向,施莱尔马赫于 1799 年发表了阐述其全新宗教观的名著《论宗教——对蔑视宗教的有教养者讲话》。这部著作因论及"宗教的本质"、"宗教感的培育"、"宗教团体"(教会及教牧)、"各种宗教"等内容而不只是被理解为替宗教辩护的论战性著作,更被视为西方宗教学最早的理论之探。此后，他又在《论基督教信仰》一书中对其宗教理解有了更深入、更系统的诠释。在他看来，宗教就是人类"从有限中获得的对无限的感觉"，这说明宗教既不依赖哲学理性，也不以道德戒律为根基，宗教就是植根于人的内心感情，由此方可推出宗教来源和宗教本质之论。也就是说，宗教不必外求，而应该回归自我人心，宗教正是个人独立享有的"对无限的感觉和鉴赏"，是倾慕广袤宇宙的一种本能。而正是由于人的渺小和有限，所以施莱尔马赫特别强调，宗教就是人类在感触无限时向往而敬畏的"直觉和情感"，他为此提出了宗教就是人们"绝对依赖的感情"这一著名论断，突出"依赖感"才是宗教的基础，是宗教得以真正产生的本原或根源。在此，施莱尔马赫辩证性地结合了人对绝对的仰望和对内心的窥探，形成与康德"头上的星空"、"心中的道德律"之论既类似又迥异的另类表述。这种对超然和内在、无限与有限的关联及比较，使施莱尔马赫不是割裂二者而是承认无限宇宙与有限世界的密切联系，无限宇宙的绝对存在可以从人的有限存在中去找寻或体悟。施莱尔马赫强调宗教是人之绝对依赖的感情，正是要说明人已经意识到自己参与了无限整体的存在，世人与上帝没有必要二元分割，世人作为局部或有限存在仍可投入到整体及无限存在之中；世人因此可以达到不朽，世界也能充满神性光芒。

施莱尔马赫的研究并不限于宗教，其在哲学、神学、伦理学、解释学、美学等领域都多有建树。正是他的浪漫神学影响到了谢林的浪漫哲学和艺术哲学，并促成其向宗教神学的转化。而施莱尔马赫对辩证法的探究，亦启迪人们向苏格拉底和柏拉图回溯。当然，施莱尔马赫对后世影响最大的还是他关于宗教之论，其理论直接触发了宗教哲学、宗教心理学以及比较宗教学的诸多命题。因此，施莱尔马赫可以当之无愧地作为西方宗教学的思想先驱。对西方宗教学的理论寻踪，一般都会又回到他关于宗教的著名论述。

65. 黑格尔:思辨哲学的高峰

西方思想史上主、客体哲学的综合与统一,在黑格尔这儿终于得以完成。其思辨哲学、整体哲学、系统哲学之构建,使西方近代哲学发展达到了顶峰。源自古希腊的辩证法思想及逻辑推理方法,到黑格尔这儿得到了最精彩的表达。黑格尔是一个百科全书式的学者,他构设的精神哲学体系创立了西方哲学发展的一个辉煌时代,并对今天世界哲学的发展及走向仍然产生着深远影响。

黑格尔(Georg Wilhelm Friedrich Hegel)于 1770 年 8 月 27 日出生在德国符腾堡的斯图加特,1776 年入当地人文中学就读,1788 年以优异成绩毕业后获得公爵奖学金,进入蒂宾根神学院攻读神学和哲学。他当时对神学实际上持批评态度,但对哲学则颇有兴趣。1793 年,黑格尔大学毕业后到瑞士伯尔尼任一户贵族人家的私人教师,1797 年又转到德国法兰克福任家教。1800 年,黑格尔因获得其父的部分遗产而来到耶拿大学申请教职,于 1801 年提交教授资格论文《论行星轨道》并进行资格答辩,成为其编外哲学讲师,并于 1805 年在歌德的帮助下获得副教授职位。1807 年,他迁居班堡,出任《班堡报》编辑,后因报纸被查封而于 1808 年转至纽伦堡,出任一所人文中学的校长。1818 年,他受聘为海德堡大学哲学教授,从此影响日增。他于同年不久后又被任命为柏林大学教授,1822 年任柏林大学评议会委员,1829 年当选为柏林大学校长,1831 年获得普鲁士国家奖三级红鹰勋章。1831 年 11 月 14 日,黑格尔在柏林病逝。黑格尔在德国哲学界的深远影响在其去世后迅速展示出来,他的思想形成了黑格尔派,后来又发展出青年黑格尔派,其起伏变化对近现代西方哲学的转型起着引领作用,并在当代世界哲学发展中留下了深深的印痕。

　　黑格尔一生著述甚丰，且多为系统性著作，涉猎许多领域。其生前出版的著作包括《费希特与谢林哲学体系的差别》、《精神现象学》、《逻辑学》、《哲学科学百科全书》、《法哲学原理》等。在他去世后，其学生和助手们整理出版了他的《哲学史讲演录》、《历史哲学讲演录》、《美学讲演录》、《宗教哲学讲演录》等，此后整理出版的著作还有《黑格尔早期神学著作》、《黑格尔政治著作选》等。这些著述成为西方哲学史上的宝贵精神财富，而黑格尔的辩证法思想更是对马克思构建其哲学体系产生过直接影响。

　　黑格尔以创立一个科学的哲学体系为其使命，其关于对立统一、质量互变、否定之否定的辩证法思想，乃是西方哲学史上辩证法的经典表述，达到了其思辨传统的升华；其关于物质运动、发展变化及其内在规律的动态过程观，使哲学之思不再僵化。为此，马克思曾高度评价其思想特质，指出黑格尔"把整个自然的、历史的和精神的世界描写为一个过程，即把它描写为处在不断的运动、变化、转变和发展中，并企图揭示这种运动和发展的内在联系"，"这是他的巨大功绩"。[①] 黑格尔的哲学体系博大而精深，涵括逻辑学、自然哲学、精神哲学、形而上学、美学、法哲学、历史哲学、宗教哲学、道德哲学、政治哲学等领域。而且，他还尝试将各门学科体系归纳在其整个思想体系之中，使之科学定位、有机互动、相互关联、完全整合。不过，在其哲学体系的层级构设及历史演化之表述中，黑格尔因过于自信而达到了一种自我陶醉，其自我感觉的极好使之将自己的哲学体系、将西方哲学及宗教放在人类思想发展所达到的顶峰，故此却窒息了自身的辩证法及发展观的鲜活灵魂。而他对东方思想包括中国宗教、哲学的轻看，也使我们很容易对之产生一种微妙的距离感。这对其大全构思及其体系而言，实际上是一种令人遗憾的缺陷。

　　黑格尔对宗教亦高度重视，认为"宗教是我们生活里最重要的事务之一"。他曾探究客观宗教、主观宗教、民众宗教等信仰类型，并对世界宗教的发展有"自然宗教"、"艺术宗教"和"天启宗教"三阶段的区分。不过，他只是将基督宗教作为"天启宗教"的独造，称其为"绝对宗教"，

---

① 《马克思恩格斯选集》第 3 卷，人民出版社 1972 年版，第 63 页。

代表着宗教意识发展的顶峰。这种见解显然带着西方中心论的偏见。在他看来，宗教虽然反映了人之主体及其主体意识对上帝的关系，但上帝并不限于这种主体认识之中，而有其独立、超然之自在。宗教作为人类意识仍是源自上帝的创举，归根结底还是上帝精神的产物，为上帝影响的结果。所以，宗教中有世人自下往上寻觅上帝、上帝自上往下眷顾世人的双向互动。上帝既是"绝对精神"，同样也是"现世精神"。由于宗教是通过上帝的影响而达到关涉上帝的意识，因此可以不含哲学蕴涵而独立存在，但黑格尔认为哲学都离不开宗教的意趣，人的这种精神追求在"哲学化"的过程中则可展示有限归入无限、普通达其升华的辩证运动。在他看来，宗教哲学的任务自然有其对上帝存在的证明，因其证明针对超然之问而乃"超验哲学"之举。在这种证明中，上帝乃作为"无限生命"、"永恒过程"以及可用"绝对"来表述的"绝对真实"、"绝对概念"、"绝对观念"、"绝对人格"、"绝对精神"而被人所理解或领悟。黑格尔还具体对基督宗教关于"三位一体"的上帝观加以"绝对精神"意义上的解说，认为这一"绝对精神"在"圣父"那儿是指被逻辑化为"宇宙理性"之上帝的"寓言"形式，意喻上帝理念的永恒、超越、普遍、自由和自在自为；在"圣子"那儿则象征自然界及终极精神的关联，"道成肉身"就是"绝对精神"在自然现象和历史现象中的呈现，意喻神人统一，无限与有限的统一，"圣子"正是指绝对精神在现象、意识及表象领域中的存在；在"圣灵"那儿又进而表明"绝对精神"从宗教向哲学、从信仰向知识领域的转化及体现，由此表明其从现象领域重返其自在自为之本体，揭示出精神的永恒运动及前进。当然，黑格尔也注意到宗教所反映出对人的压抑和强迫，论涉宗教所引起的人之异化问题，从而在其思想中也开始有潜在的对宗教之人本思想和政治批判的审视。

66. 谢林:浪漫哲学的宗教回归

在近代西方思潮中,哲学与宗教有着复杂纠结。尤其是在其引领时代潮流的主体意识、浪漫主义的嬗变中,不少人从宗教走向哲学,同样也有很多人从哲学回返宗教。与施莱尔马赫的浪漫神学相媲美,浪漫哲学亦曾特别引人注目。但在欧洲厚重的宗教氛围中,作为浪漫哲学旗手的谢林在脱离康德、费希特等人主观、主体思维模式而走向客观、客体的理念观之后,最终放弃其"真诚的青春思想",回到了其宗教信仰的家园。

谢林(Friedrich Wilhelm Joseph von Schelling)于 1775 年 1 月 27 日出生在德国符腾堡的莱昂贝格,其父为当地新教教会的执事。谢林幼年聪颖好学,成绩优秀,于 1790 年入蒂宾根神学院就读,曾与黑格尔、荷尔德林为室友,并曾结交费希特,对社会变革的关注曾让他在法国大革命时期将《马赛曲》译为德文。1795 年,他硕士毕业后没有选择神职而是当了家庭教师。1796 年,他到莱比锡大学旁听,选修了自然科学课程,并进而展开了其对自然哲学的研究。1798 年,他在歌德的推荐下被聘为耶拿大学编外教授,并成为耶拿浪漫派小组成员。1801 年,谢林获兰茨胡特大学医学博士学位。1803 年,谢林受聘为维尔茨堡大学教授,1806 年应巴伐利亚政府之邀到慕尼黑担任巴伐利亚科学院院士,并于 1808 年受聘为科学院秘书长,获得贵族封号。1820 年,他辞去秘书长一职而到爱尔兰根大学任教,讲授神话哲学。1827 年,谢林回到慕尼黑任新建的慕尼黑大学教授,并担任巴伐利亚科学中心总监和巴伐利亚科学院院长。1832 年,他当选为柏林科学院院士。1833 年,他获得法国荣誉军团骑士勋章,成为巴黎科学院通讯院士。1841 年,他应邀任柏林大学哲学讲座教授,并曾担任普鲁士政府枢密顾问。在柏林听其讲课者包括恩格斯、拉萨尔、克尔凯郭尔等人。谢林自 1846 年结束其大学教职。1854 年 8 月 20 日，谢林在瑞士巴德拉卡茨逝世。其主要著作包括《有关自然哲学的一些概念》、《先验唯心论体系》、《哲学与宗教》、《论德国科学的本质》、《对人类的自由本质即与之相联系的对象的哲学研究》、《世界时代》、《神话和天启哲学》等；此外他还发表有诗作《维德普斯滕的伊壁鸠鲁之信仰》和小说《彻夜不眠》等。

论及谢林的哲学思想，一般将之分为自然哲学、先验哲学、艺术哲学和宗教哲学等，亦有人将其归纳为理论哲学、实践哲学和艺术哲学的体系构建。但就其哲学发展阶段而言，谢林哲学大致经历了自然哲学、同一哲学和天启哲学这三个阶段。其自然哲学描述了自然界的发展变化，认为自然万物乃先验演绎的结果，整个宇宙是体现出"宇宙精神"的有机整体，其发展过程是从质料经过无机体而达到有机体的演进、过渡，人则为这一发展进化的完善结果。在这种自然观中，谢林认为人是自然的目的，也是精神与自然联结的纽带，但在其发展过程中也会发生"裂变"，如人的纵欲、作恶就会导致自然与精神之间的张力，因其不再和谐而破裂。为此，他相信自然发展的原则既有其合目的性，也有其模糊性，自然乃为这两性的并存。其同一哲学探究绝对从客观到主观以及从主观到客观的变化过程，这两大层面构成其同一哲学的组成部分。他以自然哲学与先验哲学来共构这一哲学体系，旨在展示其既对立又平衡的思想模式。其基本思想是描述质料向有机体、经过理性和随意性而到达自由与必然的统一，强调从自我意识开始的认识通过理论活动和实践活动达至理智直观后而领悟到"绝对同一体"，这种自我意识即连接主观和客观的中介，其本身已有二者内在的直接同一性。在他看来，主体与客体、认识与行动处于对立矛盾与和解调和的反复过程中，而其必然发展则体现出冥冥之中的天意。谢林以艺术哲学来作为消除主、客体对立的认识体系，旨在以一种非理性、神秘的智性直观作为达到绝对同一性的通途，坚持认为这种绝对同一性乃其同一哲学体系之始及之终。但这种所谓理智直观最终还是让谢林走向了宗教。其天启哲学即谢林的宗教哲学体系，以他 1804 年发表《哲学与宗教》为标志。这种哲学突出源自上帝、回归上帝的宇宙发展史，而上帝的存在则是不能用逻辑方法来推论的。他以其宗教哲学来探讨人与上帝、有限与无限的关系，并以"神话哲学"作为一种尚未完成的宗教的哲学，以"天启哲学"作为已经完成的宗教的哲学。他最终宣称宗教才是衡量哲学正确与否的标准，甚至干脆把自己的哲学称为基督教哲学。在这种信仰体系中，谢林已把上帝视为绝对唯一的真实存在，即"绝对的真实"、"绝对的一切"，同时强调上帝也是"完全活生生的人格本质"。在他对上帝的认识中，他认为自己发现了"永恒的存在"和"永恒的形成"。谢林从哲学走向宗教，从理性主义回到神秘主义，已经预示了西方现代哲学与宗教的复杂缠绵尚远未完结，并在现代社会世俗化的处境中仍将持续下去。

67. 叔本华：以意志为宇宙的本质

在西方哲学的近现代之交，德国思想界出现了关注并强调意志、生命的流派，由此形成影响现代哲学发展的意志哲学和生命哲学，甚至以"求生意志"衍变为对"权力意志"的推崇，在一定程度上为西方强权政治理论提供了相关的哲学辩解。由此以来，西方思维中出现了病态，并在深层次上加剧了西方现代社会政治发展中的危机。从学术层面来分析，这种意志哲学之所以得以产生，在一定意义上正是源自叔本华对意志的理解、把握和界说。

叔本华（Arthur Schopenhauer）于 1788 年 1 月 22 日出生在但泽（今波兰境内），祖籍荷兰，1797 年随父去法国学习，1803 年曾游历荷兰、法国、奥地利、英国等地，1807 年入德国哥廷根大学研习医学，不久转回哲学，并对印度哲学和佛教情有独钟，却不喜欢基督教和西方众多的哲学家。1811 年，他转学柏林大学，后于 1814 年以《充足根据律的四重根》论文获耶拿大学博士学位。自 1814 年至 1818 年，他在德累斯顿居住、写作，此间完成其代表著作《作为意志和表象的世界》。1820 年，他成为柏林大学无俸讲师，曾与黑格尔同期开课，并对其多有批评。1831 年，叔本华移居美因河畔的法兰克福，从此离群索居，埋头写作。1860 年 9 月 21 日，他在法兰克福逝世。其主要著作还包括《论视觉和颜色》、《论自然中的意志》、《伦理学的两个基本问题》（包括《论意志自由》、《论道德的基础》两篇论文）、《附录和补遗》等。

由于人生的坎坷和学术生涯上的失意，叔本华以悲观的人生态度而出名，其哲学表述亦与众不同，成为既不属于官方哲学家，也不属于学院哲学家的另类。他突出对意志的理解和描述，认为意志具有主动性和原创性，体现出自由创造的生命之力。在其哲学体系中，自然界只是表象，"世界"即对我所显现出的"表象"，而作为自在之物的"物自体"则为意志。这里，意志成为了宇宙的本质，而现象世界不过是意志的表象。以此来推论，他强调人的本质也是意志，由于人生意志很难得到满足，所以会使人充满痛苦，恰如佛教所论苦海无边。因此，人的解脱就在于否定生活意志。这种意志的肯定与否定也就是人的欲求和解脱，其考量成为叔本华哲学的基本思路。

叔本华对人生的否定看法，使他视世界如幻影，而世人在他看来也是因其各种欲念才会深深陷入痛苦、悲惨、困惑、不幸的处境之中。对此，叔本华提出了禁欲作为对之解决之途，想让世人通过禁欲而达到无欲，从而去除痛苦，甚至让生命消失。在叔本华这里，意志成为这个世界最本质、最原初、最确定的东西，他以意志来解答世界之谜，却又对意志及其命运加以悲剧性界定，视其具有本原上的悲剧性，认为意志的挣扎与其创造、努力的不可完成性及难达其最后满足，便成为人世间一种巨大的悲剧。也正因为如此，叔本华的意志哲学具有难以想象的悲剧感染力，让人体会到一种痛苦的深沉。叔本华的哲学对 20 世纪初的中国文人颇有影响，德国学者中就曾有人做过叔本华与王国维的比较研究。王国维非常欣赏叔本华的思想，曾反复思考摆脱感性的欲求以成全整体的意志之问题。但王国维最终在颐和园沉昆明湖自杀，却不知是否受到叔本华关于自杀乃肯定意志的最强烈的表现之论的影响，其死因从此也就成为中国现代知识分子历史及文人学界之谜。

68. 孔德：实证哲学与社会学

在近代欧洲社会中，哲学家开始从纯思辨的学术探究中伸出头来观察社会。与思辨哲学的逻辑推理、演绎论证不同，观察社会需要有对"社会事实"的实证性研究。这样，在社会哲学领域就出现了实证科学的尝试。近代实证主义的理论和方法推动了"社会的科学"之发展，不仅形成了实证主义的研究方法和思想流派，而且还催生了一门新兴学科，即社会学的独立体系和全新发展。法国人孔德乃这一发展方向的关键人物，因而他不仅是西方实证主义的哲学家，而且是其最早的社会学家。

孔德于 1798 年 1 月 19 日出生在法国南部蒙彼利埃，1806 年在当地上小学，1814 年入巴黎综合技术学校，毕业后曾于 1817 年给圣西门当秘书，但后来两人因学术观点分歧而分手。1826 年，孔德开始开设实证哲学讲座，宣传其思想主张。1857 年 9 月 5 日，孔德在巴黎逝世。其主要著作有《实证哲学教程》（6 卷）、《论实证精神》、《实证政治体系》（4 卷）、《主体性的综合》等。

在启蒙运动时期，不少思想家习惯以思想的主观推断来论述、批评社会现象及相关发展，如伏尔泰等人对宗教的产生即"骗子骗傻子"一类的批评等，这在孔德看来实在过于武断而没有足够根据。为此，孔德尝试一条实证主义的研究道路，主张对宗教的社会意义首先应该加以不带任何偏见的观察和实证性研究。在他看来，这种"实证"并非个案的孤证，而是系统探究相关事实的顺序及秩序的"科学实证"。由此可见，其科学实证精神对社会确定性的认识实际上有着探索社会发展规律的鹄的。这种实证主义哲学与西方传统的形而上学迥异，它走向了近代应用哲学、生活哲学的道路，与政治学、社会学有着更为直接和密切的联系。事实上，孔德本人就是"社会学"的发明者,而且其创立的西方社会学有着很大的宗教社会学蕴涵。

在其社会学体系中,孔德提出了人类社会发展经历了神学、形而上学和科学三大阶段的理论。他认为,神学阶段为人类 1300 年之前的历史,其特点是神秘虚构,人们把对神明及超自然力量的信仰视为万物存在的根据,相信世界是神创的。孔德指出神学阶段也是发展演进的,它经历了拜物教、多神教和一神教的不同信仰时期。第二阶段即 1300 年至 1800 年之间的形而上学阶段。这一时期的特点即崇尚人的抽象思维,热衷于对形而上的探究,将抽象的本质解释为世界万物的终极原因,而超自然神明则被边缘化。不过,孔德认为形而上学阶段既是批判性的,也是建构性的。1800 年以后,则进入了孔德所相信的科学阶段,这一阶段即实证阶段。人们不再寻求神明来点破迷津,而是以实证精神来调研求证,以便探寻社会及自然界的本质,找出其发展规律。实证精神只相信科学,其实证方法则使人更贴近社会。孔德分析了与这三大阶段各自相应的社会组织及政体,指出神话阶段有神权政体,形成了军事社会;形而上学阶段有王权政体,构成了法律社会;而实证阶段则与共和政体相呼应,说明人们已进入了现代工业社会;只是到了工业社会,人的"类"品格才得以实现,人的普遍性亦获得确认。孔德从思辨走向实证,从哲学步入社会学,为当代社会科学的发展开启了更为广阔的天地。

69. 费尔巴哈:人本唯物主义的"火溪"

德国古典哲学在黑格尔的唯心主义思辨哲学那儿达到高峰,此后唯物主义亦有新的发展。这种近代唯物主义除了重视物质世界的发展变迁及其内在规律之外,也开始关注人与自然的关系,以人为本来看世界、观自然。德国近代唯物主义的这种人本主义特色,在费尔巴哈(其名称的德文意思即"火溪")那儿充分展示出来。

费尔巴哈(Ludwig Andreas Feuerbach)于 1804 年 7 月 28 日出生在德国南部巴伐利亚的兰茨胡特,其在人文中学时曾立志成为基督教神职人员,因此于 1823 年入海德堡大学专攻神学,但不久他就对神学课程失望,于 1824 年转入柏林大学哲学系改学哲学,深受黑格尔影响。其独立思考和富于批判的精神也使他对黑格尔的哲学体系和理论方法质疑。1826 年,他转到爱尔兰根大学攻读植物学、解剖学和心理学,为其唯物主义自然界的形成奠定了基础。1828 年,他以《论统一的、普遍的和无限的理性》的论文获博士学位,留校任私人讲师,开设了近代哲学史、逻辑学、形而上学等课程。1832 年,他因 1830 年发表的无神论文章《论死与不死》得罪官方和宗教界而被迫辞去教职,从此以自由撰稿为生。1837 年,他隐居布鲁克堡村,此后开始从青年黑格尔派转向唯物主义。1843 年,他曾与马克思通信,表明对《德法年鉴》的支持。1849 年,他曾出席法兰克福国民会议。1860 年,他迁居纽伦堡雷兴堡村,此后生活日渐贫寒。1870 年,他参加了德国社会民主党。1872 年 4 月 13 日,费尔巴哈在纽伦堡去世。

费尔巴哈的主要著作包括《从培根到斯宾诺莎的近代哲学史》、《对莱布尼茨哲学的叙述、分析和批判》、《比埃尔·培尔》、《黑格尔哲学批判》、《基督教的本质》、《关于哲学改造的临时纲要》、《未来哲学原理》、

《宗教的本质》、《古典的犹太的和基督教的古代著作中的诸神系学》、《从人本学观点论上帝、自由和不死》等。他曾自己出版过 10 卷本的个人著作全集。

针对黑格尔的思维与存在同一说，费尔巴哈强调存在是主体，思维只是宾词，思维是从存在而来，而存在的本质乃自然的本质。他反对传统思想为证明而证明的无意义之举，主张思想的意义在于人际沟通，通过语言来扬弃我你之"个别分离性"而获得"类的统一性"。费尔巴哈自己的理论体系则以人本学唯物主义为特点，突出人与自然在哲学思维中的地位，认为人正是其认识的出发点和归宿。在他看来，人以自然为其生存基础，人是自然不可分割的组成部分，而且，人乃肉体与灵魂的统一，灵魂依属于肉体，不能独立存在。不过，费尔巴哈只是以一种感性哲学来观察人类及其周围的感性自然界，对人的理解局限于"我欲故我在"的自然性上，其对人与动物的区别则在于说明人已具有"类"的意识。但这种"人类"在费尔巴哈那儿只是抽象、自然的人，而不是具体、社会的人。

从对宗教的兴趣，费尔巴哈发展出一种人本主义的无神论。他曾如此总结自己思想的三阶段发展："我的第一个思想是上帝，第二个是理性，第三个也是最后一个是人。神的主体是理性，而理性的主体是人。"[①] 人本身亦是宗教的根源及本质所在，人的依赖感成为宗教的基础，这种依赖感表现为恐惧感、欢乐感、谢恩感等。人以其"类"本质异化为"上帝"，想象出一种超人、超自然的存在，由此体现出"宗教是人类精神之梦"。费尔巴哈看到人的本质在宗教中的异化，因而指出是人创造了神，而不是神创造了人，崇拜神实质上就是崇拜人本身，但人在肯定神的同时却否定了人自己，从而造成消极、落后等恶果。当然，费尔巴哈也没有成为彻底的无神论者，他把人对幸福的追求视为人类发展的出路，为此主张一种"爱的宗教"，把这种人对人的爱视为"实践的无神论"，以人作为自己的上帝，企图实现其人本主义的还原。但在阶级社会中，费尔巴哈既不能使人成为自己真正的上帝，也找不到他所向往的那种人际关系和谐之爱。因此，其人本的唯物主义也很容易滑向社会的唯心主义。其重要历史意义及

---

① 《费尔巴哈哲学著作选集》上卷，生活·读书·新知三联书店 1959 年版，第 247 页。

价值是，费尔巴哈的思想经马克思主义的批评和改造而从对自然之人的关注升华到对社会之人的分析，所以说，马克思主义历史唯物主义和辩证唯物主义的创立及发展显然受到费尔巴哈的唯物主义思想启迪，并对之有着相应的借鉴和发展。

70. 克尔凯郭尔：存在主义的先驱

西方哲学从苏格拉底到笛卡尔，基本上走的是从"我知"、"我疑"、"我欲"、"我思"到意识"我在"这一主体思辨主义的进路，把人的思考、思想放在首位。这种"我思故我在"的定式在西方思想从近代到现代的转型中被质疑和颠覆。丹麦哲学家克尔凯郭尔在其思想体系中实际上提出了"我在故我思"的基本想法，即以人的存在为根基和认知的出发点，从而形成了与思辨主义对峙的生存主义思想体系。为此，克尔凯郭尔也有了"丹麦的苏格拉底"、"当代存在主义之父"的称号。

克尔凯郭尔于 1813 年 5 月 5 日出生在哥本哈根的一个富商家庭，1821年入当地"公民美德学校"接受教育，1830 年毕业后入哥本哈根大学神学系学习，1840 年以《论反讽的概念》论文获得神学博士学位，此间与雷吉娜·奥尔森有过婚约，但其不幸的结局使克尔凯郭尔从此以一种悲情来激励自己埋头写作，结果产生多产高速之效。1855 年 11 月 11 日，克尔凯郭尔在哥本哈根去世。其主要著作包括《非此即彼》、《启示性训导文》、《反复》、《恐惧与战栗》、《哲学片断》、《忧惧的概念》、《人生道路各阶段》、《最后的、非科学性附言》、《爱的作为》、《不同情境下的启示性训导文》、《基督教训导文》、《致死的疾病》、《基督教的训练》、《瞬间》等，其兄帮助整理出版了他的《作为一个作者的观念》、《判断你自己》等遗著。

从反对黑格尔的思辨哲学及形而上学体系出发，克尔凯郭尔走向了现代哲学，并重新开始深层次的宗教沉思。他指责黑格尔的"大全"体系在其抽象整体中扼杀了活生生的个人"存在"，忘掉了最基本的"生存"意义。因此，这种貌似完美的整全体系却解决不了人的"生存"问题。于是，克尔凯郭尔潜心于对"存在"的研究，探讨"存在"与"本质"、"理想之在"与"实际之在"的关系，强调各自的不同及区分。他把"生存"看作是"一场斗争"，认为这一斗争乃自我矛盾的展开，却会永无止境，其原因就在于生存反映出无限与有限、永恒与瞬间之张力，二者之间会有着本质的矛盾和斗争。对这种持久性、永恒性生存斗争，克尔凯郭尔表露出一种强烈的"悲剧意识"。

克尔凯郭尔的思想反映出对19世纪西方社会危机初露时的神经质和忧郁感，他觉得人类社会发展已经患上了"致死的疾病"，希望能以一种灵性复兴来得到解脱。为此，他把人的"存在"分成三个发展阶段，类似人类通向天国的天路历程。其一为审美阶段，在此人们体验到直观、怀疑和绝望这三种境遇；这一阶段因世人易于追求肉欲、快感而导致腐败、堕落，结果人只能抓住"瞬间"，留意于"此时此刻"的享乐，只求"一朝拥有"而不计后果。但人一旦陷入危机和苦难，却会充满恐惧、战栗不止。审美阶段为人的感性直观之表现，难免冲动和肤浅。其二为伦理阶段，此时人们会感到其道德责任，遵循社会道德原则，有着相应的义务感和使命感。这一时期的人能够做到扬善弃恶，有着理性智慧。但这种伦理观照也会以一种集体感、普遍性而掩盖个人的独特性和自我意识，而对人生的深蕴悟之不透，观之不明，只能靠"选择你自己"的勇行义为，而不论是否能获得"冰河水下的珍珠"都敢作"信仰的跳跃"，寄希望于人为天成。当然，在此人们则可进入其第三阶段即宗教阶段。由于宗教之人以超脱、超越境界而摆脱了世俗的束缚，只求心向上帝而能够超凡脱俗，所以可以走向神圣，达成神人相遇。克尔凯郭尔在19世纪下半叶有关人生"存在"的思考及其宗教关联，不仅影响到20世纪西方存在主义哲学，而且也推动了20世纪西方存在主义神学的兴起及发展。

71. 狄尔泰:精神科学的集成

　　黑格尔注重其思辨哲学的综合及整合，形成了其哲学视域的大全体系。但近代西方思想界已经步入了一个重新开创体系，开创学科的时代。与以往学科分门分类、各不依属的情况不同，这一时期的学者研究学科综合及普遍联系，注意各学科之间的关系及关联。于是，不少在新学科领域标新立异的学者，往往也会成为百科全书式的学术大家。狄尔泰集成精神科学的努力，正是这一创新时代的生动写照。

　　狄尔泰（Wilhelm Dilthey）于 1833 年 11 月 19 日出生在德国莱茵河畔比布里希，其父为当地新教牧师。狄尔泰于 1839 年开始其小学教育，1852 年入海德堡大学攻读神学，1853 年转学柏林大学，继续研读神学，兼习哲学、历史等课程，于 1856 年通过考试获牧师资格但没任职，而是选择进一步深造，由此回溯西方思想传统之源，研习新柏拉图主义、教父哲学、中世纪神哲学等。在大学期间，狄尔泰深受青年黑格尔派的影响，对黑格尔"精神的辩证发展"亦有独到领悟。他还推崇施莱尔马赫的解释学等理论，曾于 1859 年以《施莱尔马赫的解释学的独特贡献》一文获奖，从此步入哲学研究，曾编辑施莱尔马赫文稿，撰写其传记。1861 年，狄尔泰注册大学哲学院钻研哲学，并于 1864 年以《施莱尔马赫的伦理学原理》论文获博士学位，同年 6 月通过教授资格论文《道德意识之试析》，随之获私人讲师教课地位，讲授逻辑学和施莱尔马赫的学说。1866 年，他获得瑞士巴塞尔大学教席，同时开始研习心理学和生理学。1867 年，他获得教授职位，1869 年应聘德国基尔大学任教，1871 年应邀担任布雷斯劳大学教授，1882 年重返柏林大学任教。1911 年 10 月 1 日，狄尔泰在前往意大利途中染疾在博岑附近逝世。

　　狄尔泰涉猎颇广，著述甚丰，不仅有总结、归纳以往学科的积累和准备，更有发现、创立新兴学科的睿智和勇气。他从要创立一门跨学科的"人类精神的经验科学"的冲动，到以其"创造性的综合"而构设的精神科学之集大成体系，实现了学术史和思想史的许多重要突破，成为了现代学科领域中现象学、生命哲学、解释学等门类的奠基人之一。在这一学术历程中，他完成的重要著作包括《施莱尔马赫传》、《体验与诗》（包括《莱辛》、《荷尔德林》、《歌德》、《诺瓦利斯》）、《关于人、社会和国家的科学历史的研究》、《精神科学导论》、《15 和 16 世纪对人的认识和分析》、《17 世纪的精神科学的自然体系》、《17 世纪的思想自律、建构理性主义和泛神论的一元论及其关联》、《布鲁诺和斯宾诺莎》、《论个体性研究》、《解释学的兴起》、《精神科学基础研究》、《青年黑格尔史》、《哲学的本质》、《精神科学中的历史世界建构》、《历史理性的批判》等。

　　关于哲学、人文及社会科学能否像自然科学那样成为"科学"，学界历来有很大争议。对此，狄尔泰主张转换一下思路，不提倡以逻辑结构的整体性来界定精神科学，而应关注其历史发展上的有机联系，以认识论为主，讲究"语言应用"的方法。狄尔泰构建精神科学体系的努力虽然没有完全成功，却对当代人文科学及其分门别类的发展有着潜移默化的影响。狄尔泰对心理学的研究，在其学生马丁·布伯那儿得以延续并取得了巨大成就。此外，狄尔泰还推动了西方近代古典解释学的发展。他和施莱尔马赫共同将解释学从单纯研究具体文献的解释方法和规则问题转向研究一般性、统一性理解问题，从而使解释学的论域有极大的扩展，其内容亦有了更多的涵括。狄尔泰以其百科全书式的知识结构和深刻的思想洞见，而成为了西方学术步入当代发展的重要领军人物之一。

72. 尼采：宣称"上帝已死"的 "超人"哲学

西方近代意志哲学自叔本华之后继续发展，并形成唯意志论的思想态势。这种权力意志论的表述在否定传统权威的同时也试图树立新的权威，在德国哲学家尼采那儿，于是就有了"上帝"的死亡和"超人"的诞生这种极端表述。

尼采（Friedrich Nietzsche）于 1844 年 10 月 15 日出生在普鲁士萨克森的勒肯镇，其父为当地新教牧师。1866 年，尼采入波恩大学攻读神学，后转读古典语言学，其间亦求学于莱比锡大学。1869 年，他被瑞士巴塞尔大学聘为古典语言学编外教授，1879 年，他因患精神分裂症而辞去教职，开始自由写作生活。1889 年，他终于精神崩溃，完全病倒，余生只能由其母亲和妹妹照顾。1900 年 8 月 25 日，尼采在魏玛逝世。

尼采深受叔本华的意志哲学和瓦格纳的浪漫主义音乐影响，但最终又对二人的思想加以批判。其著述风格独特，警句迭出，且多给人危言耸听、惊世骇俗之感。他的主要著作包括《悲剧的诞生》、《人性的，太人性的》、《曙光》、《快乐的知识》、《查拉图斯特拉如是说》、《善恶的彼岸》、《论道德的谱系》、《反基督徒》、《权力意志》等。

在近现代哲学史上，尼采被视为一位天才而疯狂的哲学家。他对传统道德观念和宗教信仰加以猛烈攻击，有着将之彻底摧毁的无情和快感。他主张一种"权力意志"，认为这种意志才是万物的本原、发展的冲动，宇宙的全部历史就是权力意志相互斗争的过程。其形成的权力意志说把达尔文主义关于物竞天择、弱肉强食的自然观运用到人类社会，对其价值观、历史观、道德观重加评价。他认为意志作为一个纯粹的创造力是一种冲动、外溢和发射，它真正体现出哲学所要表达的原创性、主动性、积极性。在他看来，生命乃基于这种利己的权力意志，由此势必会外扩、剥削和占有，而人的一切行为和意欲都受追求权力意志的本能所支配，逐权夺利遂为生命的基本原则、社会的普遍法则。他以此来颠覆传统道德价值，批判基督教和人道主义道德的"软弱"和"虚伪"，把社会主义理想追求的平等价值观斥为"天真梦想"，并以一种非道德主义、非理性主义的笔触来重写"道德谱系"。

尼采在其著作中明确宣布"上帝死了"！他还以一个狂人大白天打着灯笼在市场上找寻上帝时的口气宣称："上帝哪里去了？我要告诉你们！我们杀死了他，——你们和我！"与"上帝"的死去相对应的，则是"超人"的来临。尼采以其超人哲学表明"超人"对以往的"克服"和"超越"；"超人"以其"自由"和"创造"来弘扬人类千年生存；"超人"是天才、强者，是新的"地球主人"。其实，这种权力意志论和超人哲学很容易为霸权主义、法西斯主义提供理论依据和思想精神。因此，深受希特勒法西斯之害的德国知识分子对尼采的哲学保持着相当距离和一定的警惕。

尼采以其独特的敏感预见到现代西方社会的危机，其回溯古希腊文艺之"悲剧的诞生"有着深刻的寓意，也给其当代人带来前瞻时的沉思及沉重。当然，尼采关于古希腊神话阿波罗精神和狄奥尼索斯精神的对比，关于日神与酒神、史诗与悲剧之论，有着丰富的美学思想，也非常吸引中国学者的关注。尼采对中国的传统道德文化评价不高，且多有批评、指责。与之相反，尼采在中国自"新文化"运动以来人气却非常火热，且久盛不衰。自五四时期以来，就有不少中国学者翻译尼采的著作，而且同一本书往往会有好几个人在翻译，这种现象到今天仍在持续，有多个学者同在翻译尼采的著作，发表了不同版本的中文译著，其研究者亦在增多。这种现象让德国学术界一些人士感到百思不得其解。也许20世纪初处于新旧文化之间"破"与"立"的中国知识分子大概受到了尼采摧枯拉朽、打破一个传统旧世界之豪气的某种启发，引起了相关冲动。而且，尼采关于美学、悲剧的优美文笔也的确对中国哲学、美学、文艺界的人士有着相当的吸引。可能还有一点也颇为重要，即翻译、研究尼采的这些中国学者无论在

"新文化"运动时期还是在当代，因其学识及影响而在中国社会大多都有着较高的知名度，故而引起了社会的兴趣、躁动，带来了从众效应。但无论怎样，尼采在中国之"热"毕竟有超乎理性理解之处，也仍是我们很难彻底解答之谜。

四

当代西方

73. 胡塞尔:现象学的创立

　　哲学的现象世界是什么、对于这种现象世界应采取何种态度,以便能够开展"纯粹"的哲学研究,这是步入 20 世纪以来西方哲学所思考的一个重要问题,由此亦引发了 20 世纪影响最大的哲学思潮,即"现象学运动"。这种现象学体系的创立,在很大程度上应归功于德国哲学家胡塞尔。

　　胡塞尔(Edmund Husserl)于 1859 年 4 月 8 日出生在普罗斯捷约夫(今在捷克境内),父母为犹太人。1868 年,胡塞尔去维也纳读书,1876年入莱比锡大学攻读数学、物理,亦涉猎天文学和哲学。1878 年,他转至柏林大学研习数学和哲学,1881 年又转入维也纳大学,并于 1882 年以《变量计算理论的论文集》获博士学位。1883 年起,他在维也纳跟随布伦塔诺研习哲学,于 1887 年在哈雷大学获得教授资格。1901 年,胡塞尔来到哥廷根大学任教,1916 年转至弗莱堡大学任教。他自 1928 年起先后到阿姆斯特丹、巴黎、法兰克福、柏林、哈雷、维也纳、布拉格等地讲演。他于 1928 年当选美国艺术与科学学院国外名誉院士,1932 年当选法国伦理学和政治学学院通讯院士,1935 年当选布拉格哲学院荣誉院士,1936 年当选为英国学院院士。1938 年 4 月 27 日,胡塞尔在弗莱堡逝世。其主要著作包括《算术哲学》、《逻辑研究》、《作为严格科学的哲学》、《纯粹现象学和现象学哲学的观念》、《现象学的观念》、《形式的与超越论的逻辑学》、《经验与判断》、《内时间意识现象学》、《欧洲科学的危机与超越论现象学》、《笛卡尔式的沉思和巴黎讲演》、《第一哲学》等。

　　胡塞尔的思想经历了前现象学时期、现象学前期和现象学后期这三个阶段。在其现象学中,胡塞尔以意识本身为其研究对象,宣称这种意识乃是将现实世界的一切加以搁置、对其中止判断之后所留下的"纯粹意识",

它作为"先验意识"而涵括先验自我、意向的作用及对象，体现出"纯自我"的存在。显然，胡塞尔在其理论中排除了经验性的内容，并为其主观先验的认知提供了现象学体系的思想方法，如中止判断、本质还原、观念直观、本质直观等。他以这种本质直观的抽象来获得观念之物，即一般之物、一般本质，并认为其直观是无法论证的，而其直观的明见性却可作为检验其他非直接认识的标准。因此，所谓现象学就是明见直观的学问，"可以被称之为关于意识一般、关于纯粹意识本身的科学"。尽管胡塞尔的现象学论述玄而又玄，让人难以把握其关涉主、客体，却又不可等同于主、客体的现象，其现象学思想方法却对20世纪的哲学发展产生了巨大影响。在这一现象学体系的孕育下，现代存在主义哲学应运而生，宗教现象学也建立起其庞大的理论体系和专有研究方法。此外，聚集在胡塞尔麾下的一大批学者，大多也成为20世纪叱咤风云的学坛精英。

74. 柏格森:"生命哲学"的直觉

19、20 世纪之交，是西方意志哲学、生命哲学盛行的时代。如果说意志哲学在德国的发展表现得颇为典型的话，那么生命哲学则在法国异军突起，影响日增。法国人的多愁善感、富有生活激情和浪漫色彩，使其对"生命"的领悟更为敏锐、更加透彻。在生命哲学的发展中，法国哲学家柏格森就具有举足轻重的地位。

柏格森（Henri-Louis Bergson）于 1859 年 10 月 18 日出生在巴黎，父母均为犹太人，因而使其从小就有着对宗教和音乐的独特敏感。他于 1878 年中学毕业，随之入巴黎高等师范学院攻读哲学，1881 年毕业后到昂热中学任教，后又转至克莱蒙菲朗中学执教，1888 年调回巴黎，任教于亨利四世等中学。1889 年，柏格森以《论意识的直接材料》一书获得巴黎大学文学博士学位。1897 年，他被聘为巴黎高等师范学院哲学教授，1901 年当选为法兰西学院院士，1915 年评为其终身院士。1928 年，柏格森获诺贝尔文学奖。1941 年 1 月 4 日，柏格森在巴黎逝世。其主要著作包括《论意识的直接材料》（英译本名为《时间与意志自由》）、《物质与记忆》、《笑——论滑稽的意义》、《创造进化论》、《道德与宗教的两种来源》等。

柏格森强调直觉主义，认为认识包括理智认识和直觉，前者以推理式思想方式来探究"处于空间化的时间中的物"，由此而有推理、证明，但时间的绵延性所体现的"自由"使仅具"空间"性的理智很难把握，故而需要具有"时间"性、"绵延"性的精神来展示这种"自由"，此即直觉的意义之所在。在柏格森看来，直觉也是认识的一个过程，即发展中的"认识"，其特点是从起源看发展，以主体的内在生命体验来把握绝对的实在，达到绝对真理。所以，这种生命本能即直觉，它将人们引向生命的深处，体现出"生命的本性、有机性、内在性"等，反映出生命过程和生命奥秘。

从这种直觉主义就推展开了柏格森的生命哲学，他以创造进化的理论来说明自然界的整个进化过程乃"生命冲动"之绵延，由此不断发展、不断更新，反映其"自由展开"。在他看来，只有这种生命冲动才是最真实的存在，它创造并主宰世界万物。从社会视域来观之，柏格森则承认人并不能脱离社会而存在，人因而会受到社会影响及其制约。他进而分析了封闭社会与开放社会之不同，指出封闭社会中的封闭道德和静态宗教会对个人自由、意志、情感、个性、创造等起到压抑作用，但开放社会的开放道德和动态宗教则能体现人的神秘体验、超越人的利益局限，从而使人达到与神合一之境。柏格森以其生命哲学的理解来反对封闭社会及其静态宗教，主张以开放社会的动态宗教来体现人的真正信仰，实现其直觉的创造，进入其心灵慎独的神秘体验，以便能够达到神人统一的至高境界。这里，柏格森实际上已将其"生命的创造力"回归到宗教的神秘体验，把哲学话语变成了宗教的表述。

75. 杜威：实用主义的集大成者

20世纪初中国五四运动时期，美国哲学家杜威应胡适等人之邀而来到中国讲学，先后在北京、上海、山东、山西等11个省市发表演说，推广其实用主义学说。从此，实用主义对中国有长达近百年的影响，迄今仍在不少中国人的思维模式、行为方式中浸润。实用主义与马克思主义一道成为20世纪初中国"新文化运动"中所引入的两种最大的外来思潮。

杜威（John Dewey）于1859年10月20日出生在美国佛蒙特州的柏林顿，1879年毕业于佛蒙特大学，在担任几年中学教师后，于1882年入约翰·霍普金斯大学研习哲学，1884年以《康德的心理学》论文获博士学位。随之任密歇根大学助理教授，1888年获明尼苏达大学教授席位，1889年后回到密歇根大学任哲学教授和系主任，1894年到芝加哥大学任哲学、心理学和教育学系主任，1902年起任该校教育学院院长，1904年起转至纽约任哥伦比亚大学哲学教授，并曾担任系主任，1905年当选为美国哲学协会东部分会主席，1938年当选为美国哲学协会名誉主席。杜威还曾获得美国、法国、挪威、中国等国多所著名大学的荣誉博士学位。1952年6月1日，杜威在纽约逝世。其主要著作包括《心理学》、《我们怎样思维》、《实验逻辑论文集》、《哲学光复的必要》、《人性和行为》、《哲学的改造》、《经验与自然》、《确实性的寻求》、《一种普通的信仰》、《艺术即经验》、《逻辑，探索的理论》、《自由与文化》、《人的问题》、《认知与所知》等。

杜威的思想经历了从绝对主义发展到实验主义的过程，这种实验主义和经验自然主义成为其实用主义的重要构成。与之相关联，他还提出了"探索理论"及"探索方法"，以指引人的认识和实践过程。基于这一特点，杜威并不抽象地讨论实用主义哲学，而是将之运用到政治、宗教、道德、教育等现实生活领域，称其应用即创造、实践的过程。为了这种运用，杜威称其实用主义为工具主义，将观念、思想、理论等都作为行动所需的工具，并以其行为能否成功作为检验这些工具之真理性的标准，而在此之前这些观念、思想等均为假设。在他看来，人们不能奢望一种永恒真理或终极实在，其确定性乃是无法找寻的。这样，杜威就否定了真理的客观性和绝对性，认为一切都是相对的，是有待证明的，因而没有绝对真理的存在。在这种思想指导下，他强调世界、尤其是人类社会的多元性、相对性，并无所谓客观规律、普遍真理可言。而且，他认为人类社会的形成及其现状乃与人的本性有关，社团、政党、国家的构建亦反映出这种本性，人的本能及其需求是社会发展的动力，并且决定着社会发展的方向。这样，他对人性及人类文化的发展持一种实用主义、实验主义的态度，主张人性的改进和社会的发展要靠多元的、具体的、实用的、可操作的方法来实施，并且只能是"一点一滴的改造"、"一点一滴的解放"，即逐步的、逐渐的"进化"。这样的理论思考决定了杜威提倡社会的渐进、改良，而不主张根本性的、质的变革。尽管杜威的实用主义较早就进入了中国，然而当时中国的社会救亡和解放需要的是彻底的、根本的革命，这或许是革命者最终选择了马克思主义、冷落了实用主义的根本原因。

76. 怀特海：创立"过程"哲学及神学

受进化论的影响，当代西方哲学家中有许多人关注宇宙发展的进程或过程，这种过程变动不居、瞬息万变，使存在以一种生成方式来表现，让未来具有开放性和不确定性。在这种动态的捕捉中，英美哲学家怀特海创立了其过程哲学和过程神学的思想体系。

怀特海（Alfred North Whitehead）于 1861 年 2 月 15 日出生在英国肯特郡的拉姆斯格特，其父为英国国教会牧师。1875 年，怀特海入多塞特郡舍伯恩学校，1880 年入剑桥大学三一学院攻读数学和哲学，1885 年毕业后留校任教，1903 年入选英国皇家学会，1910 年迁居伦敦，1911 年任职伦敦大学，1914 年起在肯辛顿担任帝国科技学院数学教授，1924 年应邀到美国哈佛大学任哲学教授，于 1937 年退休时获哈佛大学荣誉教授称号。1947 年 12 月 30 日，怀特海在哈佛逝世。其主要著作包括《泛代数论》、《论物质世界的数学概念》、《数学原理》（3 卷，与罗素合作）、《投影几何学公理》、《描写几何学公理》、《数学导论》、《关于自然知识原理的研究》、《自然的概念》、《相对论原理》、《科学和近代世界》、《宗教的形成》、《象征，其意义和作用》、《过程与实在》、《观念的探险》、《思维方式》、《科学和哲学文集》等。

作为哲学家和新教神学家，怀特海创立的"过程"学说既是哲学，亦为神学。他着力探究"过程"、"事件"、"客体"这三个基本概念，并以"绵延"、"生成"、"进化"等来解释其"过程"理论。其核心观念即从"过程"的角度来观察、思考这一世界，认识到它不是静止的事物，而是流变过程中的事件。他提出以"实际的实体"和"实际的事态"这两个术语来替代其思考自然世界的"事件"之说，称"实际的实体"为终极事实，是现实与潜在、原因与结果、客体与主体、生灭与永恒、实在与现象、整体与局部、过去与现在等对立面的统一。怀特海称此为"有机哲学"，旨在以此来扬弃以不变本体为对象的所谓"永恒不变之哲学"，从而可以来积极探究流变不居的"活的宇宙"、动态的世界。

怀特海进而以"实际的事态"来"把握"或"领悟"事态从过去到现在的流变运动，并指明应观察到其彼此依赖、相互关照和前后呼应。由于所论"事态"既为过去经验之产物，又为未来新添内容所敞开，具有既吸纳又排斥的特性，因而其形成的统一体就为"把握之共生"。这即意味着在涌现后转瞬即逝的事态并没有真正丧失，而仍然在为下一事态之准备来"潜在"。针对思辨哲学在现代社会所面临的危机，怀特海强调任何科学实际上都以形而上学为其潜在前提，为此，他尝试在现代科学走向和反形而上学氛围中重建形而上学体系，并为之设置了"实际的事态"、"永恒客体"、"上帝"和"创造性"这四种终极观念。基于这一形而上学，他认为上帝乃"一种内在于实际世界中的实际实体"，而这并不与上帝关于世界、超越宇宙的逻辑可能性相悖，因为这种超越性实质上乃指其永恒神圣性。从其过程哲学和神学，怀特海推出其有关上帝乃世界进程中之"爱"的论说，认为上帝作为宇宙过程的"根据"、"原理"，作为"超越现实的重要性、价值和理想"而体现出了"爱"的本质意义。所以，他相信在宇宙的过程中会充满"上帝之爱"。

77. 罗素：分析与逻辑

　　从英国近代经验主义哲学传统，发展出现代西方哲学的逻辑实证主义、新实在论、逻辑原子论等思想流派和研究方法，由此形成了当代西方分析哲学的蔚然大观。这种发展态势使自然科学、尤其是数学等与哲学有着密切的关联。许多自然科学家同时也是颇有影响的哲学家，英国人罗素就是集数学家、逻辑学家、哲学家和社会活动家为一身的典型代表。

　　罗素（Bertrand Arthur William Russell）于 1872 年 5 月 18 日出生在英格兰蒙茅斯郡特雷莱克，1890 年入剑桥大学三一学院攻读数学和伦理学，毕业后于 1895 年获本院研究员资格，1908 年当选为皇家学会会员，1910 年任剑桥大学哲学讲师，1916 年因反对英国兵役法和抵制英国参加第一次世界大战而被解职，1918 年曾因反对协约国而被监禁半年。罗素于 1920 年访问中国和苏联，成为五四时代在中国颇有影响的西方哲学家，与杜威齐名。罗素在中国讲学达一年之久，并醉心于老庄之学，其在华讲演稿以《罗素五大讲演》之名出版，他回国后还写了《中国的问题》一书，分析中国的现状及发展。1931 年，罗素继承其家族的伯爵爵位，此后一度赴美国讲学，1944 年重返剑桥大学任教，1949 年荣获英国荣誉勋章，1950 年因《优美的散文风格》一书获诺贝尔文学奖，1955 年与爱因斯坦等人共同签署争取和平宣言，此间积极参加反对核战的和平游行等活动，因而获得世界和平奖。他于 1958 年任核裁军运动主席，1960 年任非暴力反抗运动"百人委员会"主席，1968 年建立国际战犯法庭，反对美国发动越南战争。1970 年 2 月 2 日，罗素在威尔士梅里奥尼斯彭林德雷斯病逝。

　　作为思想家和社会活动家，罗素一生著述甚丰，涉及多个领域，主要著作包括《论几何学的基础》、《莱布尼茨的哲学》、《数学原则》、《数学原理》（3 卷，与怀特海合著）、《哲学文集》、《哲学问题》、《我们关于外部世界的知识》、《逻辑原子主义哲学》、《数理哲学导论》、《心的分析》、《原子论入门》、《相对论入门》、《物的分析》、《论教育》、《哲学大纲》、《怀疑论文集》、《科学的远景》、《婚姻和道德》、《对意义和真理的探究》、《西方哲学史》、《人类的知识——其范围和界限》、《我信仰什么》、《为什么我不是基督徒》、《论宗教与科学》、《决定论和物理学》、《中国的问题》、《西方的智慧》、《我的哲学发展》、《布尔什维主义的理论和实践》、《工业文明的前景》、《自由和组织》、《什么是通向和平之路》、《常识与核战争》、《在越南的战争罪行》等。

罗素的思想发展经历了早期追随黑格尔和康德思想的新黑格尔主义时期，中期探究新实在论和逻辑原子主义时期，以及后期的中立一元论时期。由于其逻辑原子主义对分析哲学的产生有着直接影响，因而罗素也被视为当代西方分析哲学的主要创始人。而他的思想从多元论的实在论转向以中立材料为本体的一元论，则是多种哲学传统和现实发展因素使然。罗素对逻辑作用的强调和对确定知识的找寻，形成了与黑格尔思辨体系明显不同的发展，其倡导的分析哲学实际上就是走出黑格尔哲学框架的全新发展，从而为哲学思索增添了重要新意。由于对确定性的追求，罗素对信仰持谨慎态度，他认为信仰与事实的关联决定着该信仰的真假，凡是不真的信仰则为假的。他关于"为什么我不是基督徒"的声明，在西方宗教界反响颇大。此外，中国学术界尤其是大学师生对罗素的西方哲学史研究亦非常熟悉。记得自己上学时常读的两部《西方哲学史》，一为罗素所著，另为梯利所写。大家通常认为梯利的西方哲学史比较科班，更像大学教科书那样规范，而罗素的西方哲学史则极有个性，在不少地方多有自己独到的发挥和精彩的表述。这两种风格的西方哲学史相得益彰，形成互补，使我们对西方的智慧也有了更深刻的认识。

78. 雅斯贝尔斯:"轴心
时代"的提出者

　　21世纪是不是"第二轴心时代",这是国内外学者讨论非常热烈的一个话题。人们相应地出版了不少关涉"轴心时代"的著述。这种"轴心时代"之说可以追溯到德国哲学家雅斯贝尔斯的理论。他在其名著《论历史的起源和目的》中将人类历史发展划分为四个重大时期,即史前时期、世界文明时期、轴心时期和科技发展时期。他认为处于公元前8世纪至公元前2世纪的人类发展为"轴心时代",表现为人类各大宗教、哲学思潮及体系的兴起,在古希腊、古巴勒斯坦、古伊朗、古代中国和古代印度等地形成了一些文明的亮点及火花,出现了思想文化百花齐放、百舸争流的繁荣局面。这一精彩表述使我们对雅斯贝尔斯其人亦有了特别的兴趣和关注。

　　雅斯贝尔斯(Karl Jaspers)于1883年2月23日出生在德国奥登堡,早年就读于海德堡大学和慕尼黑大学法律专业,后改学医学和心理学,涉猎哲学等人文领域,先后转学柏林、哥廷根和海德堡,于1909年以《怀乡病与犯罪》的毕业论文获海德堡大学医学及心理学博士学位,随之在附属于大学的精神病诊所当实习医生,1916年被聘为大学心理系专业讲师,1921年被聘为大学哲学教授,1937年因其妻为犹太人而被纳粹政权解职,直至第二次世界大战结束后复职。他于1946年任海德堡大学荣誉评议员,1948年应聘赴瑞士任巴塞尔大学哲学教授,从此定居瑞士并取得瑞士国籍。1969年2月26日,雅斯贝尔斯在巴塞尔逝世。其主要著作包括《普通精神病理学》、《世界观的心理学》、《哲学》(3卷)、《时代的精神状况》、《理性和生存》、《生存主义》、《罪责问题》、《原子弹与人类未来》、《大学的使命》、《联邦德国向何处去》、《论真理》、《论历史的起源和目的》、《哲学引论》、《大思想家》、《对照于启示的哲学信仰》等。

在哲学发展上，雅斯贝尔斯被视为存在主义哲学的代表人物之一，其思想特点是提出人在"临界境遇"时的心灵震惊及精神觉醒，认识到人与自身及其与超越者的关系。在他看来，人在临界境遇时面临着自我选择，"这种选择是生存性选择，在做选择时，生存在选择自身"。这种生存性抉择的瞬间就体现出独特的生存性意义。其瞬间既为此刻此间的"现时"，又是"永恒的现在"，具有以时间因素来超越时限的意义。而在生存与超越之间，则展现出抗争与献身的张力。从生存论上来理解，人生乃具有内在性存在与超越性存在、自身存在与他者存在的双重结构。雅斯贝尔斯以"世界导向"来阐述经验世界及人对经验性存在的突破，以"生存澄明"来说明生存意识、人的超越性生存以及生存与超越的关联，以"形而上学"来论说超越者及超越性的现实可能。而人生超越本身，也就是超越者的显现及其密码解读问题。这里，雅斯贝尔斯进而论及哲学信仰问题，由于这种密码解读源自生存之唯一性，各自的相关信仰故而也都有不可替代的价值。因此，他主张哲学信仰与宗教信仰应相互对照、彼此宽容。他认为，大凡信仰都有其历史唯一性，所以并不具有普遍性意义，信仰是一种个性选择，有其各不相同、不可替代的个殊性。也就是说，认识信仰不能简单化、一般化、普泛化，应有具体分析，个性对照。当然，他也承认信仰的唯一性自然带有排他性，故此难以避免世界的多元与纷争。

雅斯贝尔斯喜欢解读人类的哲学史，写有许多哲学家的思想传记。这种个性探究不仅让他对世界哲学的发展线索有一大致了解，而且深入到各个思想家的独特性之中，依其感悟，随有阐发。他关于不同思想文化圈的睿智洞见，也让我们今天对文明的冲突和融合有了更深刻的体认。

79. 海德格尔:存在与时间的研究

在当代西方哲学发展中,存在主义是一个非常重要的流派,对 20 世纪西方思想的走向产生过巨大影响。存在主义有不同的发展,而且有政治上的分殊和信仰上的区别。但在整个存在主义哲学家群体中,最有影响且最有争议的人物则是受到截然不同的"毁誉褒贬"的德国哲学家海德格尔。

海德格尔(Martin Heidegger)于 1889 年 9 月 26 日出生在德国巴登州弗莱堡附近的梅斯基尔希镇,其父在当地天主教堂工作,家乡的天主教氛围和"田野"风光为他日后思想特色的形成有着潜移默化、润物无声的影响。他于 1903 年入康斯坦茨寄宿学校读书,1906 年入弗莱堡的教会人文中学,1909 年他想入耶稣会的请求因自己有心脏病问题而遭拒,改而入弗莱堡大学攻读神学,一度曾因病休学,返校后改学哲学及自然科学,于 1913 年以《心理主义中的判断理论》一文获博士学位,1915 年又以《邓斯·司各脱的范畴和意义学说》论文获大学讲师资格,于 1916 年随胡塞尔在弗莱堡大学任教,1923 年在胡塞尔推荐下被聘为马堡大学哲学系副教授,1927 年在胡塞尔主编的《哲学和现象学研究年鉴》上发表《存在与时间》,由此被视为存在主义哲学的创始人。1928 年,他回到弗莱堡大学任哲学教授,于 1933 年就任弗莱堡大学校长,公开表示拥护希特勒,从而为其生涯带来阴影,他虽然任职仅十个月就辞职,后又被纳粹派到前线作为后备役人员挖战壕、服劳役,1945 年以后仍受到审查并被禁止授课,直到 1951 年才恢复教职,于 1959 年正式退休。在停职期间,海德格尔曾与中国学者萧师毅交往,商讨德译《道德经》的问题。老、庄之"道"对海德格尔颇有启发,故此而有其"田野之道"、"林中之道"与中国"天道"的关联,使其存在主义之"道"
与道家之"道"有此奇特相交。1976 年 5 月 26 日,海德格尔在弗莱堡
逝世。其主要著作包括《邓斯·司各脱的范畴和意义学说》、《存在与时
间》、《康德和形而上学问题》、《论根据的本质》、《德国大学的自我主
张》、《柏拉图的真理学说——附关于"人道主义"的信》、《论真理的本
质》、《林中路》、《形而上学导论》、《哲学——这是什么》、《同一与差
异》、《走向说的途中》、《技术与转向》、《路标》、《走向思的事业》、
《现象学和神学》、《现象学的基本问题》等。

　　在当代中国对于西方哲学之"热"中,海德格尔是最受关注的,有许
多学者翻译其著作,对其研究亦方兴未艾,吸引颇大。由于海德格尔与纳
粹的那段经历,德国当代学术界对其思想持保留意见,仍有一定距离,为
此也有德国学者对于中国的"海德格尔热"感到困惑和难以理解。这的确
是值得我们注意和思考的现象。其实,海德格尔的著作艰涩难读,其思想
亦隐晦难懂,甚至不少中译文读起来都佶屈聱牙,不易上口。尽管如此,
中国学人对其热情不减,对其研究亦多有成果推出。这说明中国人对
"在"之问题的独特兴趣。颇有意义的是,德文之 Sein 与中文"在"的发
音有极为接近和相似之处。而学者们对 Seiende 的"存在者"、"实存者",
以及对 Dasein 之"此在"或"缘在"等翻译,也反映出中国学者对"在"
的理解和所寻求的"在的澄明"。海德格尔对"存在"与"时间"问题的
关心及对二者相关联的思考,既涉及到哲学关于时空存在的基本问题,也
让人联想到海德格尔时代的现实生存处境。他尝试把"在"的问题结合
"在者"的实存来思考,希望以原始的时间性来从"在者"中烘托出
"在"之意义。在他来看,作为"此在之在"的存在,就揭示出人在世界
的"存在状况",而"在"的意义恰好在人之在"此"、或其生存之"缘"
上体现出来。在之境域即其生存"环境",即"周遭世界",这就是人的
"在世"、"在场",从而有着复杂关联,必须与"同此世域者"交往、共
在。此外,海德格尔的存在主义还涉及到解释学的问题,其"语言"、"领
会"、"理解"、"诠释"等都关涉"存在的意义"、"缘在之缘性"等问题,
从而扩展并深化了存在论的问题意识。海德格尔在其存在主义理论中创造
了自己的独特语言,也杜撰出不少专门的术语,但其探究亦是一种探险式

冒险。在面对危险时，海德格尔也考虑到了"拯救"问题，但他把这一难题交给了宗教，认为并相信"只有一个神才能够救渡我们"。这样，海德格尔这位"永远在道路之中"的思想者、行走者，最终还是将哲学之道与宗教之道汇为同道。

80. 维特根斯坦:当代哲学
"语言的转向"

在现代西方思想发展中,学界认为有三大突破,一为哲学从"解释的哲学"发展为"行动的哲学",这种哲学的实践意义由马克思所提出并加以实现;二为心理认知从"意识"发展到"无意识"的深蕴心理,这种在人类精神领域深化到无意识心理活动的突破由弗洛伊德所完成;三为哲学认知出现了"语言的转向",从而出现当代语义学、分析哲学的全新发展。分析哲学因为弗雷格的《算术的基础》及其提出的数理逻辑和逻辑分析方法而得以奠立,但这种"语言的转向"之开端则以维特根斯坦的《逻辑哲学论》为标志。

维特根斯坦(Ludwig Wittgenstein)于 1889 年 4 月 26 日出生在奥地利维也纳的一个犹太人家庭,其母却信奉天主教。他早年在奥地利和德国柏林读书,1908 年到英国曼彻斯特大学专攻航空工程,1912 年入剑桥大学跟随罗素研习哲学和数理逻辑,第一次世界大战时曾在奥匈军队服役并被俘,战后自 1920 年到奥地利南部任乡村教师,1926 年在维也纳工作时曾与石里克、韦斯曼等维也纳小组成员交往,1929 年重返剑桥,获哲学博士学位,1930 年任剑桥三一学院研究员,1939 年获剑桥大学哲学教授职位,并加入英国国籍。第二次世界大战期间,他自动放弃教职到医院工作,任其实验室的实验员,1946 年他回到剑桥任教,1947 年辞去教职,隐居爱尔兰乡村潜心哲学研究,此间曾去美国访问。1951 年 4 月 29 日,维特根斯坦在英国剑桥病逝。其主要著作包括《逻辑哲学论》、《哲学研究》、《哲学评论》、《哲学语法》、《关于数理基础的评论》、《蓝皮书和褐皮书》、《1914—1916 年的笔记》、《论确定性》、《关于颜色的意见》、《心理哲学评述》等。但这些著作中只有《逻辑哲学论》为其生前出版，其余则为他人在其去世后编辑出版。

维特根斯坦的思想分前期哲学和后期哲学两个阶段，前期思想以《逻辑哲学论》为代表，后期思想见于《哲学研究》等著述。在其前期哲学发展中，他把哲学的任务定为对命题意义的澄清，并以逻辑原子论来阐述意义理论，认为命题与非命题之界在其意义之有无，有意义才为命题；而从命题意义上论述世界，则为以语言来推论世界。这种命题与事实、语言与实在乃处在形式关系之中，这种关系则要靠图式来反映；图式即实在之模型，亦为逻辑形式和实在的形式；因此，图式就是逻辑图式，其对事实的揭示即思想。显然，维特根斯坦试图以一种逻辑形式来构造世界。他以命题来对应事实，以原子命题来与原子事实相对应，以命题总和来对应事实总和，以此强调二者结构特性的一致。他认为，命题不同于名称，不仅有意义，而且还有逻辑结构，只有逻辑性的东西才可以思考，不可思考则不可言说。正是出于这一考虑，他曾表示对于上帝是否存在的问题是不能谈论的，哲学家在此应该保持沉默。在其后期哲学思考中，他放弃了图式说和逻辑原子论，坚持以语言分析来代替逻辑分析，以日常语言来替代理想语言，以生活形式来取代形上形式，"也就是说，从逻辑的、形而上学的、独断的、理想的世界观，转向了日常的、经验的、心理的、现实的世界观"①。维特根斯坦不仅思想认知上发生了转变，甚至其学术、写作风格也发生了变化，如果说其《逻辑哲学论》强调的是其行文、推论的逻辑关联，那么其《哲学研究》则体现为散文、断想，以各种只言片语来构成一本思想"相册"。而哲学的性质在此也变为一种"语法研究"，其重点并不在语言的实际用法，而在于其用法所需的游戏规则。为此，他以语言游戏代替了以往的图式论。这种语言游戏把词作为其工具，指出一个词的意义在于其在语言中的用法及其所处语境。在他看来，语言游戏既是语言的活动，也是人的活动，因而也属于社会活动。这里，他对语言的社会性加以特别强调。维特根斯坦的哲学思索试探着走上一条前无古人、后无来

① 江怡主编：《西方哲学史》第八卷下，凤凰出版社 2005 年版，第 494 页。

者的独特之路，但其标新立异、"空前绝后"之举却消解了传统哲学的体系及方法，甚至出现了治疗、克服传统哲学之念。这种对传统哲学的打破及消解，实际上预言了西方哲学在其当代发展中将会走上"后现代主义"之路。

81. 伽达默尔:理解的艺术

当代西方哲学最为流行的思潮之一就是"解释学"。这一源自古希腊通讯之神"海尔梅斯"（Hermes）名称而引申出的解经学及解经原理，经过古代部门解释学、近代古典解释学，发展到现代的哲学解释学和神学解释学等理论体系，颇为壮观。被誉为"德国人文科学首席使节"的伽达默尔建立了"解释学的实践哲学"，因而也创立了当代西方哲学发展的一个辉煌时代。

伽达默尔（Hans-George Gadamer）于 1900 年 2 月 11 日出生在德国马堡，在布雷斯劳开始其启蒙教育，1919 年入马堡大学就读哲学，1922 年以研究柏拉图的论文获博士学位，1923 年在弗莱堡大学参加海德格尔主持的亚里士多德伦理学研讨班，1929 年通过教授资格考试，在马堡任私人讲师，1937 年被聘为马堡大学副教授，1939 年到莱比锡大学任教授和哲学所长，此后曾任其哲学系主任，1945 年任莱比锡大学校长，1947 年到法兰克福大学任教授，1949 年起任海德堡大学教授，直至 1968 年退休。伽达默尔曾当选为莱比锡和海德堡科学院院士，海德堡科学院院长和德国哲学学会会长，国际黑格尔协会主席，被授予普福尔茨海姆市洛希林奖、斯图加特市黑格尔奖、德国文艺语言学院弗洛伊德奖等。2002 年 3 月 13 日，伽达默尔在海德堡逝世。其主要著作包括《柏拉图的辩证伦理学》、《柏拉图与诗人》、《柏拉图的教育国家》、《歌德与哲学》、《真理与方法——哲学解释学的基本特征》、《短论集》（4 卷）、《黑格尔的辩证法》、《我是谁，你是谁》、《美的现实性》、《科学时代的理性》、《赞美理论》、《哲学学徒之年》等。

伽达默尔以其 1960 年出版的代表作《真理与方法》宣布了哲学解释

学的真正创立。1988 年，当伽达默尔与里科尔在德国慕尼黑大学礼堂会面对话时，听众曾请他们以最清晰、简洁的语言表达什么是解释学，思维敏捷的伽达默尔当即回答，说解释学就是一种"理解的艺术"。当时已 88 岁高龄的伽达默尔在走上讲坛时坚决推开想要搀扶他的大学工作人员，以稳健的步伐走向讲台。这一幕给我留下了深刻的印象。那时我刚在慕尼黑大学读完博士学位，在做回国的准备。听到伽达默尔的到来，便赶快奔向大学礼堂，而大街上、校方办公楼门前挤满了学生，正在抗议大学不允许延长大学生攻读硕士学位年限的规定。在挤过人群来到大学礼堂时，几乎已座无虚席。礼堂内外的拥挤和不同目的相映成趣，让人有不尽的回味。

在古典解释学和现代解释学之间，海德格尔曾架起沟通的桥梁，他以对存在的理解而将作为认识论和方法论的古典解释学转向基于本体论的现代解释学，把理解作为人的存在方式。伽达默尔基于这种探究理解和真理问题的本体论解释学而创立了自己的解释学体系，其特点是不再把解释学作为解释各种经典的技巧和方法，而是以人的"世界经验"为对象，探究人的理解活动及其效果。针对维特根斯坦有关语言如工具之论，他认为语言不只是工具，而且构成了世界，人与世界的关系按其性质即一种语言关系，人以语言的方式来拥有世界，这就涉及其理解及沟通问题。人在与他者对话时，其所言并非能完全表达其所思，而他者之所听也并非准确地为其所言。言者意犹未尽，听者另有解读，此间故有理解的艺术、沟通的技巧问题。此外，在文本解说上，文本不只是包含其作者的思想意向，而且有其本身的独立生命。这样，理解不只是再现，而也是创造。由于文本和理解者的不同历史性，理解故而也会受到这种历史性的约束，理解者会读出新意，也可存有其合理的偏见。这即意味着，任何理解和解释都不可能脱离其理解者和解释者的前理解，此乃解释学中的首要条件。伽达默尔强调，真正的理解之正确途径不是设法克服历史的局限，而是应该看到所谓偏见实际反映的人之历史存在状况和由此而有的其理解之前提或境域。因此，不能仅以主观、主体来确立理解，人的解释活动应超越个我的主观性而达到一种普通关联，尚待理解的意义即存在于整体之中，整体与局部有其相互规定的关系。所以，解释学的真正出发点就在于这种"整体和部分的解释学循环"，理解的运动不断从整体到局部，又从局部回返整体。思想主体乃立于其中，并由其所决定，恰当的理解则在于局部与整体一致。这样看来，理解的活动既不是纯主观的，也不是纯客观的，理解者与被理解者之间有着共同性，理解过程就是理解者之此在视界与其被理解对象之历史视界交叉、互渗的过程，其共同性就在不断的理解和解释中发展着，由此达成上述意义的"视界融合"。伽达默尔以其理论表明了解释学与实践哲学的关联，他以人的生活世界经验之基本作为解释之普遍意义的根据，从而推动解释学走向时代现实生活，彰显了实践哲学的重要价值及深远意义。

82. 萨特：无神论的存在主义

当代西方存在主义哲学多为有神论传统，但存在主义对社会真实存在的关注使之不能仅靠"有神"的理解来界说，这种对现实问题的求解亦导致了"无神论"的观点和探求。这种对人之生存处境的另类解读，就体现在法国哲学家萨特的思想理论之中。

萨特（Jean-Paul Sartre）于1905年6月21日出生于法国巴黎，早年曾受意志哲学、生命哲学的影响，1924年入巴黎高等师范学校攻读哲学，1928年毕业后于1929年以会考第一名获中学哲学教师学衔，后与会考第二的波伏瓦结成终身伴侣。他于1931年在勒阿弗尔中学任教，1933年到德国柏林法兰西学院进修哲学，专攻胡塞尔和海德格尔的理论学说，由此步入其存在主义哲学发展之途。他于1939年应征入伍参战，1940年被德军俘虏，1941年逃回法国，并与梅洛－庞蒂等人组建"社会主义与自由"的抵抗团体，继续反法西斯斗争，于1945年主持创办《现代》杂志，此后积极参加维护世界和平运动，于1953年当选为世界和平理事会理事，1955年曾访问中国，在《人民日报》（11月2日）发表"我对新中国的观感"一文，赞扬中国社会"深切的人道主义"。1964年，萨特曾获诺贝尔文学奖，但被他婉言谢绝。1968年，他支持巴黎学生运动，曾先后担任"左派"报纸《人民事业》和《解放》的主编。1980年4月15日，萨特在巴黎病逝。其主要著作包括《想像》、《自我的超越性》、《哲学研究》、《情绪理论纲要》、《想像物：想像的现象学心理学》等，其存在主义理论代表著作则有《存在与虚无》、《存在主义是一种人道主义》、《辩证理性批判》等。

萨特和海德格尔一样都强调"存在先于本质"，认为没有任何先于事物存在的永恒本质，本质乃由人的自由抉择所决定。萨特以"人道主义"来解读存在主义，指出存在者就是"人"，其关于人"在世上存在"这一生存体验及感受在其认识论中起着关键的作用。因此，他认为"人"的问题才是存在主义的核心关注，讲存在就不能忘掉人的存在与本质。他以现象学本体论的表述来开展其哲学讨论，指出弄清存在的意义是说明存在的本质之前提。他还分析了"自在存在"与"自为存在"这两种不同存在，并从客体、主体的对比意义上加以阐明，认为"自在存在"乃"自在的"，是其所是之在，而且还是自己孤立、没有外在关系及理由的存在；这种存在偶然、无原因、无目的、无变化，因而不可认识、无法解释。所以，萨特把"自在存在"视为荒谬、多余、死寂般的存在。"自为存在"则是萨特所肯定的，因为这种存在是有意识的、自由的、能动的，处于不断否定和创造自我的过程之中。在他看来，只有"自为存在"才是真正存在，而这恰是人的自我存在。不过，萨特强调"自为"实际上也是一种"无"，是指"人是虚无由之来到世界上的存在"，但这种空无所有之人一旦被抛入世界，就必须对自己一切负责，这反而让人获得绝对自由。这种在尘世处境中的人之自由，让人将其自由选择变成自己所欲为，由此而体现出人的自由及本质。在这种意义上，人实际上是在焦虑中得到了对其自由的意识。萨特同意马克思历史唯物主义的观点，支持马克思关于"物质生活的生产方式制约着整个社会生活、政治生活和精神生活的过程"之论；并认为在阶级压迫的社会中"他人就是地狱"，人没有得到自由，反而成为奴隶；而处于恐惧、失败、孤独之人类存在的悲剧中，并没有神明的救度。这样，萨特的注意力并不在于一种外在拯救的存在主义神学，而是思考一种能超越人之异化的存在主义人学。

83. 福柯：后现代的"知识考古学"

20世纪下半叶以来，西方思想界出现"后现代主义"对"现代主义"的批评和否定，"后"（post-）成为时髦话语，有"后现代"、"后封建"、"后结构"、"后冷战"等表述。后现代主义表现出对于自启蒙运动以来"现代主义"思想发展的否定性反思，有着对这一现代传统的明显破坏和解构。因此，"破坏性"、"解构性"就被视为后现代主义的批判特色。这种后现代主义"破"字当头、"破"而有余，"立"却不足，形成了当代社会的反传统、否定思潮。在这一浪潮中，法国思想家开创了后现代主义哲学的发展，但因其旨在"破"而乏于"立"，故而在德国思想界乃有人认为，后现代主义哲学既无理论，亦无体系，如福柯的"知识考古学"就既没有"考古"之发掘，也无具体"知识"之体系。

福柯（Michel Foucault）于1926年10月15日出生在法国西部普瓦蒂埃，1943年入普瓦蒂埃中学的法国高等师范学校文科预备班就读，1945年到巴黎的文科预备班续读，1946年考入巴黎高等师范学校，1949年毕业，1950年参加法国共产党，1952年任里尔大学心理学助教，1955年到瑞典乌普萨拉大学任教，1961年获巴黎索邦大学文学博士学位，1960年在法国克莱蒙一费朗大学讲授心理学，1966年赴突尼斯任教，1969年回国任巴黎大学文森学院哲学教授，1969年曾任其哲学系主任，1970年当选为法兰西学院院士。1984年6月25日，福柯在巴黎病逝。其主要著作包括《癫狂与文明》、《罗塞尔》、《临床医学的诞生》、《词与物》、《知识考古学》、《规训与惩罚：监狱的诞生》、《性史》等。

福柯是从研究精神病理学转向对哲学和文化的研究，其1969年出版《知识考古学》，成为后现代主义、结构主义哲学的主要代表。其"知识考古学"与传统理解的"知识"和"考古"都毫无关系，他只是以此来"抗拒表达、解释、理论"。他认为所谓知识首先乃是一种权力，或者说知识应有权力之效果，其表达因时代不同而颇有差别，或为真理，或乃荒谬。福柯的思想意向是要以一种解构主义、非理性主义、破坏传统的方法来对待以往的历史观和知识观。

在历史层面，他坚持应否定、消解那种线性发展的历史观，认为历史并无规律可言，历史发展亦无连续性，人们所能考察的只不过是各个时代的文化断层而已。在他看来，人不可能去主动、能动地创造世界，成不了世界的主人或主宰，人的存在实际上是由不同文化密码所构设的虚幻外形，人之历史、现实存在中只有相异者的差异、纷争才是真的。

在知识层面，他认为要摧毁以往认识事物"本源"、找寻永恒真理的思想方法，因为世界上没有固定不变的本质，找不到形而上学之终极目的。他将西方近现代思想发展归纳为三种"知识型"结构，即"文艺复兴时期"、"古典时期"和"19世纪以后"的现代时期，这些"知识型"乃是彼此孤立的，表现为无意识、静止。人在这种知识发展中，如同在其社会发展中一样都起不到作用，这种"无作用"也就意味着人之"消亡"。他进而指出，在人类社会发展中，"乌托邦"并不真实存在，而的确在场的却为"异托邦"，恰如"镜子"中的"乌托邦"就是一个"异托邦"，这种"异域"乃具有神话和真实的双重性。福柯对社会亦有着否定性、悲观性看法，认为人类社会实为权力所掌控，社会中的监控、压抑和扭曲都是权力的表现。当然，在阶级压迫的社会中，福柯的这种否定性、解构性看法，也具有一定的社会批判意义。因此，福柯对社会现实的关注仍受到人们的重视。

84. 哈贝马斯:法兰克福 学派的社会批判

20 世纪德国哲学的一大发展，就是法兰克福学派的创立，它代表着当代西方马克思主义中最大、也最为重要的思想流派。法兰克福学派始创于 1922 年，因一群学者在法兰克福参加"第一届马克思主义者工作周"、会后于 1923 年建立法兰克福大学社会研究所而得名。该学派的发展经历了四个阶段，即草创阶段、1933—1950 年该学派第一代成员流亡美国阶段、1950 年至 70 年代的鼎盛阶段和此后的"后法兰克福学派"阶段。其主要代表人物有霍克海默、马尔库塞、阿多诺和哈贝马斯。而随着其第一代主要人物的辞世，作为其第二代代表人物的哈贝马斯则脱颖而出，成为其出类拔萃之辈。

哈贝马斯于 1929 年 6 月 18 日出生在德国杜塞尔多夫，1949 年入哥廷根大学攻读哲学，1951 年转至瑞士苏黎世大学，后又到德国波恩大学，1954 年以《历史中的绝对——关于谢林世界时代哲学的研究》一文获哲学博士学位。毕业后先以记者为业，1956 年成为法兰克福大学教授阿多诺的的助手，1961 年获马堡大学教授资格，随之应邀到海德堡大学任哲学教授，1964 年回法兰克福大学任哲学和社会学教授，1969 年去美国纽约新社会研究所任教。1971 年获斯图加特市黑格尔奖，1976 年获德国文艺语言学院弗洛伊德奖，1980 年获法兰克福市阿多诺奖，1980 年获美国社会科学院荣誉法学博士，1986 年获德意志研究联合会莱布尼茨研究项目促进奖，1988 年被吸纳为伦敦欧洲研究院正式成员和贝尔格莱德科学院外籍院士，1989 年获汉堡大学、希伯莱大学、布宜诺斯艾利斯大学荣誉博士，2001 年获德国书业协会和平奖。自 2001 年以来哈贝马斯亦曾来中国访问讲学，兴起中国学界的哈贝马斯热。其主要著作包括《公共领域的结构转变》、《理论与实践》、《社会科学的逻辑》、《认识与兴趣》、《作为"意识形态"的技术与科学》、《文化与批判》、《晚期资本主义的合法性问题》、《历史唯物主义的重建》、《交往行为理论》（2卷）、《道德意识与交往行为》、《现代性的哲学话语》、《后形而上学思想》、《事实与有效》等。

在其思想理论中，哈贝马斯尝试对传统哲学中理论知识、实践知识和审美知识这三大领域加以整合、统一，为此他提出了其交往合理性理论，并进行了科学、道德和法律之流合。面对当代哲学的分化、细化，他认为一种统一的理性世界观仍是必要的，为此应该重建理性。他不同意后现代主义、结构主义对理性的消解和解构，而认为真正需要的是对之作合理性的新阐释，为此有必要纠正把理性仅视为工具理性的误解，故而要用交往合理性来为工具合理性补漏，展开工具合理性批判。哈贝马斯注意到社会发展的变迁，认为马克思所论及的资本主义社会已有发展变化，现代资本主义生产方式比起以前的社会制度来要更有活力和效率。不过，现代社会的合理性仍是有限的、不足的。他根据对当代发达工业社会的分析而提出其"晚期资本主义"理论，并认为这一社会公共领域的所谓非政治化带来的社会利益表面的合理性乃是虚幻的，其技术的自主性实际上为一种"伪自主性"。与上升时期的资本主义社会相对比，作为当代生产力的科学技术并不能真正推动社会发展，而已变为奴役人的力量。因此，哈贝马斯继续坚持法兰克福学派的社会批判理论，并进而将其交往合理性理论作为"开启批判社会理论的一把钥匙"①。

---

① 包亚明主编：《现代性的地平线——哈贝马斯访谈录》，上海人民出版社1997年版，第53页。

85. 德里达:对"逻各斯文化"的"解构"

自古希腊哲学家赫拉克利特提出"逻各斯"之说,这一原义为"话语"的表述就引申为"理念"、"理性"、"实体"、"原则"、"本原"、"规律"、"智慧"、"道"甚至"神性"等重要蕴涵。赫拉克利特把"逻各斯"视为"世界的秩序"、"事物的内在本性"、"万物得以产生的永恒本原",从此"逻各斯"在西方思想文化传统中就被理解为"支配一切的精神力量",成为西方哲学传统中的核心观念和中心依赖。而后现代主义哲学与传统的分道扬镳以及其自我发展的标新立异,其重要标志之一就是对这种以"逻各斯"为代表的西方形而上学体系的清算和批判。法国哲学家德里达就是以其对西方"逻各斯文化"的解构而展示出其后现代主义和结构主义的思想特色。

德里达(Jacques Derrida)于 1930 年 7 月 15 日出生在法属阿尔及利亚的一个犹太人家庭,1949 年来到法国报考巴黎高等师范学校预科,毕业后曾先后在巴黎高等师范学校、索邦大学和社会科学高等研究院任教,1956 年去美国哈佛大学研读,回国后仍在巴黎高等师范学校任教,其间曾任美国霍普金斯大学和耶鲁大学访问教授,1992 年获英国剑桥大学荣誉博士学位,2001 年曾来中国讲学,有力推动了中国学术界对后现代主义的关注及研究。2004 年 10 月 9 日,德里达在巴黎病逝。其主要著作包括《论文字语言学》、《书写与差异》、《声音与现象》、《播撒》、《立场》、《哲学的边缘》、《丧钟》、《马刺:尼采的风格》、《绘画中的真理》、《明信片》、《人的目的》、《心理:他者的发明》、《回忆保罗·德曼》、《省略号》、《马克思的幽灵》等。

　　德里达并不以传统意义上的哲学严谨性来写作，其著作特点被一些批评家认为是随心所欲，不依章法，故弄玄虚，假装深沉。德里达在其哲学思想中探究了文字与语言结构的关系问题，他认为西方思想中语言的地位有失偏颇，言语因其居中占位而使文字处于不利地位，特别是哲学言语之基本前提和结果往往都由逻辑性来决定，他称此为"逻各斯中心论"或"言语中心论"，深感整个西方哲学即形而上学传统从苏格拉底到海德格尔都体现出这种"逻各斯中心论"或"言语中心论"，它在很大程度上影响即支配了西方思想文化的日常语言、伦理道德和价值判断。据此，德里达称这种"在场的形而上学"对人们的思想认识有太多束缚，并已造成僵化、停滞的不良后果。所以，德里达主张将之颠覆和解构，即以书写文字语言为中心来取代"逻各斯中心"或"言语中心"。他认为这种与言语相对的文字语言有自己的生成能力和规律，由此就可在文字语言的外表下找寻已被涂改的人类文化踪迹。在他看来，语言其实就是通过"踪迹"来维系的，文章在成为一种语言之前就表现为踪迹，各个踪迹则只能在其彼此区别时才真正存在，但各踪迹间仍可相互转移，这样也就反映出意义的流动。德里达相信，其解构可以打破原有的固定模式，从而给多种可能性的存在留出了空间。传统形而上学寻找根源和归宿之举，他认为有必要加以解构。以往形而上学作为"白色的神话"在求真中驱赶走了隐喻，将隐喻归于诗歌和文学，使之意为虚假语言，而哲学却被封为真理性语言，从而形成哲学与文学之间的张力，将其语言作了真实语言与虚构语言之区分。其实，哲学在德里达看来从根本上就是一种隐喻，并不存在哲学与文学的根本区分。

　　回溯历史发展，德里达认为形而上学传统所理解、推动的语言进步实质上是一种倒退，它以理性之虚伪来扼杀活生生的生命及其创造力。因此，德里达把解构、消解看作一种还原、回归，他不仅解构哲学、解构逻各斯、解构形而上学，而且也从根本上对"存在"加以解构，让"存在"也归于消解。实际上，德里达不只是解构了逻各斯文化，而且还要否定一切，其结果，一切存在、真理、精神、宗教在他那儿都成了幽灵的异形。在后现代主义解构一切的轻率中，它其实也宣告了自身的消解。

86. 罗蒂:"后哲学文化"的设想

　　西方形而上学传统探究"物体"之后、"现象"背后的"绝对实在"，以"心灵"作为反映世界之镜，由此形成西方"科学之科学"、思辨哲学、相思维、理念观之传统。在这种传统中，哲学成为独立且高于其他学科的理论体系。其实，中国学界"哲学社会科学"之表述也反映出这一认知的影响。但自后现代主义的"解构"趋势出现后，哲学的这种独特及优越地位就受到了挑战。美国新实用主义哲学家罗蒂提出的"后哲学文化"，就代表着对这种西方哲学传统的超越。

　　罗蒂（Richard Mckay Rorty）于 1931 年 10 月 4 日出生在美国纽约，1949 年在芝加哥大学获学士学位，1952 年获硕士学位，1956 年获耶鲁大学哲学博士学位。他于 1955 年任耶鲁大学讲师，1958 年任韦尔斯莱学院讲师，1960 年任该院助理教授，1961 年起在普林斯顿大学任教，1970 年受聘为其哲学教授，1982 年辞去其终身教授职位，到弗吉尼亚大学任凯南讲座社会人文科学教授。他于 1979 年担任美国哲学协会东部分会主席，1985 年曾来中国访问讲学。2007 年 6 月 8 日，罗蒂在加利福尼亚州帕洛阿尔扎逝世。其主要著作包括《哲学和自然之镜》、《实用主义的后果》、《偶然性、讽刺和协同》、《客观性、相对主义和真理》、《论海德格尔以及其他》、《后哲学文化》等。

　　在其《实用主义的后果》一书中，罗蒂提出了"后哲学文化"这一表述。他主张如同启蒙运动推翻神学主宰文化的局面而建立后神学文化那样，也推翻哲学在文化领域的主导地位，推动后哲学文化时代的发展。他认为哲学领域包括"系统哲学"和"启迪哲学"这两大类，"系统哲学"作为主流派强调哲学具有普遍公度性的意义，主张哲学的任务就是给其他文化领域充当纯粹理性法庭的角色。罗蒂对这种"系统哲学"持批判态度，认为应该放弃哲学对其他文化领域颐指气使、评判定性的传统作用。"启迪哲学"则是外围的哲学家们所提出的新主张，其特点是重实效，要求放弃那种作为准确再现结果的知识观，杜绝任何哲学欺骗的企图。在他看来，"启迪哲学"代表着一种"革命的"哲学，是哲学范式的重大转换。罗蒂指出，以往的哲学是"大写"的哲学，将自身凌驾于其他文化领域之上，故而让人有"哲学王"之感；而"后哲学文化"中的哲学则是"小写"的哲学，它与其他文化领域处于并列、相同的地位，这里，哲学不再高高在上、独立于并俯视着其他学科，而是在与其他学科的交织、融合中发展自我。罗蒂希望，"后哲学文化"应是一种多元的文化、平等的文化，哲学不再具有充当纯粹理性仲裁法庭的功能，哲学家也不应该还去致力于建构理论体系、进行抽象思辨。这一时代的哲学家们只是一群持有多种目的、具有多种功能的公众知识分子，他们不再潜心于本体论、形上论、认识论，也不再强调绝对性、确定性、同一性、中心性、整体性和永恒性等传统哲学所关注的问题，而是直面各文化领域的具体问题，注重现实人生，因而其问题意识也转向相对性、差异性、多元性、解构性、不确定性、历史性和时限性。关注并研究世界的不确定性、波动和流变，已经成为当代科学与哲学发展的主要趋势，由此带来方法论和范式的根本改变。但在这种发展中，传统意义上具有巨匠、泰斗身份的"大哲学家"们也将会退隐、消失，而各具特色、各有专攻的哲学家"群雄"则会形成繁星密布、星空灿烂的壮丽景色。这种当代哲学发展图景的描述，意味深长、引人遐思……

附一

卓新平学术简历

卓新平：男，土家族，1955年3月31日生于湖南慈利，现任中国社会科学院世界宗教研究所所长，研究员，中国宗教学会会长。1972年5月至1974年7月就读于湖南常德师专英语专科，1974年8月至1978年9月任湖南常德师专英语科教师，其间曾于1977年11月至1978年1月在湖南大学英语培训班、湖南师范学院英语系进修；1978年10月至1981年9月在中国社会科学院研究生院世界宗教研究系读基督教专业硕士研究生，1981年获哲学硕士学位；1981年8月至1983年5月任中国社会科学院世界宗教研究所助理研究员；1983年5月至1988年11月留学德国慕尼黑大学，1987年获哲学博士学位，1988年9月当选为德国（欧洲）宗教史协会终身会员；1988年11月至1992年8月任中国社会科学院世界宗教研究所副研究员，1989年至1993年任中国社会科学院世界宗教研究所基督教研究室副主任，1991年被人事部和国家教委评为"有突出贡献的留学回国人员"，1992年8月被评为中国社会科学院研究员和享受国务院政府特殊津贴专家，1993年9月至1998年9月任中国社会科学院世界宗教研究所副所长、基督教研究室主任，自1994年任中国社会科学院研究生院教授、硕士生导师，同年当选为中国国际文化交流中心理事和中国统一战线理论研究会理事，1995年至2001年任中国宗教学会副会长，1996年至2003年任中国社会科学院研究生院世界宗教研究系主任，1996年任中国社会科学院研究生院学术委员会委员、博士生导师、任中国社会科学院基督教研究中心主任，被评为国家级有突出贡献的中青年专家和"新世纪百千万人才工程"国家级人选，当选为欧洲科学艺术研究院院士，自1998年9月任中国社会科学院世界宗教研究所所长，1999年当选为中国统一战线理论研究会副秘书长、常务理事，2000 年至 2004 年任联合国教科文组织下属国际哲学与人文科学研究理事会副主席，2001 年当选为中国宗教学会会长，2002 年任清华大学伟伦特聘访问教授、美国伯克利联合神学研究院苏吉特·辛格学术讲座主讲，2003 年 8 月至 2004 年 7 月任英国伯明翰大学佩顿研究员（访问学者），自 2003 年任国家社科基金宗教学评审组组长，被评为优秀留学回国人员，任香港中文大学庞万伦基督教与中国文化讲座主讲，2003 年至 2009 年任美国亚洲基督教高等教育联合董事会董事，2004 年入选中宣部首批"四个一批"人才，连任中国统一战线理论研究会常务理事，2005 年任中国社会科学院学位委员会委员，2006 年 8 月当选为中国社会科学院学部委员，连任中国宗教学会会长；2007 年 12 月参加中共中央第十七届政治局第二次集体学习，与牟钟鉴教授共同就"当代世界宗教和加强我国宗教工作"问题进行了讲解；2008 年 3 月当选为十一届全国人大常委、民族委员会委员、资格审查委员会委员，同年任国务院学位办哲学组成员。

附二

卓新平主要著述目录

一 个人专著（独著）

《心曲神韵——随感集》，中国社会科学出版社，2010 年 7 月。

《以文会友——序文集》，中国社会科学出版社，2010 年 7 月。

《学苑漫谈——讲演集》，中国社会科学出版社，2010 年 7 月。

《全球化的宗教与当代中国》，社会科学文献出版社，2008 年 2 月。

《基督教与中国文化的相遇、求同与存异》，香港中文大学，2007 年 3 月。

《当代亚非拉美神学》，上海三联书店，2007 年 1 月。

《当代基督宗教教会发展》，上海三联书店，2007 年 1 月。

《神圣与世俗之间》（文集），黑龙江人民出版社，2004 年 1 月。

《基督宗教论》（文集），社会科学文献出版社，2000 年 9 月。

《基督教知识读本》，宗教文化出版社，2000 年 8 月。

《宗教理解》，社会科学文献出版社，1999 年 9 月。

《当代西方新教神学》，上海三联书店，1998 年 5 月（2006 年 2 月再版）。

《当代西方天主教神学》，上海三联书店，1998 年 5 月（2006 年 2 月再版）。

《基督教犹太教志》，上海人民出版社，1998 年 10 月。

《基督教文化百问》，今日中国出版社，1995 年 4 月。

《世界宗教与宗教学》，社会科学文献出版社，1992 年 6 月。

《尼布尔》，台湾东大图书公司，1992 年 9 月。

《圣经鉴赏》，（宗教文化出版社 2000 年 11 月版），中国社会科学出版社，1992 年 2 月。

《西方宗教学研究导引》，中国社会科学出版社，1990 年 7 月。

《宗教起源纵横谈》，湖南人民出版社，1988 年 12 月。

《宗教与文化》，人民出版社，1988 年 10 月。

《中西当代宗教理论比较研究》（德文），彼得·朗出版社，1988 年。

（*Theorie über Religion im heutigen China und ihre Bezugnahme zu Religionstheorie des Westens*，Peter Lang Verlag，1988）

二　主编著作

《基督宗教研究》第十三辑，共同主编，宗教文化出版社，2010 年 11 月。

《基督宗教研究》第十二辑，共同主编，宗教文化出版社，2009 年 11 月。

《论马克思主义宗教观》，共同主编，社会科学文献出版社，2009 年 10 月。

《20 世纪中国社会科学·宗教学卷》，广东教育出版社，2009 年 7 月。

《基督宗教社会学说及社会责任》，共同主编，宗教文化出版社，2009 年 5 月。

《基督宗教研究》第十一辑，共同主编，宗教文化出版社，2008 年 12 月。

《中国宗教学 30 年》，中国社会科学出版社，2008 年 10 月。

《基督教小辞典》（修订版），上海辞书出版社，2008 年 7 月。

《当代中国宗教研究精选丛书·基督教卷》，民族出版社，2008 年 1 月。

《基督宗教研究》第十辑，共同主编，宗教文化出版社，2007 年 11 月。

《马克思主义研究论丛·宗教观研究》，共同执行主编，中央编译出版社，2007 年 9 月。

《基督宗教研究》第九辑，共同主编，宗教文化出版社，2006 年 11 月。

《基督教文化 160 问》，东方出版社，2006 年 6 月。

《基督宗教研究》第八辑，共同主编，宗教文化出版社，2005 年 11 月。

《宗教比较与对话》第六辑，宗教文化出版社，2005 年 10 月。

《中国基督教基础知识》，宗教文化出版社（1999 年 1 月版），2005 年 7 月。

《信仰之间的重要相遇》，共同主编，宗教文化出版社，2005 年 6 月。

《基督宗教研究》第七辑，共同主编，宗教文化出版社，2004 年 12 月。

《宗教比较与对话》第五辑，宗教文化出版社，2004 年 11 月。

《基督宗教研究》第六辑，共同主编，宗教文化出版社，2003 年 12 月。

《相遇与对话》，宗教文化出版社，2003 年 9 月。

《基督宗教与当代社会》，共同主编，宗教文化出版社，2003 年 8 月。

《宗教比较与对话》第四辑，宗教文化出版社，2003 年 8 月。

《基督宗教研究》第五辑，共同主编，宗教文化出版社，2002 年 11 月。

《20 世纪中国学术大典·宗教学》，执行主编，福建教育出版社，2002 年
9 月。

《基督教小辞典》，上海辞书出版社，2001 年 12 月。

《宗教比较与对话》第三辑，宗教文化出版社，2001 年 10 月。

《基督宗教研究》第四辑，共同主编，宗教文化出版社，2001 年 10 月。

《基督宗教研究》第三辑，共同主编，宗教文化出版社，2001 年 10 月。

《基督宗教研究》第二辑，共同主编，社会科学文献出版社，2000 年
10 月。

《宗教比较与对话》第二辑，社会科学文献出版社，2000 年 10 月。

《宗教比较与对话》第　辑，社会科学文献出版社，2000 年 1 月。

《宗教：关切世界和平》，共同主编，宗教文化出版社，2000 年 8 月。

《基督宗教研究》第一辑，共同主编，社会科学文献出版社，1999 年
12 月。

《本色之探：20 世纪中国基督教文化学术论集》，共同主编，中国广播电视
出版社，1999 年 4 月。

《基督教文化面面观》，齐鲁书社，1991 年 10 月。

三 参与合著

《基督教词典》，文庸等主编，商务印书馆，2005 年 2 月。

《当代世界民族宗教》，李德洙、叶小文主编，中共中央党校出版社，2003
年 12 月。

《现阶段我国民族与宗教问题研究》，中央党校课题组编，宗教文化出版
社，2002 年 9 月。

《当代新兴宗教》，戴康生主编，东方出版社，1999 年 12 月。

《宗教大辞典》（分科主编），任继愈主编，上海辞书出版社，1998 年
8 月。

《简明华夏百科全书》（"宗教学"分科主编），华夏出版社，1998年。

《简明中国大百科全书》，中国大百科全书出版社，1997年。

《当代基督新教》，于可主编，东方出版社，1993年7月。

四　论文

以科学发展观研究新兴宗教，《世界宗教文化》2011年第1期，1—3页。

Christianity and Contemporary Social Developments in North-East Asia：Reflections on the Future Development of Christianity in China, Jan A. B. Jongeneel, Jiafeng Liu, Peter Tze Ming Ng, Paek Chong Ku, Scott W. Sunquist, Yuko Watanabe eds.：Christian Presence and Progress in North-East Asia, Historical and Comparative Studies, Peter Lang GmbH, Frankfurt am Main, 2011, 20—25.

China, Daniel Patte ed.：The Cambridge Dictionary of Christianity, Cambridge University Press, 2010, 203—206.

Comprehensive Theology：An Attempt to Combine Christianity with Chinese Culture, Miikka Ruokanen and Paulos Huang ed.：Christianity and Chinese Culture, William B. Eerdmans Publishing Company, Grand Rapids, Michigan / Cambridge, U. K., 2010, 185—192.

当代云南民族和睦、宗教和谐发展战略研究，金泽、邱永辉主编：《中国宗教报告（2010）》，社会科学文献出版社，2010年8月，213—237页。

佛教与当代中国社会文化，《宗风》2010年夏之卷，18—27页。

中国基督教"爱的神学"及其社会关怀，《天风》2010年第10期，20—23页。

Christianity and Dialogue between Chinese and Western Cultures（基督教与中西文化对话），郭长刚主编：《全球化、价值观与多元主义》，上海三联书店，2010年8月，1—10页。

必须关注如何正确认识宗教的问题，《西北民族大学学报》2010年第4期，1—7页。

世界文明与世界宗教，吾敬东、张志平主编：《对话，哲学与宗教》，上海三联书店，2010年，84—110页。

世界宗教能否走向"共同体"——关于全球化宗教发展愿景的对话，与安伦合作，《学术月刊》2010年第7期，5—13页。

澳门学与基督宗教研究，《广东社会科学》2010年第4期，73—80页。

马礼逊与中国文化的对话，《世界宗教研究》2010年第3期，4—11页。

当代马克思主义宗教观研究应关注的几个问题，《中国宗教》2010年第7期，（促进马克思主义宗教观在中国的科学发展，《当代宗教研究》2010年第2期，1—3页）30—32页。

中国文化处境中的《圣经》理解，《宗教学研究》2010年第2期，93—97页。

另一种形象——从世界汉学看传教士在沟通中西文化上的作用，张西平主编：《国际汉学》第十九辑，大象出版社，2010年，171—179页。

"全球化"的宗教与政教关系，高师宁、杨凤岗主编：《从书斋到田野：宗教社会科学高峰论坛论文集》（上卷，书斋篇），中国社会科学出版社，2010年，115—126页。

从中国社会和谐发展看基督宗教与儒家精神，《世界宗教文化》2010年第1期，1—6页。

"全球化"与当代中国宗教，《当代中国史研究》2009年第6期，94—100页。

"汉语神学"之我见，何光沪、杨熙楠编：《汉语神学读本》（上册），香港道风书社，2009年，339—346页。

庞迪我在中国的文化"适应"及"融入"之探，《明清时期的中国与西班牙国际学术研讨会论文集》，澳门理工学院，2009年10月，9—15页。

关于中国宗教现状及其发展的一些思考，《民族宗教研究动态》第19期，2009年，11—27页。（中国统一战线理论研究会民族宗教理论甘肃研究基地编：《当代中国民族宗教问题研究》第5集，中国社会科学出版社，2010年6月，30—48页）

中国基督教研究30年，《30年回顾与评析》，社会科学文献出版社，2009年9月，195—228页。

Il pensiero filosofico occidentale e cinese nel Novecento（20 世纪中西方哲学思
　　想），*Chiesa a Cina nel Novecento*，2009 eum edizioni universita di macer-
　　ate，49—60.

马克思主义宗教观的方法论探究，《论马克思主义宗教观》，社会科学文献
　　出版社，2009 年 10 月，3—9 页。

"本土化"：基督教在中国的发展之途，《中国民族报》2009 年 9 月 1 日，6
　　版。

基督教与当代中国社会的关连，《基督宗教社会学说及社会责任》，宗教文
　　化出版社，2009 年 5 月，3—12 页。

从超越境界到欣赏包容——基督教与中国文化的深度对话，与梁燕城合
　　作，《文化中国》2009 年第 3 期，4—18 页。

文化碰撞与交流——基督教在中国近代和当代的传播，李灵、尤西林、谢
　　文郁主编：《中西文化交流：回顾与展望》，上海人民出版社，2009 年
　　4 月，3—11 页。

"全球化"的宗教与当代中国，《中国宗教》2009 年第 4 期，22—26 页。

论"政教关系"——"全球化"的宗教与当代中国，《宗风》己丑春之
　　卷，宗教文化出版社，2009 年 3 月，32—55 页。

宗教与哲学断想，《华侨大学学报》2009 年第 1 期，1—5 页。

金融危机与宗教发展，《中国宗教报告（2009）》，社会科学文献出版社，
　　2009 年 6 月，23—34 页。

金融危机下的信仰重建，《绿叶》2009 年第 2 期，38—42 页。

Religionen und interreligiöser Dialog in China, Wolfram Weiβe（Hg.）：*Theolo-
　　gie im Plural, eine akademische Herausforderung*，WAXMANN，Münster
　　2009，21—32.

海外华人的文化认同与政治认同，《中国民族报》2008 年 12 月 30 日，第
　　7 版。

公共生活中的神圣之维——当代中国的宗教理解，《宗教价值与公共领域：
　　公共宗教的中西文化对话》，中国社会科学出版社，2008 年 12 月，
　　304—316 页。

中国基督教"爱的神学"及其社会关怀，《中国民族报》2008 年 12 月 5

日，14 版。

China – von eine geschlossenen zur offenen Gesellschaft, Michael von Brück（Hg.）: Religion Segen oder Fluch der Menschheit? Verlag der Weltreligionen im Insel Verlag Frankfurt am Main und Leipzig, 2008, 377—397.

中国宗教的当代走向，《学术月刊》2008 年第 10 期，5—9 页。

"全球化"时代的中国政教关系，《民族宗教研究动态》第 14、15 期，2008 年 9 月，27—36 页。

和谐之音，始于对话，陈声柏主编：《宗教对话与和谐社会》，中国社会科学出版社，2008 年 8 月，1—11 页。

《基督教与中国文化》导读，吴雷川：《基督教与中国文化》，上海古籍出版社，2008 年 7 月，1—38 页。

学术神学：中国当代基督教研究的一种新思路，金泽、邱永辉主编：《中国宗教报告（2008）》，社会科学文献出版社，2008 年 7 月，130—156 页。

当代中国宗教研究：问题与思路，金泽、邱永辉主编：《中国宗教报告（2008）》，社会科学文献出版社，2008 年 7 月，1—15 页。

基督教思想文化及其对中国的影响，《名家谈哲学》，人民出版社，2008 年 6 月，206—242 页。

教堂建筑艺术漫谈，《中国宗教》2008 年第 3 期，45—47 页。

当代中国基督宗教神学发展趋势，卓新平主编：《当代中国宗教研究精选丛书·基督教卷》，民族出版社，2008 年 1 月，3—24 页。

宗教学的"人学"走向，王建新、刘昭瑞编：《地域社会与信仰习俗——立足田野的人类学研究》，中山大学出版社，2007 年 12 月，2—9 页。

Die Rolle der religiösen Ethik im spirituellen Leben der Chinesen, *Ökumenische Rundschau*, Oktober 2007, 56. Jahrgang. Heft 4, Verlag Otto Lembeck, Frankfurt am Main, 458—469.

Religious Studies and Cultural Exchanges in the Context of Globalization, 余国良编著：《拆毁了中间隔断的墙，中美基督教交流十五年回顾与思考》，宗教文化出版社，2007 年 11 月，371—380 页。

全球化处境中的宗教研究与文化交流，余国良编著：《拆毁了中间隔断的墙，中美基督教交流十五年回顾与思考》，宗教文化出版社，2007 年 11 月，364—370 页。

当代中国社会变迁与宗教重构，《民族宗教研究动态》2007 年第 4 期（中国统战理论研究会民族宗教理论甘肃研究基地秘书处，2007 年 9 月），14—15 页。

沙勿略：天主教远东传教和与东方文化对话的奠基者，《文化与宗教的碰撞，纪念圣方济各・沙勿略诞辰 500 周年国际学术研讨会论文集》，澳门理工学院出版，2007 年 10 月，15—26 页。

马克思主义关于宗教社会作用的论述及其当代意义，《马克思主义研究论丛・宗教观研究》，中央编译出版社，2007 年 9 月，35—47 页。

马克思主义理论体系的"宗教"理解，《中国社会科学院马克思主义研究论丛》下册，社会科学文献出版社，2007 年 5 月，624—631 页。

基督教音乐在中国的传播，《中国宗教》，2007 年第 8 期，32—34 页。

宗教在当代中国的定位与发展，《当代中国民族宗教问题研究》第二集，甘肃民族出版社，2007 年 8 月，15—23 页。

基督教与中美关系，《宗教与美国社会》第四辑（下），时事出版社，2007 年 6 月，455—471 页。

《道德经》对宗教和谐的贡献——《道德经》与《圣经》比较初探，《和谐世界　以道相通》（上），宗教文化出版社，2007 年 4 月，129—134 页。

基督教信仰与中西文化，《天风》2007 年第 2 期，34—37 页。

The Role of Christianity in the Construction of a Harmonious Society Today，Michael Nai-Chiu Poon ed：*Pilgrims and Citizens：Christian Social Engagement in East Asia Today*，ATF Press，Adelaide，2006，197—199.

The Christian Contribution to China in History，Michael Nai-Chiu Poon ed：*Pilgrims and Citizens：Christian Social Engagement in East Asia Today*，ATF Press，Adelaide，Australia，2006，157—167.

民族主义、爱国主义与宗教信仰在中国，《当代中国民族宗教问题研究》第一集，甘肃人民出版社，2006 年 9 月，1—10 页。

The Significance of Christianity for the Modernization of Chinese Society，Yang

Huilin and Daniel H. N. Yeung ed：*Sino-Christian Studies in China*，Cambridge Scholars Press，Newcastle，UK，2006，252—264.

Chinese Academic Community：On the Relationship Between Science and Religion，Chan，Tak-Kwong，Tsai，Yi-Jia and Frank Budenholzer ed.：*Religion and Science in the Context of Chinese Culture*，ATF Press，Adelaide，Australia，2006，143—160.

Life Theology and Spiritual Theology in East-Asian Encounters，*Quest*，Vol. 4，No. 2，November 2005，75—91.

基督宗教与中国现代化，《宗教比较与对话》第六辑，2005 年，49—55 页。

当代基督宗教各派对话，《宗教比较与对话》第六辑，2005 年，83—123 页。

"生"之精神：中国宗教中的生命意义及生存智慧，《宗教比较与对话》第六辑，2005 年，171—178 页。

当代中国人对宗教与文化的理解，《信仰之间的重要相遇》，宗教文化出版社，2005 年，23—34 页。

Religion and Culture in the Understanding of Contemporary Chinese，《信仰之间的重要相遇》，宗教文化出版社，2005 年，353—366 页。

复杂的历史，当前的警醒——读《台湾基督教史》，《世界宗教文化》2005 年第 1 期，59—60 页。

现代社会中宗教对话的困境与希望，《世界宗教研究》2004 年增刊，54—62 页（《中国宗教》2005 年第 1 期，13—15 页）。

当代宗教研究中对"人"的关注，《宗教比较与对话》第五辑，2004 年，235—243 页。

宗教学术研究对宗教理解的贡献，《宗教比较与对话》第五辑，2004 年，1—38 页（释了意主编：《觉醒的力量——全球宗教对话与交流》，宗教文化出版社，2010 年，第一章，第 2—41 页）。

融贯神学：一种结合基督教与中国文化的尝试，《中国宗教学》（II），2004 年，283—290 页。

世界宗教中的人文精神，《中国宗教学》（II），2004 年，4—29 页。

宗教研究是一门"谋心"和"谋事"之学，《中国民族报》2004 年 9 月 3
日，第 3 版。

基督教哲学与西方宗教精神，《基督教思想评论》第一辑，上海人民出版
社，2004 年，3—23 页。

道德意识与宗教精神，《基督教学术》第二辑，上海古籍出版社，2004 年，
16—22 页。

宗教对社会的作用，《部级领导干部历史文化讲座》，国家图书馆编，北京
图书馆出版社，2004 年 9 月，45—89 页。

Research on Religions in the People's Republic of China, "*Social Compass*"
Vol. 50, No. 4, Dec. 2003, Oxford, 441—448 页。

中国教会与中国社会，《基督宗教与当代社会》，宗教文化出版社，2003 年
8 月，247—253 页。

讲透"社会主义的宗教论"需要新思想，《宗教工作的理论与实践》，宗教
文化出版社，2003 年 6 月，412—415 页。

宗教与人类社会，《宗教比较与对话》第四辑，2003 年，1—34 页。

基督宗教与欧洲浪漫主义（上），《国外社会科学》2003 年第 5 期，2—
6 页。

基督宗教与欧洲浪漫主义（下），《国外社会科学》2003 年第 6 期，6—
11 页。

廿世纪中国学者的基督宗教研究及其对未来的影响，《基督教与中国社会
文化》，香港中文大学出版社，2003 年，3—15 页。

Die Welt des Geistes und ein Leben im Geist, "*Christentum, Chinesisch in Theo-*
rie und Praxis", Nr. 9, EMW, Hamburg, 2003, 85—93.

问题似路，《博览群书》2003 年第 2 期，5—7 页。

全球化与宗教问题，《大学演讲录》第 2 辑，新世纪出版社，2003 年，
33—46 页。

开创 21 世纪中国宗教学的新局面，《中国宗教学》（I），2003 年，1—
9 页。

全球化与当代宗教，《世界宗教研究》2002 年第 3 期，1—15 页。

中国宗教学研究的现状与未来——宗教学研究四人谈，（合著）《中国人民

大学学报》2002 年第 4 期，9—21 页。

社会处境与神学建设，《中国宗教》2002 年第 4 期，42 页。

当代西方基督宗教思想研究，《国外社会科学》2002 年第 1 期，21—
　　28 页。

西方宗教学与中国当代学术发展，《江苏社会科学》2002 年第 3 期，85—
　　87 页。

中国知识界对宗教与科学关系之论，《桥，科学与宗教》，泰德·彼得斯、
　　江丕盛、格蒙·本纳德编，中国社会科学出版社，2002 年 5 月，
　　230—245 页。

精神世界与精神文明建设，《中国先进文化的理论探索与实践》，学习出版
　　社，2002 年，216—223 页。

全球化进程与世界宗教，《学习时报》2002 年 3 月 11 日，第 5 版。

走向 21 世纪的基督教——机遇与挑战，《基督宗教研究》第三辑，宗教文
　　化出版社，2001 年，1—5 页。

精神世界与精神生活，《宗教比较与对话》第三辑，宗教文化出版社，
　　2001 年，1—12 页。

马礼逊汉学研习对基督新教在华发展的影响，《中澳情牵 400 年》，萧卓芬
　　编，澳门 2001 年，105—129 页。

基督教思想的普世性与处境化，《基督教思想与 21 世纪》，罗秉祥、江丕
　　盛主编，中国社会科学出版社，2001 年，26—42 页。

云南旅游业与民族宗教工作，《世界宗教研究》2001 年第 4 期，151—
　　155 页。

基督宗教四次来华的历史命运，《中国宗教》2001 年第 4 期，46—47 页。

宗教在当代中国应有的自我意识和形象，《中国宗教》2001 年第 2 期，
　　37—38 页。

"中国当代基督宗教研究"学术研讨会综述，《中国宗教研究年鉴 1999—
　　2000》，宗教文化出版社，2001 年，413—417 页。

Discussion on "Cultural Christians" in China, "*China and Christianity*", Ste-
　　phen Uhalley Jr. and Xiaoxin Wu ed. M. E. Sharp Armonk, New York,
　　2001, 283—300.

基督教伦理与中国伦理的重建，《冲突与互补：基督教哲学在中国》，许志
　　伟、赵敦华主编，社会科学文献出版社，2000 年，152—172 页。

Kontext der Christlichen Entwicklung in China， "*Die Welt des Mysteriums*"，
　　Klaus Krämer und Ansgar Paus hg. Herder, Freiburg 2000，465—470 页。

Das Religionsverständnis im heutigen China， "*Christsein in China*"， Monika
　　Gänssbauer hg. Hamburg，2000，82—97.

基督教神学与哲学研究百年之路，《中国宗教研究年鉴 1997—1998》，宗教
　　文化出版社，2000 年，432—444 页。

中国基督宗教的现代意义，《世界宗教文化》2000 年第 1 期，49—51 页。

宗教对话的时代——世界宗教百年回眸，《中国宗教》2000 年第 4 期，
　　32—33 页。

化解冲突——宗教领袖对人类和平的新贡献，《中国宗教》2000 年第 6 期，
　　24—25 页。

中国基督宗教研究的现代处境，《基督宗教研究》第二辑，社会科学文献
　　出版社，2000 年，260—268 页。

对话以求理解，《宗教比较与对话》第二辑，社会科学文献出版社，2000
　　年，1—6 页。

民族主义，爱国主义与宗教信仰在中国，《宗教比较与对话》第二辑，
　　2000 年，（2006 年，甘肃人民出版社）90—99 页。

基督宗教在中国的文化处境，《宗教比较与对话》第二辑，2000 年，100—
　　116 页。

对话作为共在之智慧，《宗教比较与对话》第一辑，社会科学文献出版社，
　　2000 年，1—10 页。

中国基督宗教与中国现代社会，《宗教比较与对话》第一辑，2000 年，
　　84—95 页。

中国传统伦理与世界伦理的关系，《宗教比较与对话》第一辑，2000 年，
　　169—179 页。

中西天人关系与人之关切，《基督教文化学刊》1999 年第 1 辑，东方出版
　　社，1999 年 4 月，35—53 页。

20 世纪中国宗教研究的历史回顾，《欧美同学会会刊》1999 年第 1 期，

45—47 页。

揭露愚昧迷信，保护宗教信仰，《世界宗教研究》1999 年第 3 期，1—4 页。

中国神学建设的沉思——读《丁光训文集》，《中国宗教》1999 年第 1 期，60 页。

中国宗教研究百年历程，《中国宗教》1999 年第 2 期，50—51 页。

中国基督教与中国现代社会，《世界宗教文化》1999 年第 3 期，28—31 页。

当代中国基督宗教研究，《基督宗教研究》第一辑，社会科学文献出版社，1999 年，1—14 页。

论基督宗教的谦卑精神，《基督宗教研究》第一辑，1999 年，145—160 页。

赵紫宸，《基督宗教研究》第一辑，1999 年，196—230 页。

Religion and Morality in Contemporary China, *China Study Journal* Vol. 14, No. 3, December 1999, London, 5—9.

索隐派与中西文化认同，《道风汉语神学学刊》第八期，1998 年春，145—171 页。

赵紫宸与中西神学之结合，《世界宗教研究》1998 年第 1 期，128—132 页（唐晓峰、熊晓红编：《夜鹰之志："赵紫宸与中西思想交流"学术研讨会文集》，宗教文化出版社，2010 年，第 1—11 页）。

当代中国知识分子对基督教的理解，《维真学刊》1998 年第 1 期，26—38 页。

基督教研究概说，《中国宗教研究年鉴1996》，中国社会科学出版社，1998 年，279—283 页。

Dialog als Weisheit der Koexistenz, *An-Denken Festgabe für Eugen Biser*, Erwin Möde, Felix Unger, Karl Matthäus Woschitz hg. , Verlag Styria, 1998, 231—237.

Die Bedeutung des Christentums für Chinas Modernisierung, *Christentum im Reich der Mitte*, Monika Gänssbauer hg. , EMW, Hamburg, 1998, 78—86.

The Significance of Christianity for the Modernization of Chinese Society, *CRUX*:
March 1997, Vol. XXXIII, No. I, 31—39.

当代宗教问题之思,《当代宗教研究》1997 年第 2 期, 10—17 页。

后现代思潮与神学回应,《中国社会科学院研究生院学报》1997 年第 3 期,
38—45 页。

中国知识分子与基督教,《建道学刊》第 7 期, 1997 年, 179—189 页。

基督教与中国文化的双向契合,《世界宗教文化》1997 年夏季号, 8—
12 页。

欧洲基督教新动向,《世界宗教文化》1997 年冬季号, 36—37 页。

新福音派神学刍议,《世界宗教研究》1997 年第 4 期, 19—27 页。

基督教文化概览,《中国宗教》第三期, 1996 年秋, 29—32 页。

回应"社会变迁与香港、澳门天主教会的社会服务事业",《社会变迁与教
会回应交流会论文集》, 张家兴主编, 香港公教教研中心有限公司,
1996 年 10 月, 230—231 页。

教会的社会服务事业: 机会与局限,《社会变迁与教会回应交流会论文
集》, 1996 年 10 月, 271—278 页。

Die Entwicklung des Religionsverständnisses in China seit Beginn der achtziger
Jahre, *China Heute*, XV 1996, No. 4, 115—120.

Das Christentum und die Chinesische Kultur, *Wege der Theologie an der Schwelle
zum dritten Jahrtausend*, *Festschrift für Hans Waldenfels zur Vollzendung des
65. Lebensjahres*, Günter Risse, Heino Sonnemans, Burkhard Thess hg.,
Bonifatius, Paderborn, 1996, 751—759.

The Concept of Original Sin in the Cultural Encounter Between East and West,
Christianity and Modernization, Philip L. Wickeri, Lois Cole, ed., DAGA
Press, Hong Kong, 1995, 91—100.

The renewal of religion in the modernization of Chinese society, *Religion and
Modernization in China*, *Proceedings of the Regional Conference of the Inter-
national Association for the History of Religions held in Beijing*, *China*, April
1992, Dai Kangsheng, Zhang Xinying, Michael Pye ed., Published for
the International Association for the History of Religions, Roots and Brabch-

es, Cambridge, England, 1995, 45—51.

宗教与文化关系刍议,《世界宗教文化》1995 年春, 10—12 页。

中西文化交流中的基督教原罪观,《世界宗教研究》1995 年第 2 期, 74—
    78 页。

当代西方宗教,《中国宗教》第二期, 1995 年秋, 49—50 页。

十字架的象征意义,《中国宗教》第三期, 1995 年冬, 49 页。

基督教与中国社会现代化的意义,《维真学刊》第三期, 1995 年, 32—
    40 页。

Religion und Kultur aus chinesischer Sicht, *Dialog der Religionen*, 1994, Nr.
    2, Michael von Brück hg., Kaiser Verlag, 1994, 193—202.

Original Sin in the East-West Dialogue—A Chinese View, *China Study Journal*,
    Vol. 9, No. 3, December 1994, 11—15.

中国宗教更新与社会现代化,《维真学刊》1994 年第 1 期, 2—7 页。

改革开放与精神文明建设,《北京青年论坛》1994 年第 1 期, 7—9 页。

展开多层次的宗教探究,《世界宗教资料》1994 年第 2 期, 47—49 页。

宗教文化与精神文明建设,《中国社会科学》1994 年第 3 期, 21—23 页。

三教圣地——耶路撒冷,《世界宗教资料》1994 年第 4 期, 37—43 页。

Der kulturelle Wert der Religion im Verständnis der Chinesen in der Gegenwart,
    Grundwerte menschlichen Verhaltens in den Religionen, Horst Bürkle hg.,
    Peter Lang Verlag, Frankfurt am Main, 1993, 179—186.

Reflections on the Question of Religion Today, *China Study Journal*, Vol. 8,
    No. 2, August 1993, London, 4—15.

überlegungen zur Frage der Religion heute, *China Heute*, Jahrgang XII, 1993,
    Nr. 6 (70), 172—180.

欧洲宗教哲学纵览 (一),《世界宗教资料》1993 年第 2 期, 30—37 页。

欧洲宗教哲学纵览 (二),《世界宗教资料》1993 年第 3 期, 40—47 页。

西方的"新时代"运动与宗教复兴,《世界宗教资料》1992 年第 1 期,
    1—7 页。

社会科学与现代化,《群言》1992 年第 10 期, 13—15 页。

基督教:欧洲发展的一面镜子,《世界知识》1992 年第 24 期, 10—11 页。

西方宗教社会学研究概况，《世界宗教资料》1991 年第 1 期，1—7、
　　36 页。

范·得·列欧传略，《世界宗教资料》1991 年第 2 期，46—47、54 页。

莱因霍尔德·尼布尔，《永恒与现实之间》，傅伟勋主编，台湾正中书局，
　　1991 年 3 月，216—239 页。

西方宗教学的历史与现状，《世界宗教研究》1990 年第 3 期，139—
　　145 页。

西方传教士与中国古代文化，《世界宗教资料》1990 年第 3 期，1—7 页。

论利特的生命哲学和教育哲学，《德国哲学》第 8 期，北京大学出版社，
　　1990 年，140—150、283—284 页。

Religion im heutigen China — Ein Interview mit Dr. Xinping Zhuo, *Der geteilte*
　　Mantel, Nr. 1, 1989, 16—18.

笛卡尔与近现代西方哲学的反思——兼论西方宗教观的发展，《中国社会
　　科学院研究生院学报》1989 年第 3 期，37—44 页。

Theorien über Religion im heutigen China, *China Heute*, Nr. 5, 1988, 72—
　　80 页。

论朋谔斐尔的"非宗教性解释"，《世界宗教研究》1988 年第 1 期，60—
　　69 页。

论西方宗教学研究的主体、方法与目的，《中国社会科学院研究生院学报》
　　1988 年第 4 期，50—55 页。

宗教现象学的历史发展，《世界宗教资料》1988 年第 3 期，11—18 页。

略论西方思想界对宗教的理解，《世界宗教研究》1988 年第 4 期，51—
　　57 页。

西方宗教学的起源与形成，《世界宗教资料》1987 年第 4 期，1—6 页。

"世俗神学"思想家——迪特里希·朋谔斐尔，《世界宗教资料》1984 年
　　第 1 期，58—61 页。

基督复临派，《世界宗教资料》1983 年第 1 期，52—54 页。

近现代欧洲基督教思想的发展，《世界宗教资料》1983 年第 2 期，53—
　　58 页。

《圣经》是怎样一部书，《环球》1982 年第 10 期，24—26 页。

"危机神学"的著名代表——卡尔·巴特，《世界宗教资料》1982年第2
期，48—51页。

现代美国新教神学的派别，《世界宗教资料》1982年第2期，6—12页。

五 其他文章

宗教媒体与社会和谐，《中国宗教》2011年第1期，34—35页。

洛克：宗教宽容的倡导者，《竞争力》2010年第11—12期，121页。

霍布斯：西方政主教从的倡导者，《竞争力》2010年第11—12期，
120页。

弗兰西斯·培根：知识就是力量，《竞争力》2010年第9—10期，121页。

斯宾诺莎：无神论和唯物论者的"摩西"，《竞争力》2010年第9—10期，
120页。

"赵紫宸与中西思想交流"学术研讨会感言，唐晓峰、熊晓红编：《夜鹰之
志："赵紫宸与中西思想交流"学术研讨会文集》，宗教文化出版社，
2010年，339—344页。

科学先驱伽利略，《竞争力》2010年第8期，93页。

海峡两岸宗教与区域文化暨梅山宗教文化研讨会总结发言，《湖南科技学
院学报》2010年第9期，9页。

笛卡尔：我思故我在，《竞争力》2010年第7期，93页。

布鲁诺：对宇宙的无限猜测，《竞争力》2010年第6期，93页。

加尔文：人谋天成的"预定"，《竞争力》2010年第5期，93页。

梅兰希顿："德意志之师"，《竞争力》2010年第4期，93页。

全球化宗教发展愿景对话——"宗教共同体"是否可能，与安伦合作，
《社会科学报》2010年7月15日，第5版。

纪念中国宗教学体系的开创者任继愈先生，《纪念任继愈所长图文集》，中
国社会科学出版社，2010年5月，43—48页。

任继愈先生与我的学术生涯，《我们心中的任继愈》，中华书局，2010年，
85—87页。

中国宗教学者的历史使命，《中国宗教》2010年第3期，63—64页。

路德：自我"因信称义"，《竞争力》2010年第2期，91页。

开创乌托邦传奇，《竞争力》2010 年第 1 期，91 页。

马基雅维里：奠立政治哲学，《竞争力》2009 年第 12 期，75 页。

伊拉斯谟：人文主义兴起，《竞争力》2009 年第 11 期，75 页。

网民：徜徉在孤寂与公共空间，香港《时代论坛》1140 期，13 版，2009
年 7 月 5 日。

这个社会不要都是"快"，香港《时代论坛》1133 期，13 版，2009 年 5
月 17 日。

宗教回归社会关爱，香港《时代论坛》1125 期，12 版，2009 年 3 月
22 日。

哥白尼：颠覆"地球中心论"，《竞争力》2009 年第 10 期，75 页。

库萨的尼古拉：有学识的无知，《竞争力》2009 年第 9 期，75 页。

奥卡姆：经院哲学的"剃刀"，《竞争力》2009 年第 8 期，75 页。

邓斯·司各脱：形而上学的沉思，《竞争力》2009 年第 7 期，75 页。

但丁：对神学的"诗化"，《竞争力》2009 年第 6 期，75 页。

爱克哈特：找寻神秘之光，《竞争力》2009 年第 5 期，75 页。

托马斯·阿奎那：攀援经院哲学的顶峰，《竞争力》2009 年第 4 期，
75 页。

波拿文都拉：心向神圣之旅，《竞争力》2009 年第 3 期，75 页。

亨利·根特：集成与求新，《竞争力》2009 年第 2 期，75 页。

哈勒斯的亚历山大：修行与治学，《竞争力》2009 年第 1 期，75 页。

纪念中国宗教学体系的开创者任继愈先生，《中国宗教》2009 年第 8 期，
26—27 页。

以马克思主义的基本立场看待当代中国的宗教问题，《中国社会科学报》
2009 年 8 月 11 日，第 5 版。

改革开放三十年来的宗教学研究，《中国宗教》2008 年第 10 期，39—
40 页。

抓住机遇，推动宗教研究的创新发展，《中国宗教》2008 年第 1 期，
32 页。

全面贯彻党的宗教工作基本方针，《中国社会科学院院报》2008 年 1 月 17
日，第 1 版。

大阿尔伯特：德国哲学之始，《竞争力》2008 年第 12 期，75 页。

罗吉尔·培根：奇异博士，《竞争力》2008 年第 11 期，75 页。

格罗斯特：光之形而上学，《竞争力》2008 年第 10 期，71 页。

雨格：科学分类的尝试，《竞争力》2008 年第 9 期，69 页。

索尔兹伯里的约翰，《竞争力》2008 年第 8 期，75 页。

明谷的伯尔纳：爱与治疗，《竞争力》2008 年第 7 期，69 页。

阿伯拉尔：精神与情感，《竞争力》2008 年第 6 期，67 页。

安瑟伦：信仰与理性，《竞争力》2008 年第 5 期，69 页。

埃里金纳：机敏与神秘，《竞争力》2008 年第 4 期，66 页。

鲍埃蒂：苦难与慰藉，《竞争力》2008 年第 3 期，69 页。

奥古斯丁：悔过与创新，《竞争力》2008 年第 2 期，71 页。

奥利金：会通两希文明，《竞争力》2008 年第 1 期，67 页。

德尔图良：荒谬与信仰，《竞争力》2007 年第 12 期，67 页。

普罗提诺：充盈与流溢，《竞争力》2007 年第 11 期，67 页。

塞涅卡：回返心中的"天国"，《竞争力》2007 年第 10 期，67 页。

西塞罗：关注神圣，《竞争力》2007 年第 9 期，67 页。

亚里士多德：超然之探与形而上学，《竞争力》2007 年第 8 期，69 页。

柏拉图：对话与学园，《竞争力》2007 年第 7 期，69 页。

数与哲学，《竞争力》2007 年第 6 期，67 页。

爱智精神，《竞争力》2007 年第 5 期，71 页。

"契约"精神及其律法构建，《竞争力》2007 年第 3—4 期，153 页。

"神秘"精神及其超凡体验，《竞争力》2007 年第 3—4 期，152 页。

"禁欲"精神，《竞争力》2007 年第 2 期，78 页。

"拯救"精神，《竞争力》2007 年第 1 期，73 页。

"先知"精神及其未来洞见，《竞争力》2006 年第 12 期，73 页。

"超越"精神及终极关怀，《竞争力》2006 年第 11 期，74 页。

"普世"精神及全球观念，《竞争力》2006 年第 10 期，72 页。

"谦卑"精神，《竞争力》2006 年第 9 期，67 页。

精神与社会："爱"之蕴涵，《竞争力》2006 年第 8 期，71—72 页。

精神上的温暖，《神州学人》2002 年第 5 期，11 页。

哲学家之路,《神州学人》1998 年第 10 期。

重访慕尼黑,《神州学人》1998 年第 6 期。

人文精神的弘扬,《神州学人》1997 年第 8 期。

香港印象,《神州学人》1997 年第 7 期。

中国智慧之断想,《神州学人》1997 年第 4 期。

呼唤社会沟通,《神州学人》1996 年第 10 期。

选择与定位,《神州学人》1996 年第 8 期。

处境与心境,《神州学人》1996 年第 6 期。

德国慕尼黑大学汉学院,《中国之友》1995 年第 5 期,55 页。

归国创业过三关,《神州学人》1994 年第 2 期,24—25 页。

精神之探的忧思与期盼,《群言》1994 年第 3 期,26—27 页。

成功不必得意,失败不必丧气,《追求奏鸣曲》,中国友谊出版公司,1992
年,57—60 页。

中青年学者谈改革开放,《群言》1992 年第 9 期,10 页。

现实人生觅真情,《神州学人》1992 年第 2 期,33—34 页。

在学海中遨游,《群言》1991 年第 3 期,35 页。

认识历史、认识国情、认识现实,《神州学人》1990 年第 3 期,9 页。

图书馆里的乐趣,《人民日报》(海外版),1988 年 6 月 7 日,第 4 版。

六 主编丛书

基督宗教译丛:华东师范大学出版社

(1) 企业家的经济作用和社会责任,魏尔汉著,雷立柏等译,2010 年
3 月。

(2) 基督宗教社会学说,何夫内尔著,宁玉译,2010 年 3 月。

(3) 基督宗教伦理学(第一、二卷),修订版,白舍客著,静也、常宏
译,2010 年 3 月。

"剑桥圣经注疏集"(译丛):华东师范大学出版社

(1)《哥林多前后书》释义,科纳著,郜元宝译,2010 年 11 月。

(2)《雅各书》《犹大书》释义,布罗森特二世著,敬华译,2009 年
2 月。

（3）《出埃及记》释义，米耶斯著，田海华译，2009 年 1 月。

"世界宗教研究丛书"：社会科学文献出版社

（1）宗教文化青年论坛（2010），中国社会科学院世界宗教研究所编，2010 年 11 月。

（2）刚恒毅与中国天主教的本色化，刘国鹏著，2010 年 8 月。

（3）藏区宗教文化生态，尕藏加著，2010 年 5 月。

（4）宗教之和　和之宗教——中国宗教之和谐刍议，韩秉芳等著，2009 年 11 月。

（5）徐梵澄传，孙波著，2009 年 10 月。

"世界宗教研究译丛"：中国社会科学出版社

（1）多元主义中的教会，卫弥夏著，瞿旭彤译，2010 年 1 月。

（2）宗教的科学研究（上下册），英格著，金泽等译，2009 年 6 月。

（3）奥古斯丁《上帝之城》中的社会生活神学，罗明嘉著，张晓梅译，2008 年 11 月。

（4）道德自我性的基础，阿奎那论神圣的善及诸美德之间的联系，德洛里奥著，刘玮译，2008 年 11 月。

"基督宗教与公共价值丛书"（共同）：中国社会科学出版社

（1）科学与宗教对话在中国，江丕盛等编，2008 年 12 月。

（2）宗教价值与公共领域：公共宗教的中西文化对话，江丕盛等编，2008 年 12 月。

"当代基督宗教研究丛书"：上海三联书店

（1）当代基督宗教教会发展，卓新平著，2007 年 1 月。

（2）当代亚非拉美神学，卓新平著，2007 年 1 月。

（3）当代西方新教神学，卓新平著，2006 年 12 月。

（4）当代西方天主教神学，卓新平著，2006 年 12 月。

（5）当代东正教神学思想，张百春著，2006 年 12 月。

（6）当代基督宗教社会关怀，王美秀著，2006 年 12 月。

"当代基督宗教译丛"：上海三联书店

（1）基督教导论，拉辛格著，静也译，雷立柏校，2002 年 6 月。

（2）日本神学史，古屋安雄等著，陆水若、刘国鹏译，卓新平校，2002

年 6 月。

（3）基督宗教伦理学（第一、二卷），白舍客著，静也、常宏等著，雷立柏校，2002 年 6 月。

"宗教研究辞典丛书"：宗教文化出版社

（1）拉-英-德-汉法律格言辞典，雷立柏编，2008 年 8 月。

（2）古希腊罗马及教父时期名著名言辞典，雷立柏编，2007 年 10 月。

（3）基督教圣经与神学词典，卢龙光主编，2007 年 5 月。

（4）汉语神学术语辞典，雷立柏编，2007 年 2 月。

（5）拉丁成语辞典，雷立柏编，2006 年 4 月。

（6）基督宗教知识辞典，雷立柏编，2003 年 11 月。

"宗教与思想丛书"：社会科学文献出版社

（1）十字架上的盼望——莫尔特曼神学的辩证解读，杨华明著，2010 年 11 月。

（2）"全球化"的宗教与当代中国，卓新平著，2008 年 12 月。

（3）诗人的神学，李枫著，2008 年 12 月。

（4）早期基督教的演变及多元传统，章雪富、石敏敏著，2003 年 10 月。

（5）古希腊罗马与基督宗教，雷立柏著，2002 年 7 月。

（6）超越东西方，吴经熊著，周伟驰译，2002 年 7 月。

（7）记忆与光照——奥古斯丁神哲学研究，周伟驰著，2001 年 4 月。

（8）论基督之大与小，雷立柏著，2000 年 11 月。

（9）张衡，科学与宗教，雷立柏著，2000 年 11 月。

（10）基督教在中古欧洲的贡献，杨昌栋著，2000 年 10 月。

（11）基督宗教论，卓新平著，2000 年 9 月。

"基督教文化丛书"：宗教文化出版社

（1）夜鹰之志，"赵紫宸与中西思想交流"学术研讨会文集，唐晓峰、熊晓红编，2010 年 12 月。

（2）汉语学术神学，黄保罗著，2008 年 8 月。

（3）公共神学与全球化：斯塔克豪思的基督教伦理研究，谢志斌著，2008 年 4 月。

（4）谢扶雅的宗教思想，唐晓峰著，2007 年 10 月。

（5）从《神圣》到《努秘》，朱东华著，2007 年 9 月。

（6）赵紫宸神学思想研究，唐晓峰著，2006 年 11 月。

（7）耶儒对话与融合，姚兴富著，2005 年 5 月。

（8）耶稣会简史，哈特曼著，谷裕译，2003 年 3 月。

（9）基督教文学，梁工主编，2001 年 1 月。

（10）基督教音乐，杨周怀著，2001 年 1 月。

（11）基督教的礼仪节日，康志杰著，2000 年 12 月。

（12）圣经与欧美作家作品，梁工主编，2000 年 11 月。

（13）圣经鉴赏，卓新平著，2000 年 11 月。

（14）圣经的语言和思想，雷立柏著，2000 年 10 月。